Point de fuite

ÉDAQ

Cette édition a été préparée grâce à l'aide financière de l'Université de Montréal, de l'Université du Québec à Montréal, du fonds pour la Formation de chercheurs et pour l'Aide à la recherche (Québec) et à une importante subvention du Conseil de recherche en sciences humaines du Canada (Ottawa). Sa publication a été rendue possible grâce à l'aide de la Fédération canadienne des études humaines, dont les fonds proviennent du Conseil de recherche en sciences humaines du Canada.

Hubert Aquin

Point de fuite

Édition critique
établie par Guylaine Massoutre

Tome IV, vol. 1

ÉDITION CRITIQUE DE L'ŒUVRE
D'HUBERT AQUIN

BQ

BIBLIOTHÈQUE QUÉBÉCOISE

Bibliothèque québécoise inc. est une société d'édition administrée conjointement par la Corporation des Éditions Fides, les Éditions Hurtubise HMH Ltée et Leméac Éditeur.

Données de catalogage avant publication (Canada)

Aquin, Hubert, 1929-1977

Point de fuite

Édition critique / par Guylaine Massoutre.
Comprend des réf. bibliogr. et un index.

ISBN 2-8940-102-1

I. Massoutre, Guylaine. II. Titre.

PS8501.Q85Z5 1994   C848'.54   C94-940486-1
PS9501.Q85Z5 1994
PQ3919.2.A68Z5 1994

Cet ouvrage a été publié grâce à une subvention de la Fédération canadienne des études humaines, dont les fonds proviennent du Conseil de recherche en sciences humaines du Canada.

Couverture : Hubert Aquin. Photo Kèro.
Manuscrit des notes d'un cours donné par Hubert Aquin sur le baroque. Collection Andrée Yanacopoulo.
Traitement d'images : Danielle Péret
Mise en pages : Dürer *et al.* (Montréal)

DÉPÔT LÉGAL : PREMIER TRIMESTRE 1995
BIBLIOTHÈQUE NATIONALE DU QUÉBEC

© Leméac Éditeur, 1995.

© Le Cercle du livre de France, éditeur original de cet ouvrage, 1971.

© Bibliothèque québécoise, 1995, pour l'édition de poche.

ISBN : 2-89406-102-1

Avant-propos

C'est en 1981, à l'initiative de Suzanne Lamy et d'Andrée Yanacopoulo, qu'est né le projet d'une édition critique de l'ensemble de l'œuvre d'Hubert Aquin. L'objectif était double : mettre à la disposition de tous ceux qui s'intéressent au Québec contemporain un ensemble textuel en partie inédit ; éviter que ne se dispersent ou disparaissent des témoignages et des documents de première main.

Accueillie au départ avec quelque scepticisme, tant étaient encore vives les blessures laissées par le geste de 1977, l'entreprise s'est néanmoins peu à peu imposée. Au terme d'un travail collectif de dix années qui ont vu la disparition de Suzanne Lamy qui nous avait apporté son dynamisme et ses leçons d'exigence, et l'éloignement de collaborateurs des premières heures, pris par d'autres tâches, l'équipe de l'ÉDAQ gardera le souvenir de débats stimulants sur l'édition critique d'une œuvre contemporaine et les questions de génétique littéraire qu'elle soulève. Les plus jeunes de nos collaborateurs ont acquis là une expertise dont leurs travaux témoignent et, au cours de ces dix années, une volonté commune de servir à la fois la mémoire d'Hubert Aquin et la recherche universitaire québécoise a inspiré et animé cette entreprise.

Mûrement réfléchie, la décision de publier les résultats de ces travaux dans une collection de poche, la « Bibliothèque québécoise », qui a encore peu de précédents en édition critique, répond à une double intention : imposer aux collaborateurs des contraintes salutaires pour éviter le débordement du commentaire et la tentation de l'essai critique ; plus encore, donner accès aux étudiants des collèges et des universités, tant au Canada que dans les pays qui ouvrent des centres d'études québécoises, à une édition « autorisée » sans en réserver l'accès à quelques professeurs et aux bibliothèques.

En effet, le regard porté désormais sur l'œuvre d'Hubert Aquin ne pourra plus être le même. Les travaux menés séparément sur chaque volume ont, au terme de l'entreprise, abouti par leur convergence à des modifications de plusieurs ordres.

Rapports de la biographie et de l'œuvre

Qu'ils soient romanesques, dramatiques, critiques, les textes écrits par Hubert Aquin sont profondément ancrés dans l'existentiel et le biographique (lieux, événements, expériences affectives et morales). C'est pourquoi le tome I de cette édition, *Itinéraires d'Hubert Aquin*, se révèle, en l'état actuel de l'information disponible, déjà si précieux. Non qu'il s'agisse de replier les textes sur le biographique dans un rapport simple de reflet ou de mimétisme ; mais l'invention travaille sur un donné qu'il y a tout intérêt à connaître et à mettre en évidence. Si le suicide d'Aquin a prêté à des travaux ou des analyses discutables, il reste qu'il est un horizon de l'œuvre dont les traces obsédantes apparaissent très tôt. D'une certaine manière, Hubert Aquin invente aussi sa vie en écrivant, la module et la modèle, quête finalement sans issue d'une origine, d'une naissance ou d'une renaissance appelées à demeurer de l'ordre de la nostalgie.

Ouverture de l'atelier

Cette caractéristique primordiale de toute édition critique — on sait la place qu'y tient la perspective génétique — s'est révélée, dans ce cas particulier, d'une fécondité exceptionnelle, grâce à tous les documents désormais archivés : aux brouillons et aux projets demeurés inédits, aux textes divers dont plusieurs se retrouvent dans les volumes de *Mélanges littéraires* du tome IV. Non seulement le *ductus* de l'écriture dans les manuscrits conservés manifeste un tempérament spontané, hâtif, de plus en plus même avec le temps, mais l'étude attentive des sources et des volumes avec lesquels Aquin a travaillé montre le rôle du montage, de la paraphrase et de la reprise. L'invention est liée au centon, à la mise en œuvre et à l'organisation, selon des rythmes, des séquences et des effets variables, de multiples intertextes et d'un autotexte dont la récurrence n'avait pas jusqu'ici retenu suffisamment l'attention de la critique.

Décentrement du regard critique

La juxtaposition et la confrontation des inédits et des textes publiés, des récits et nouvelles, des œuvres écrites pour la radio et la télévision, encore en attente d'édition, des essais et des notes diverses conduisent à un décentrement du regard qui s'était, jusqu'à aujourd'hui, trop exclusivement focalisé sur les romans. La diversité des activités textuelles ainsi mise en lumière n'a pas pour seul effet un enrichissement du corpus, conséquence purement quantitative. Par un retentissement qualitatif, elle provoque un déplacement de l'équilibre de l'œuvre qui invite à une réévaluation globale et ne sera pas sans incidence sur la manière même d'aborder les textes plus connus.

Facteurs d'évolution

Récurrences, répétitions et reprises de thèmes privilégiés, de modèles ou de procédés s'accompagnent de transformations, de déplacements d'accents qui font que l'œuvre, par-delà sa très forte unité d'inspiration dans la multiplicité de ses formes, obéit à quelques lois d'évolution qui restent à étudier. Parmi les hypothèses possibles, retenons : l'amuïssement ou le reflux de l'intertexte religieux qui était dominant dans *Les Rédempteurs* ou *L'Invention de la mort* ; la montée du parodique, l'exaspération de procédés de construction textuelle qui semblent avoir été de plus en plus lucidement et consciemment appliqués, un souci du détail qui s'exprime dans le soin apporté aux pages de couverture (*L'Antiphonaire* ou *Point de fuite*) assorti d'une hâte, d'une fièvre dont les signes sont multiples et qui semble placer la pratique textuelle d'Aquin sur fond constant d'inachèvement.

Ce n'est qu'une fois tous ces parcours approfondis, suivis dans le détail de l'œuvre complet, que le statut et la stature d'Hubert Aquin pourront être plus exactement précisés et évalués, son rôle et son influence peut-être dissociés de la question de son originalité. Œuvre profondément personnelle, ou œuvre miroir et écho, œuvre carrefour ? Œuvre ouverte dont l'élan a été brutalement interrompu, ou œuvre qui avait trouvé avec *Obombre* le terme de son itinéraire ? Nul doute qu'Hubert Aquin, qui, par la curiosité infinie et l'étendue de culture dont les textes portent témoignage, a été une grande figure de médiateur, ne se voie confirmer par la présente édition une place éminente dans l'histoire littéraire du Québec.

Bernard Beugnot

PRÉSENTATION
Du recueil à l'essai,
ou la cohérence du disparate

Après *Prochain épisode* en 1965, *Trou de mémoire* en 1967 et *L'Antiphonaire* en 1969, *Point de fuite* est le quatrième ouvrage publié par Hubert Aquin aux Éditions du Cercle du Livre de France (CLF) de Pierre Tisseyre. Il paraît en janvier 1971.

L'édition que nous présentons ici reproduit l'édition originale, dont aucun manuscrit ni tapuscrit n'a été conservé, à l'exception de quelques textes dans les archives d'Aquin ; les corrections et les biffures présentes dans ces tapuscrits sont reproduites sous forme de variantes (signalées par des appels alphabétiques dans le texte) ; en appendice, on trouvera des avant-textes et des documents inédits qui sont étroitement liés au recueil.

Point de fuite est un petit ouvrage énigmatique, déconcertant au premier abord, mais très riche pour qui est familier d'Hubert Aquin. Il vient comme une suite logique de ses livres antérieurs, indissociable d'une unique « coulée » d'écriture, et il surgit à la façon d'un kaléidoscope du centre éclaté de ses intérêts. Environ la moitié des textes de *Point de fuite* sont inédits en 1971.

C'est un livre provocant, à l'image de son auteur. Dans le portrait qui ouvre le recueil, Jean Bouthillette décrit les jeux de l'imaginaire aquinien en termes de fuite, de poursuite, de mouvement : vocabulaire du dessin qui

fait le lien avec le titre et avec la couverture, soigneusement choisie et composée par l'auteur. C'est le point de
départ d'une série de rebondissements dans la fantaisie
tantôt dramatique, tantôt ludique, souvent exacerbée, de la
création aquinienne.

La préface, déconcertante parce qu'elle est pleine
d'allusions obscures, met en relief la fascination d'Aquin
pour l'Antiquité romaine, son amour du contraste entre un
ton familier, voire moqueur, et les références savantes, et
sa dérision vis-à-vis de lui-même et de son temps. L'inscription autobiographique qui enchâsse l'ouvrage — ce
« mélange chromé », selon la préface — lui donne une
authenticité dont les innombrables jeux parodiques pour-
raient faire douter.

Point de fuite est composé de dix-huit textes. C'est
le nombre des chants homériques de *L'Odyssée*, selon le
découpage pré-alexandrin qui prévalait pour Joyce ; c'est
le chiffre retenu par James Joyce pour sa construction
d'*Ulysse* (1922), roman auquel Aquin se réfère constamment. C'est aussi le modèle d'Hermann Broch pour le
découpage temporel de son roman *La Mort de Virgile*
(1945), qui raconte les dix-huit dernières heures de la vie
du poète latin[1].

---

1. La table des correspondances, établie par Stuart GILBERT
dans *James Joyce's Ulysses* (Londres, Faber & Faber, 1930) entre
L'Odyssée (Homère) et *Ulysse* (Joyce), appliquée à *Point de fuite*,
éclaire sa structure sans permettre une lecture très aisée. Aquin s'est
certainement servi de cette table (voir son dossier Point de fuite
1970. Notes de cours) pour composer son recueil, mais il y a introduit une déformation parodique qui lui donne un ton et un sens très
particuliers. Voici ce qu'il écrit à propos de la structure des œuvres

L'œuvre est un recueil disparate, du fait de la diversité des genres qui le composent. Après une interview, une nouvelle précède un récit humoristique ; puis un article proclame la liberté imprévisible de l'essai aquinien. Suit un commentaire d'à peine quelques brefs paragraphes à propos d'un téléthéâtre ; deux textes font l'éloge de la vitesse, séparés par une anecdote à propos des relations France-Québec. Puis viennent des projets ou des commentaires de scénarios télévisés dont seul le dernier a été réalisé. Ensuite, quatre sections, très inégales en longueur, concernent ses romans. Une section de « Lettres à Louis-Georges Carrier » fait état d'autres projets littéraires. L'ouvrage se termine par une nouvelle à la rédaction soignée, dont le titre, comme au temps de *Prochain épisode*, fixe aux lecteurs un autre rendez-vous.

Tous ces textes ont un dénominateur commun : la mort, l'échec. La révolte et la tension linguistique qui courent au long des pages, entrecoupées de pauses, d'accalmies et d'un plaisir certain, donnent à l'ensemble une unité de ton incomparable. Un rythme s'en dégage, qu'Hubert Aquin prend soin de sertir dans une structure à laquelle il donne le nom d'une esthétique : le baroque.

---

littéraires : « Un tel schéma opératoire ne peut être valable que si l'auteur s'en est servi consciemment, en toute lucidité, ayant conscience d'utiliser une façon systématique (plutôt qu'une autre) de composer son œuvre... Mais il se peut que l'œuvre ait été élaborée avec moins de conscience et que l'auteur ait, en cours de route, changé de méthode, de système, de schéma opératoire, de mode de composition... » (Point de fuite 1970. Notes de cours, f. 202). Voir aussi note 26.

Cette tentative constitue une proposition audacieuse qu'à la suite de Borges et d'Eco, notamment, il essaya d'imposer, sans que la critique toutefois s'intéresse aux raisons de ce projet.

Les documents joints en appendice, en dépit de leur caractère morcelé et inachevé (puisque l'auteur ne les a pas destinés à la publication), nous paraissent essentiels pour saisir l'ambition littéraire et intellectuelle qui préside à l'élaboration de ce mince recueil. On y lira ce qu'Hubert Aquin y nomme « expressionnisme », « littérature baroque », « sublime »,... et comment il situe son entreprise mimétique dans une esthétique de l'« écart » par rapport à l'imitation des maîtres. Le baroque, comme art de la variante, est tout à la fois continuité et différence :

> [...] le caractère baroque d'une œuvre littéraire confère à cette œuvre tout un réseau de polarisations internes inextricablement reliées l'une à l'autre et toute une série de constellations de liens entre des éléments romanesques, lesquels liens ne sont pas nécessairement logiques ou nécessaires... (Appendice, Notes de cours VIII, f. 71-75)

En réalité, cette théorie de l'écart — dans cette citation rapportée aux romans de Faulkner, de Joyce, de Proust et de Nabokov — s'applique à la notion même de baroque ; le concept de distanciation, défini par Brecht, trouve dans *Point de fuite* une application critique (voir « La Scène du lit »). Le terme « baroque » connaît des flottements, sous la plume aquinienne ; une contestation linguistique semble s'infiltrer, qui rattache Aquin à une tradition de la négation : la réflexion théorique de Julia

Kristeva sur le langage poétique, laquelle définit l'intertextualité et le paragrammatisme comme une pratique
signifiante travaillée par la négativité, se profile en fili-
grane dans l'esthétique aquinienne[2].

Cependant, l'étude du baroque qu'il propose dans
ses notes de cours nous apprend que la « catégorie esthétique » baroque « n'est pas une valeur en soi », mais « une
catégorie esthétique relationnelle » que l'auteur ou
l'artiste établit avec un « récepteur-spectateur-lecteur ».
Cette « négativité » offre peut-être davantage à comprendre en tant que déplacement.

Genèse de Point de fuite

1. Un projet ancien

Lié au Cercle du Livre de France pour cinq ouvrages à
partir de *Prochain épisode*, Hubert Aquin fait inclure à ce
contrat (en date du 24 février 1965) une clause qui exclut
un livre d'essais, promis aux Éditions Parti pris. Ce projet
est alors suffisamment net dans l'esprit d'Aquin pour
qu'il indique dans une lettre à Pierre Tisseyre que l'ouvrage comprendra un seul inédit et que sa publication,
retardée comme celle de *Prochain épisode* par l'imminence du procès consécutif à son arrestation, en 1964,

---

2. Voir notamment Julia Kristeva, *Séméiôtikè. Recherches
pour une sémanalyse* (Paris, Seuil, 1969) ; *La Révolution du langage poétique* (Paris, Seuil, 1974). Pour une lecture intertextuelle
d'Aquin, voir André Lamontagne, *Les Mots des autres. La poétique intertextuelle des œuvres romanesques de Hubert Aquin* (Sainte-
Foy, PUL, 1992).

pour vol et possession d'arme à feu en vue d'éventuelles activités subversives, suivra de quelques mois la parution de son roman.

L'ouvrage aurait donc dû paraître en 1965 ou en 1966. En août 1966, de Nyon, en Suisse, où il réside, Aquin exprime son désir de voir cette publication aboutir ; la lettre s'adresse à Paul Chamberland, cofondateur et directeur de la jeune maison d'édition Parti pris. Gérald Godin s'en occupe, lui répond Chamberland, mais une nouvelle équipe se met en place à Parti pris[3]. Pourtant, l'ouvrage, jamais constitué à notre connaissance, ne verra pas le jour ; aucune trace d'un manuscrit constitué à cette époque n'a été attestée.

2. *Hypothèse génétique*

C'est dans un dossier de travail, déposé à l'ÉDAQ, archivé sous le titre « *L'Antiphonaire*. La mort de l'écrivain », que nous trouvons l'esquisse d'un livre d'essais. Ce dossier regroupe sous un même titre ce qui semble correspondre à deux projets distincts : le premier est constitué de notes pour une préface de roman (8 feuillets non datés, numérotés et intitulés « La mort de l'écrivain », et un feuillet non daté et non paginé — le tout est agrafé) et de notes pour ce roman (7 feuillets datés du 30 mars 1968 et du 6 avril 1968) ; le second concerne un recueil d'essais (2 feuillets non datés). Les trois termes généri-

---

3. Paul Chamberland, Pierre Maheu et André Major sont alors à Paris. La revue *Parti pris* cesse de paraître entre le printemps et l'automne 1966.

ques — préface, roman, essais — sont ceux mêmes d'Aquin.

Les 8 feuillets manuscrits, non datés, signalent un manuscrit inédit retrouvé, qui aurait été écrit à vingt ans ; ils font état en outre du sujet et de la facture de *L'Anti-phonaire*, jamais nommé toutefois. Ce texte inédit pour-rait être *Les Sables mouvants* (en 1953, Aquin a vingt-quatre ans), ou *L'Invention de la mort* (en 1959, il en a trente), ou une pure invention. Le projet de roman du 30 mars 1968 et du 6 avril 1968 est une ébauche roma-nesque, portant sur un sujet qu'il appelle « la mémoire tragique », thème obsessionnel de toute son œuvre romanesque.

Les 2 feuillets sans date, manuscrits, sont davantage apparentés à *Point de fuite*. Le premier feuillet dresse une liste qui paraît être une table des matières d'un recueil d'es-sais : « Ulysse[4], Confession d'un héros[5], Corps mystique[6],

---

4. Dans les archives d'Aquin figure un tapuscrit de deux pages, intitulé « Assassin d'Ulysse », s.d., inédit. Voir aussi « Con-sidérations sur la forme romanesque d'*Ulysse* de James Joyce », dans « L'œuvre littéraire et ses significations », *Les Cahiers de l'Université du Québec*, 24, 1970.

5. Il s'agit d'une pièce de théâtre d'Hubert Aquin qui fut diffusée le 21 mai 1961, dans la série télévisée de Radio-Canada « Nouveautés dramatiques ». Tapuscrit, 16 pages, daté du 5 avril 1961, publié dans *Blocs erratiques : textes (1948-1977)* d'Hubert AQUIN, rassemblés et présentés par René Lapierre, Montréal, Quinze, 1977, p. 221-231.

6. Hubert AQUIN, « Le corps mystique », *Parti pris*, I, 5, février 1964 ; repris dans *Le Jour*, 25-31 mars 1977, et dans *Blocs erratiques*, *op. cit.*, p. 105-112. Voir l'édition critique des *Mélanges*

Point de fuite

Don Quichotte[7], Nietzsche[8], Déménagement[9], Conférence Drummondville[10], La mort de l'écrivain[11], Un âge ingrat, L'existence politique[12], Révolution 37-38, La fatigue

littéraires d'Hubert AQUIN (vol. II) par Jacinthe Martel avec la collaboration de Claude Lamy, Montréal, Bibliothèque québécoise, 1994.

7. Ce texte est sans doute celui de l'émission « Documents », diffusée le 8 septembre 1966, à Radio-Canada ; dans les archives d'Aquin figure un tapuscrit de 22 pages, daté du 31 mars 1966, inédit.

8. À l'automne 1955, Aquin écrivit pour Radio-Canada une émission sur Nietzsche, dans la série radiophonique « Chacun sa vérité ». Tapuscrit inédit, 13 pages, s.d.

9. De quel texte s'agit-il ? Il est peu probable que ce soit le compte rendu par Aquin publié dans *Vrai*, le 2 février 1957, « *Le Déménagement* de Jean Cayrol ». Mais c'est peut-être une allusion à son expulsion de Suisse, dont le récit est publié dans *Point de fuite*.

10. Aquin prononça cette conférence le 5 mars 1970 devant le Club Richelieu au Manoir Drummond de Drummondville. Voir l'édition critique des *Mélanges littéraires* d'Hubert AQUIN (vol. I) par Claude Lamy, Montréal, Bibliothèque québécoise, 1994.

11. S'agit-il du texte de sa conférence à la VIIᵉ Rencontre des écrivains à Sainte-Adèle, ayant pour titre « La mort de l'écrivain maudit », qu'il prononça fin mai 1969 et publia dans *Liberté*, nᵒˢ 63-64, mai-juillet 1969 ? Ou bien de son projet romanesque, celui de ce dossier de travail ? Voir l'édition critique des *Mélanges littéraires* d'Hubert AQUIN (vol. I) par Claude Lamy, *op. cit.* Il faut également tenir compte de l'important plan de *L'Antiphonaire* intitulé « La mort de l'écrivain », soigneusement conservé par Aquin. Voir l'édition critique de *L'Antiphonaire* d'Hubert AQUIN par Gilles Thérien, Montréal, Bibliothèque québécoise, 1993.

12. « Un âge ingrat », *Liberté*, IX, 6, novembre-décembre 1967 ; voir l'édition critique des *Mélanges littéraires* d'Hubert

culturelle, Lettre morte, Propos sur l'écrivain, L'art de la défaite[13], Littérature et enseignement[14], Littérature et aliénation[15] » ; tels sont les textes qu'il envisageait manifestement de regrouper.

Cette liste comportait 17 textes ; si on y ajoute le projet du feuillet suivant, on obtient le nombre des textes de *Point de fuite*. Mais aucun texte n'appartient à *Point de fuite*. D'autre part, hormis un téléthéâtre, il n'y apparaît aucune fiction. Un seul autre recueil figure dans l'œuvre de cet écrivain : c'est *Blocs erratiques*, ouvrage posthume, dont l'initiative de la publication revient à René

AQUIN (vol. II) par Jacinthe Martel avec la collaboration de Claude Lamy, *op. cit.* « L'existence politique », *Liberté*, IV, 21, mars 1962 ; voir l'édition critique des *Mélanges littéraires* d'Hubert AQUIN (vol. I) par Claude Lamy, *op. cit.*

13. Respectivement : tapuscrit, 11 pages, inédit, daté de 1966 ; « La fatigue culturelle du Canada français », *Liberté*, IV, 23, mai 1962 ; « Lettre morte (à Gaston Miron) », tapuscrit, 6 pages, inédit, daté de 1963 ; tapuscrit, 5 pages, daté du 8 septembre 1969, publié dans *Blocs erratiques*, *op. cit.*, p. 259-261 ; « L'art de la défaite. Considérations stylistiques », *Liberté*, VII, 1-2, janvier-avril 1965, repris dans *Blocs erratiques*, *op. cit.* Voir l'édition critique des *Mélanges littéraires* d'Hubert AQUIN (vol. II) par Jacinthe Martel avec la collaboration de Claude Lamy, *op. cit.*

14. Sans doute le texte de sa conférence à la VIe Rencontre des écrivains à Sainte-Agathe, le 26 mai 1968, publié dans *Liberté*, X, 3, mai-juin 1968. Voir l'édition critique des *Mélanges littéraires* d'Hubert AQUIN (vol. I) par Claude Lamy, *op. cit.*

15. Article publié dans la revue *Mosaic*, III, n° 1, novembre 1968. Voir l'édition critique des *Mélanges littéraires* d'Hubert AQUIN (vol. II) par Jacinthe Martel avec la collaboration de Claude Lamy, *op. cit.*

Lapierre et à François Hébert, et qui est sans rapport avec ce dossier.

La datation de ce projet avorté est impossible : cette liste peut aussi bien être postérieure au 5 mars 1970, et par conséquent à janvier 1971, que précéder *Point de fuite*. L'examen des dates confirme cependant que ce sont les textes des années 1960 qui sont rassemblés dans les deux cas ; l'écriture montre également des recoupements. Le cas de « La mort de l'écrivain » est à cet égard très instructif et complexe.

Quant au second feuillet, il porte le titre souligné *Essais*, suivi de *texte inédit*, avec la mention également soulignée : « Quelques réflexions sur la position de l'écrivain québécois » et une flèche suivie de la double mention « Texte Buffalo » et « plus élaboré » ; il nous apporte une information pour sa datation : Aquin pense sans doute à sa conférence « A Writer's View of the Situation of Quebec » du 23 mars 1968, présentée à l'université de Buffalo dans le cadre d'un colloque organisé par Pierre Aubéry sur le thème « Literay and Social Manifestations of French Canadian Nationalism[16] ». Ces notes sont donc postérieures à mars 1968, ce qui resserre la convergence des projets.

Le lien avec Buffalo, c'est une nouvelle inédite, « L'Alexandrine (1969) », qui l'établit dans *Point de fuite*. Cette nouvelle — de quel texte inédit Aquin faisait-il état à Tisseyre en 1965 ? — a pu être retouchée et datée de 1969 au moment où *Point de fuite* reçoit sa facture

---

16. Voir l'édition critique des *Mélanges littéraires* d'Hubert AQUIN (vol. I) par Claude Lamy, *op. cit.*

définitive ; les archives d'Aquin n'attestent cependant aucune version antérieure à 1969. « L'Alexandrine » aurait été écrite très vite, et spécifiquement pour *Point de fuite*.

Émettons donc l'hypothèse, loin de toute certitude absolue, que la liste des textes mentalement regroupés par Aquin, qui comprend « La mort de l'écrivain » avec sa mention explicite « Note pour l'édition de 1970 », est un avant-plan de *Point de fuite*, lequel subira des remaniements majeurs en un laps de temps très court. L'alternative consiste à penser qu'Hubert Aquin conçut le projet d'un second livre d'essais, moins élaboré que *Point de fuite* mais lié à lui, et que ce projet non daté ne vit jamais le jour.

Autre point obscur, aucun tapuscrit de ces recueils d'essais n'a été conservé dans les archives aquiniennes. A-t-il détruit ces feuillets, s'en est-il départi, les a-t-il convertis en papier brouillon ? Peut-on interpréter ce fait comme une intention possible de renouvellement ? Un seul des projets de cette époque a été mené à terme : *Point de fuite*.

3. *Concomitance certaine :*
Point de fuite *et* L'Antiphonaire

Au printemps et durant l'été 1969, Aquin écrit *L'Antiphonaire*, soigneusement préparé en 1968, vraisemblablement. Le projet intitulé « La mort de l'écrivain », daté par Aquin du 9 mars 1969 au 12 avril 1969, revu le 24 mai 1969, terminé le 19 juin 1969, avec ses 43 feuillets (à ne pas confondre avec les 9 feuillets mentionnés au début du point 2 et portant le même titre), est un avatar du roman.

Nous utilisons ce terme métaphorique à défaut de pouvoir décider s'il s'agit d'un avant-texte ou d'un après-texte. Aquin avertit le lecteur, en première page de ce plan, des « disparités de composition » ; nous pensons qu'il s'agit d'une litote désignant l'incroyable foisonnement de pistes, de directions et de « dissonances » nées dans le sillage de la rédaction de *L'Antiphonaire*[17].

Il manque toutefois certains feuillets à ce plan, relié dans un cahier aux pages numérotées, auquel Aquin a ajouté une note manuscrite visant à préciser : « moins la partie publiée dans *Point de fuite*[18] ». Il est clair que les livres d'Aquin naissent du principe des vases communicants. De plus, ce cahier montre la nature composite de la pensée créative aquinienne : certains développements du plan « La mort de l'écrivain » concernent l'esthétique et la structure romanesque de *L'Antiphonaire*, tandis que d'autres traitent de son scénario ; il est aussi question de la difficulté de vivre et de l'écriture qui est liée à cette relation perturbée avec l'acte d'exister. Il n'est donc pas étonnant qu'Hubert Aquin ait éprouvé le besoin d'ordonner ce qui relève en permanence chez lui à la fois de la narration,

---

17. Voir l'édition critique de *L'Antiphonaire* d'Hubert AQUIN par Gilles Thérien, *op. cit.*

18. Ce cahier a pu être constitué après la publication de *Point de fuite*, même si sa rédaction était antérieure. Aquin porte la mention manuscrite du 24 mai 1969 sur le tapuscrit et il indique mai 1969 pour le « Plan partiel de *L'Antiphonaire* » dans *Point de fuite*, comme si ce « plan » était constitué à cette date, mais avait été rédigé antérieurement. Les dates chez Aquin peuvent recouvrir trois réalités : la date de rédaction, la date de sélection des feuillets ou un projet autre, non précisé.

de la fiction, de l'esthétique et de la réflexion formelle, bref de l'œuvre et de l'analyse de l'œuvre en cours de fabrication.

Les pages du plan incorporées à *Point de fuite* présentent une grande cohérence, celle d'un scénario dont les étapes sont numérotées de I à XXII. Le roman a subi des bouleversements majeurs par rapport à ce plan. Ces pages forment ainsi un contrepoint, un complément autonome, une excroissance du roman. Aussi la genèse de *Point de fuite* est-elle indissociable de *L'Antiphonaire*. Comme souvent, Aquin poursuit concurremment plusieurs projets reliés les uns aux autres.

L'Antiphonaire résonne encore des potentialités littéraires à exploiter par l'imaginaire aquinien. L'éclatement de la forme, l'attirance pour l'anarchie, la hantise de la mort, le principe de la fuite, la résurgence du passé et l'impossibilité d'aimer — thèmes omniprésents dans « La mort de l'écrivain » — justifient l'exploration d'autres textes, d'autres genres, comme le mentionne clairement « Après *L'Antiphonaire* » dans *Point de fuite*.

Le principe du collage, propre au recueil, est une technique privilégiée par Aquin ; présente dans tous ses ouvrages, elle acquiert une nouvelle dimension avec *Point de fuite*. Au début du plan « La mort de l'écrivain », Aquin se penche sur ce qui, en dépit des dates qu'il indique, semble bien être l'analyse de *L'Antiphonaire* déjà terminé :

> [...] la fin du roman est construite par fragments mal reliés les uns aux autres — sortes de tableaux exécutés dans la tête et la noirceur. Sensation aiguë

d'inachèvement, de flou, d'hors-foyer, de
défocalisation irrégulière mais récurrente dont les
mouvements mêmes peuvent être figurés comme les
contre-oscillations des chaînes symboliques et de
leurs entrecroisements... Mélange d'imprévisibilité
et de redondance... d'innovation et de réitération,
de changement fulgurant et de retour cyclique de la
réalité certaine et reposante...

Dans la conclusion de son plan de travail[19], il écrit :

— frontières défoncées (relations axiales indéfinies
   (espace-temps) entre les positions (personnages)
   et les niveaux de déroulement continu (chrono-
   logique)...
— les diverses séries doivent s'imbriquer dans un
   processus de totalisation
   — soit : dans une œuvre en devenir...

Ces remarques sur la rédaction de *L'Antiphonaire* carac-
térisent directement *Point de fuite*, avec lequel elles établissent un lien manifeste. Concomitant et apparenté, le
recueil témoigne d'un degré de réflexivité dont la logique
relance l'architecture du livre en sa composition ; l'essai
paraît alors représenter l'allégorie de la chute et la perte
de la narration achevée et parodier le processus génétique
du travail signifiant. Une telle inversion, déjà présente
dans les jeux de miroir des énigmes de *Prochain épisode*,
par exemple, met en étroite relation le savoir dont procède

---

19. Plan de *L'Antiphonaire*, « La mort de l'écrivain », feuillet
66 selon la pagination dactylographiée d'Aquin.

la structure narrative romanesque et la rationalité des jeux fictionnels[20]. L'essai met en lumière la théorie du roman aquinien, mais en tant qu'objet esthétique, il poursuit et relance une exploration littéraire aveugle à ses stratégies.

4. *La décision de publier*

Le 31 juillet 1968, Hubert Aquin demande à Pierre Tisseyre de publier son recueil d'essais l'automne suivant. Il assure que les textes sont choisis et qu'il prévoit de commencer l'écriture d'un roman vers la fin de l'été. Le 18 août, Pierre Tisseyre lui répond favorablement. Cependant, *L'Antiphonaire* prend le pas sur le recueil.

Il faut attendre le 26 mai 1970 pour voir réapparaître, chez Aquin, la mention d'« un projet qui tient à cœur ». Il est alors sans emploi et cherche de l'argent : deux raisons incitatives pour mettre le point final à ces « essais » qu'il affirme avoir regroupés en juillet 1970. Pierre Tisseyre encourage cette initiative.

À l'automne 1970[21], Aquin affirme s'attaquer à la transcription des textes qui constituent l'ouvrage dont le titre, manifestement, n'est pas arrêté[22]. Le 27 octobre, le

---

20. L'autoreprésentation dont il est question ici ne met pas en question le principe d'une vision totalisante. L'acte d'énonciation, scindé, fracturé, ne donne pas lieu à l'instauration d'une pluralité de voix narratives. Sur ce point, on peut opposer les traits distinctifs du postmodernisme dégagés par Janet Paterson dans le roman d'AQUIN *Trou de mémoire*, Montréal, Bibliothèque québécoise, 1993.

21. Lettre d'Hubert Aquin à Pierre Tisseyre, 22 septembre 1970.

22. Dans un dossier « Notes de lectures 71 (ha) », Aquin relève des citations extraites du livre d'Edmond Chaignet, *Pythagore*

titre est fixé : ce sera *Point de fuite*. Aquin en conçoit à ce moment-là la maquette. Dans les archives de Pierre Tisseyre, on apprend que le manuscrit est déposé le 28 octobre, que les placards sont livrés le 17 novembre et retournés le 15 décembre, que le bon à tirer est signé le 4 janvier et que la sortie du livre est fixée au 15 janvier 1971 (Point de fuite. Documents divers). Le lancement a lieu le 19 janvier 1971, au *Castel du Roy*, rue Drummond, à Montréal.

5. *Autres projets concurrents, concomitants et apparentés*

Depuis mai 1970 et surtout durant l'été suivant, Aquin travaille sur l'anarchie, pour un projet filmique en collaboration avec Jacques Godbout et François Séguillon. S'il poursuit le projet en 1972, les notes qu'il adresse à Godbout en décembre 1970 (Aquin intitule alors le film « Double doublet ») recoupent singulièrement la facture de *Point de fuite* :

> — Film articulé, mais sans ossature idéologique. Ce film devrait provoquer la participation du spectateur du seul fait de son inachèvement. Chacun voudra compléter, achever, voire faire différemment ce que nous proposerons.

---

et la philosophie pythagoricienne, (Bruxelles, Culture et civilisation, 1968). Il transcrit : « "Je vais chanter pour ceux qui peuvent comprendre ; fermez les portes, profanes" PYTHAGORE », suivi de la mention « exergue à SERRE-TETE HA », puis quelques lignes plus bas, « "N'écris rien sur la neige" (EXERGUE AUSSI...) » ; ce qui laisse penser que c'est là le titre provisoire du recueil.

— Il importe de demeurer conscients que nous jouons sur la déception (relative) du spectateur ; bien dosée, cette déception devient facteur de mystification et de plaisir.
— Insérer quelques énigmes dans le film.[23]

Aquin ne mène pas sa participation à terme. Jacques Godbout achève le travail entrepris d'abord à deux.

D'autre part, en mars-avril 1970, Aquin prévoit de travailler *Hamlet* de Shakespeare et *Œdipe roi* de Sophocle : il jette sur le papier quelques notes sur Hamlet, conjointement avec le personnage d'Œdipe. Il ne rédige toutefois son projet de téléthéâtre qu'après la sortie de *Point de fuite*[24]. Cependant, un écho de ce travail s'entend dans les « Lettres à Louis-Georges Carrier » avec lequel il travaille à un téléthéâtre, *Double sens*, préalablement intitulé *Mak*, qui est achevé en novembre 1970 (hormis quelques corrections l'année suivante). Puis Aquin se remet à l'ouvrage avec lui pour un autre téléthéâtre, *Opération labyrinthe*.

Durant la même période, Aquin conçoit aussi le projet d'un livre secret, auto-édité à 200 exemplaires. Il songe à un prolongement de *L'Antiphonaire*, conçu sur le modèle des sagas islandaises et qu'il intitule *Saga segretta*.

---

23. Correspondance d'Hubert Aquin avec Jacques Godbout, 12 décembre 1970.
24. Voir l'édition critique d'*Œdipe* d'Hubert Aquin par Renald Bérubé, à paraître dans Bibliothèque québécoise, et *Itinéraires d'Hubert Aquin* par Guylaine Massoutre, Montréal, « Bibliothèque québécoise », 1992.

On peut dater les premières notes de *Saga segretta* de l'hiver ou du printemps 1970, car Aquin pense rédiger le texte durant l'été 1970. L'idée du secret le hante[25], elle aussi active dans son projet de film sur l'anarchie ; elle est également présente dans les énigmes qui jalonnent *Point de fuite*.

C'est donc une période d'intense conception pour Aquin, qui ne débouche pas sur les projets attendus et entrepris. Il faut aussi mentionner, au plan biographique, qu'Hubert Aquin, durant cette période, poursuit une active mais décourageante recherche d'emploi et que, par ailleurs, il est sujet à des crises épileptiformes qui conduisent à son hospitalisation, quelques jours après la parution de *Point de fuite*.

6. *Une réception discrète et partagée*

Au service de presse du *Livre canadien*, on qualifie *Point de fuite* de « matière disparate [qui] forme un livre plutôt décevant. Des pages marquées de finesse, de légèreté et d'humour ("Éloge des États-Unis", p. 62 ; "Nos cousins de France", p. 67) côtoient des nouvelles assez fades et des textes de peu d'intérêt. » (Vol. 2, 1971, n° 73)

La réception critique est plus nuancée, même si l'ouvrage provoque un sentiment de déception.

Jean Éthier-Blais, frappé par l'esprit baroque de

----

25. Le *Livre secret* est le titre partiel d'un recueil de souvenirs et de confidences de Gabriele d'Annunzio (titre complet : *Cent et cent et cent et cent pages de Livre secret de Gabriele d'Annunzio tenté de mourir*, 1935) ; le suicide y tient une grande place.

l'ouvrage, reproche à l'auteur de « tourne[r] le dos à la réalité québécoise », de vouloir bâtir une littérature sur « une histoire inexistante ». Il reconnaît ainsi à l'ouvrage une valeur polémique, qu'il nie aussitôt en affirmant que cet « écrivain pensant » a vécu « le tragique de la condition négative de tout homme d'ici qui parle français. Là non plus il n'y a pas eu de fuite. Nous sommes en présence d'un romancier qui avance, mais vers l'intérieur ». Pourtant, si Éthier-Blais loue « la virtuosité sémiologique d'un Hubert Aquin » et sa « succession de prouesses linguistiques », il n'en déplore pas moins que l'ouvrage soit cérébral, d'une « sentimentalité banale » dans ses nouvelles, sans amour ni générosité, et partant « mince et prétentieux ». L'ironie d'Aquin reste pour lui une marque d'affectation et l'ouvrage « un livre de passage » (*Le Devoir*, 30 janvier 1971, p. 9).

Stérilité de l'écriture, narcissisme, préciosité, complexité vaine, érudition superficielle, tel est le regard que Claude Jasmin porte sur le livre d'un auteur « décevant et indigne [...] de *Prochain épisode* » (*L'Actualité*, vol. XIII, no 4, avril 1973, p. 14).

Joseph Bonenfant, dans un article où il fait un lien entre les essais de 1971 et les événements d'octobre 1970, s'interroge sur le sens de la fuite et de la négativité, sur le contraste entre l'excitation et la dépression dans cet « essai » ou ce recueil « d'œuvres mêlées » : « Aquin est évanescent ; ses mots sont avant tout des mirages ; ils nous bernent littéralement. » S'il n'en demeure pas moins « passionnant », c'est en tant qu'« inventaire autobiographique [...] dont l'ambiguïté même appartient au genre "mêlé" qu'est l'essai » (*Études françaises*, « L'essai entre

Montaigne et l'événement », VIII, n° 1, février 1972,
p. 104).

Jean Montalbetti, à Paris, propose lui aussi une lecture socio-biographique : « Aussi décousu soit-il, ce petit
livre monté comme un collage est un précieux auxiliaire
pour qui s'intéresse aux conditions dans lesquelles vivent
et écrivent les intellectuels québécois. » Ce « journal » ou
« carnet » livre l'expérience d'une « libération dans une
littérature nourrie d'histoire et de politique et dans une
langue affranchie de tout jargon dialectal » (*Les Nouvelles
littéraires*, 49ᵉ année, n° 2304, 19 au 25 novembre 1971,
p. 12).

C'est sous la plume de Jean Leduc — le plus proche
alors d'Aquin dans la vie — qu'on peut lire l'analyse la
plus fouillée de *Point de fuite*. Sensible aux écarts qui vont
des « silences gouailleurs de la dépossession aux éclats de
la surpossession », Jean Leduc aborde la « présomption
nihiliste » aquinienne, relevant ses « maléfices », son
« décor baroque » de la couverture et des photographies
et surtout la présence entêtante de l'« Œuvre-ô-Joyce » à
laquelle cherche à répondre le texte. C'est l'ouvrage d'un
écrivain « possédé » de l'action et habité par le calem-
bour : « À ce besoin de fuite répond un besoin viscéral de
surpossession par une plongée aux racines mêmes de la
culture occidentale associée de façon insolite aux mythes
"créateurs" de l'idéologie capitaliste qu'exemplifie le
mode de vie américain. » Emporté par le « style survolté »
d'Aquin, Jean Leduc se montre sensible au vide
qu'« accuse la royauté d'une plume pour laquelle l'imminence de l'explosion constitue l'état léthargique par
excellence » (*Livres et auteurs québécois 1971*, p. 201).

Ce témoignage demeure isolé, le fruit d'une lecture trop énigmatique, et ne semble pas avoir facilité la réception du recueil jusqu'à nos jours.

L'esthétique baroque du roman

1. Le modèle fondateur : Joyce

En 1968-1969 et 1969-1970, Hubert Aquin enseigne la littérature au collège Sainte-Marie puis à l'Université du Québec à Montréal. Un article qu'il publie dans *Les Cahiers de l'Université du Québec* début 1970, sous le titre « Considérations sur la forme romanesque d'*Ulysse* de James Joyce », fait le point sur un aspect majeur de son enseignement, lié à ses préoccupations d'écrivain. D'autre part, des notes de cours élaborées, dont nous joignons des extraits en appendice, permettent de connaître ses lectures, ses préférences et son analyse des grands romans et des courants esthétiques qu'il retient. Nous y voyons son esthétique s'y confirmer et ses projets littéraires (notamment *L'Antiphonaire* et *Point de fuite*) émaner directement de ce travail pédagogique et passionné de lecteur. Pour des références complètes à ses lectures, voir *Itinéraires d'Hubert Aquin* par Guylaine Massoutre (Montréal, Bibliothèque québécoise, 1992, 361 p.).

Aquin a découvert Joyce à Paris, lors de ses études à la Sorbonne. La pensée d'Henri Lefebvre agit chez lui comme un trait d'union entre les années 1950 et les années 1970. Par ailleurs, Aquin a lu le romancier Michel Butor (*L'Emploi du temps*, 1956) en avril 1959, puis, en avril-mai 1960, *Degrés* et *Répertoire* (Paris, Éd. de Minuit, 1960), dans lequel figurent deux études importantes sur

Joyce : l'une écrite en 1948 (« Petite croisière préliminaire à une reconnaissance de l'archipel Joyce »), l'autre
date de 1957 (« Esquisse d'un seuil pour Finnegan[26] »).
Ces textes sont repris dans les *Essais sur les modernes*
(Paris, Éd. de Minuit, 1964) qui se trouve dans la bibliothèque d'Aquin et, plus tard, dans la bibliographie de son
cours sur Joyce.

Dans son article sur Joyce, Aquin reprend l'idée que
Joyce est l'instigateur de la modernité — selon la définition de la création par Henri Lefebvre : Joyce revalorise
l'imitation. Mais c'est surtout à Eco qu'Hubert Aquin emprunte l'idée qu'*Ulysse* est une somme « apparemment
thomiste et organiquement einsteinienne[27] ». Aquin y
admire cette écriture inspirée par *L'Odyssée* d'Homère et
charpentée à partir de l'ouvrage *Les Phéniciens et l'Odyssée* de Victor Bérard, bourrée d'intrusions du quotidien et
de la banalité, résolument non romanesques. La lecture
difficile de cet univers foisonnant, éclaté en une myriade
de fragments autonomes et pourtant reliés à l'espace-
temps d'une seule journée, amène Aquin à y voir « une
sorte de constante dans l'histoire de l'humanité et dans
son passé collectif » : il le considère « imprégné par un
processus historique de réification et de fondation de

---

26. Aquin interviewa Michel Butor à la radio le 22 mai et
le 2 juin 1960. Voir *Itinéraires d'Hubert Aquin* par Guylaine
Massoutre, *op. cit.* On notera par ailleurs que la référence au livre
de Stuart Gilbert à propos de Joyce se trouve dans les *Essais sur les
modernes* de Butor (voir note 1). L'essai de Butor comporte aussi
une étude de Faulkner.

27. Voir l'édition critique de *L'Antiphonaire* d'Hubert
Aquin par Gilles Thérien, *op. cit.*

tout ce qui se trouve comme sédiments de l'imaginaire collectif ».

Point de fuite, avec ses nouvelles tissées d'autobiographie, ses lettres bourrées d'allusions prosaïques, quotidiennes voire vulgaires, ses connaissances éclectiques, ses allusions savantes et ses emprunts (citation, plagiat, paraphrase), ne reprend-il pas ce programme du roman joycien ?

Comme en témoignent les innombrables pages de notes à propos d'*Ulysse* dans ses archives, Aquin consacre à Joyce sa plus belle ferveur de lecteur :

> Oui, *Ulysse* est unique en son genre car il me permet indéfiniment de reprendre sa lecture, de suivre Bloom dans son errance ou Ulysse dans ses cabotages homériques ou encore de suivre, changeant souvent de niveaux, la performance d'écriture de James Joyce.

Exprimant son admiration extrême dans le même article, il qualifiait ce roman d'« hypostase en forme de fuite éperdue et infinie ».

Le titre de son recueil de 1971 est en gestation dans cette phrase. L'argumentation d'Aquin déborde alors le cadre de l'analyse de Joyce. La fin de l'article regorge de métaphores destinées à saisir l'unité d'*Ulysse*, mais on peut y reconnaître le programme de *Point de fuite* :

> [...] seule la lecture nous permet de nous placer dans la perspective intime du livre et de comprendre la spécificité troublante de ce roman qui nous fait alterner entre la distanciation du réel imaginé et le

rapprochement excessif (myope, pourrait-on dire) du même réel imaginé. Le changement de perspective est continuel, gradué avec des effets de brusquerie et parfois selon une progression appuyée, trop lente (ralentie) : et ces changements incessants de perspectives font orbiter le lecteur (ce satellite artificiel) autour d'une étrange planète aimantée qu'il discerne parfois très mal, parfois dangereusement bien. Mais dans l'ensemble, les périgées et les apogées de ses orbitations elliptiques lui permettent de comprendre que le livre de Joyce se situe librement, loin de lui.

La perception toujours renouvelée de la réalité, dont Joyce est l'instaurateur, ouvre l'abîme — « ce gouffre sans fond » — de nos perceptions. Ailleurs, dans des notes du 30 janvier 1970, il écrit :

> Plus je m'avance, plus je relis *Ulysse* de JJ, plus je sens que je me déploie avec une sorte de vertige-réflexe autour de la même nébuleuse — perfectionnant toujours une même ellipse qui, à force d'être répétée, finit par donner une jouissance démesurée. Le cycle de Vico est un cercle vicieux. Le chemin vicéen (comme dit JJ quelque part...), ce chemin passe toujours par les mêmes figures incurvées, les mêmes catachrèses képlériennes... (James Joyce [JCF et HA] Notes de cours, f. 58)

Ce plaisir trouve de nombreux échos dans les « Lettres à Louis-Georges Carrier ». Telle est la « splendeur souveraine et hiératique » de Joyce, conclut Aquin dans son article ; mais il n'a pas tout dit, il reprendra cette question ailleurs : « D'autres occasions me seront probablement offertes d'irriter sérieusement les lecteurs, de façon plus grande et plus systématique ; du moins je l'espère bien. » *Point de fuite* en est l'occasion.

2. *Écrivains baroques :*
Faulkner, Borges, Nabokov, Butor

Aquin lecteur est fasciné par Faulkner ; *Le Bruit et la Fureur* (1929, trad. 1936) et *Absalon ! Absalon !* (1936, trad. 1953) sont les romans de Faulkner qu'il préfère à l'époque de *Point de fuite*[28]. Il lit les ouvrages de Robert Penn Warren (*Faulkner. A Collection of Critical Essays*, Engelwood Cliffs, 1966, qui figure dans sa bibliothèque), *Situations I* de Sartre, *Temps et roman* de Jean Pouillon, la préface de *Sanctuaire* par Malraux notamment ; il s'attarde aussi aux conférences de Faulkner dans *Faulkner and the University* (University of Vermont Press, 1958, traduit par René Hilleret aux éditions Gallimard en 1964). Ces grands romans de Faulkner présentent les caractères expressionnistes — « baroques » — de discontinuité, de surcharge, de circularité et de complexité qui l'intéressent.

Faulkner est l'écrivain du mouvement et des points de vue multiples. De son travail formel surgit une formi-

---

28. Le nom de Faulkner apparaît dès 1952 dans les cours suivis par Hubert Aquin à Paris. Sa présence intellectuelle se fait sentir à partir de 1961 dans son *Journal*.

dable sensation de catastrophe et de destruction. Aquin ne ménage pas son admiration pour de tels auteurs :

> […] ce qui manque à Graham Greene (ou Mauriac), c'est une puissance, une ampleur, une violence, une multiplication des procédés et une quantité de techniques de composition qu'on trouve chez Faulkner, chez Joyce, chez Nabokov, chez Proust, chez Miller, chez Céline — bref : chez ces écrivains qu'on commence à qualifier de byzantins et qu'on finit par considérer comme fabuleux, baroques, inépuisables, mystifiants… (Point de fuite 1970. Notes de cours. Voir en appendice.)

Il n'a pas inventé le concept de baroque à propos de Faulkner ; c'est Barthes, dans ses *Essais critiques* (Paris, Seuil, 1964), qui en a fait la proposition et qui définit à son propos un « baroque funèbre » (*Essais critiques*, p. 108, relevé dans les notes de cours). La nouvelle « De retour le 11 avril » doit certains éléments importants à Faulkner, en particulier son titre.

C'est aussi par le baroque que Borges marque le parcours littéraire d'Aquin. Dans le « Prologue à l'édition de 1954 » de l'*Histoire universelle de l'infamie, histoire de l'éternité*, Borges définit le baroque : Aquin le cite intégralement dans ses notes de cours (voir en appendice). Surtout, Aquin trouve chez Borges cette application de l'éternel retour nietzschéen, que Borges nomme notamment « variété de métempsycose » (cité dans les notes de cours), qui explique qu'une œuvre artistique ou littéraire peut s'inspirer très étroitement ou dériver d'une œuvre ancienne. Ces « points de rencontre nombreux, mais insignifiants » (Borges, cité par Aquin) justifient, d'une façon à la fois poétique et magique, son attirance pour certaines périodes peu connues de l'histoire antique, romaine et médiévale. Cet ouvrage de Borges joue à cet égard un rôle important.

Au plan littéraire, cette hypothèse de la filiation et de la continuité se nomme chez Borges l'art de la variante. Dans ses notes de cours (Point de fuite 1970. Notes de cours), Aquin écrit :

> Borges s'affirme comme hyperconscient que toute histoire n'est qu'une *variante*. Et il se met à multiplier ainsi des *variantes personnelles*. Il en fait une manière spécialisée.

Sa correspondance avec Louis-Georges Carrier met au grand jour le caractère obsessionnel de la variante, clé affichée de l'esthétique aquinienne, art de la mystification, comme il le dit, et véritable sinon leçon, du moins jeu d'érudition[29].

Quant à Nabokov, c'est son roman *Lolita* qu'affectionne Aquin (ses références à *Pale Fire* sont aussi nombreuses), parce qu'il lit en lui un grand texte baroque. L'écriture parodique de Nabokov, sa fascination pour la métamorphose, ses points communs avec Joyce et ses affinités avec Borges, son rapport au lecteur, son sens du jeu, le dédoublement des personnages, tels sont les principaux

---

29. Voir l'édition critique du *Journal* d'Hubert AQUIN par Bernard Beugnot, Montréal, Bibliothèque québécoise, 1992, notamment les 26 et 28 juillet 1961 ; voir aussi l'édition critique de *Prochain épisode* par Jacques Allard, Montréal, Bibliothèque québécoise, à paraître.

aspects qui fascinent Aquin et qui sont à leur tour exploités dans *Point de fuite*[30].

Enfin, *La Modification* (1957) de Butor est un autre roman qu'il classe parmi les « œuvres ouvertes » dans ses notes de cours ; on sait que Butor pratique l'art de la variante et que reprenant le concept de « mise en abîme » introduit par Gide — dont Aquin fut un grand lecteur dans ses années de jeunesse — en 1893, il élabore un système précis de correspondances entre le livre et le monde réel ; on lui doit notamment une utilisation littéraire des tableaux de Pannini, qui fut l'un de « ces grands architectes du baroque romain » (*La Modification*, Paris, Éd. de Minuit, 1957, p. 55[31]) et celle des *Ambassadeurs* de Holbein (*Répertoire III*, Paris, Éd. de Minuit, 1968). Aquin sut faire une utilisation comparable de cette technique dans *Trou de mémoire* et dans *Point de fuite*.

3. Les sources critiques du baroque aquinien :
Van Lier, Eco, Broch, Blanchot,
Rousset, Wolfflin, Lefebvre

Intercalées entre les pages dactylographiées du cours sur Joyce (1968-1969), quelques notes manuscrites portant sur le « roman nouveau » de Henri Van Lier permettent de préciser l'esthétique littéraire baroque qui conduit à la

---

30. Voir en appendice les extraits de notes d'Aquin à propos de Nabokov. Voir aussi l'édition critique du *Journal* d'Hubert AQUIN par Bernard Beugnot, *op. cit.*, 26 octobre 1962.

31. Voir notamment Georges RAILLARD, « De quelques éléments baroques dans le roman de Michel Butor », *Cahiers internationaux d'études françaises*, mars 1962, n° 14.

forme définitive de *Point de fuite*. Il s'agit de citations extraites du *Nouvel âge* de Henri Van Lier (Tournai, Casterman, 1964) :

> Le style n'est pas l'accomplissement d'un plan, d'un ordre pré-établi ; c'est l'invention d'un ordre qui se démontre en se faisant et qui est à soi-même sa propre loi. (Van Lier, p. 148, Aquin, « Pour le cours 224, Notes de cours, f. 60)

> Au lieu du concept de forme, ... recourir à celui, plus large, de *séquence* (pattern)... Cette notion de « séquence d'événements » permet d'écarter le centre (la hiérarchie) et la continuité d'engendrement (la causalité de succession). Notion de série (*extensibilité*). (*Ibid.*, f. 61)

> Ainsi le roman nouveau nous présente des ébauches de décisions et d'habitudes d'abord disparates, à travers lesquelles l'auteur, puis le lecteur entrevoient le personnage, l'approchent, le construisent, comme il se construit lui-même et, dans le même effet de perspective inversée, cesse d'être devant le lecteur, prend place en lui ou autour de lui, en devenir. (*Ibid.*, p. 187, f. 62)

Cet éclatement de la forme conduit inévitablement à la recherche d'un principe d'ordonnancement qui permette la lecture ou qui en rende compte : « *On pourrait écrire de ce point de vue l'histoire de la perspective.* » (*Ibid.*, souligné par Aquin) Le soulignement renvoie directement au titre du recueil et lui donne tout son sens.

Les travaux de Van Lier, ainsi que *L'Œuvre ouverte*

d'Umberto Eco, confortent Aquin dans l'idée que la littérature remplit une fonction de connaissance et que certaines grandes œuvres, comme celle de Joyce, de Proust ou de Faulkner, donnent une image totalisante du réel, étroitement reliée aux théories scientifiques développées à la même époque. Ils proposent de mettre en relation art et science, philosophie et histoire, poétique et communication, abstraction et discontinuité.

Commentant l'ouvrage de Van Lier, Aquin écrit :

> Le décloisonnement des anciennes facultés doit avoir pour répercussion un décloisonnement des disciplines et une circulation maximum des notions (instrumentales) des théories, des données, des résultats et des champs de prospection... Nous ne pouvons plus, dans le domaine des lettres, ignorer des concepts, des théories (apportées par d'autres disciplines) pouvant servir à une prospection toujours plus adéquate de la réalité que nous étudions. (Point de fuite 1970, Notes de cours)

Par un glissement dont on peut penser qu'il est plus métonymique que métaphorique, l'exercice de transposition contamine les disciplines ; la connaissance scientifique est nimbée par l'esthétique qui lui emprunte un matériau linguistique abondant : l'art est « une métaphore épistémologique » de la réalité. Aquin note et souligne cette expression d'Umberto Eco : nul doute qu'elle l'ait guidé dans sa composition de *Point de fuite*.

C'est Eco qui donne à Aquin la définition la plus élaborée du baroque. Celui-ci la reprend *in extenso* dans ses notes de cours :

L'art baroque est la négation même du défini, du statique, du sens équivoque, qui caractérisait la forme classique de la Renaissance, avec son espace déployé autour d'un axe central, délimité par des lignes symétriques et des angles fermés, renvoyant les uns les autres au centre, de façon à suggérer l'éternité essentielle plutôt que le mouvement. La forme baroque, elle, est dynamique ; elle tend vers une indétermination de l'effet... et suggère une progressive dilatation de l'espace. La recherche du mouvement et du trompe-l'œil exclut la vision privilégiée, univoque, frontale, et incite le spectateur à se déplacer continuellement pour voir l'œuvre sous des aspects toujours nouveaux, comme un objet en perpétuelle transformation. (*L'Œuvre ouverte*, p. 20 ; Aquin, Point de fuite 1970. Notes de cours, f. 151[32])

Quant à l'importance d'Eco, il faut mentionner que non seulement son concept d'« œuvre ouverte » a connu un très vif succès critique, mais que son ouvrage comportait aussi un développement sur la théorie de l'information (Abraham Moles, Claude Shannon, Warren Weaver, Norbert Wiener, Hans Reichenbach, Stanford Goldman[33]...). Aquin, après son enseignement à l'Université du Québec à Montréal, n'a pas poursuivi ces lectures à la manière d'Eco. On peut relever que dans sa citation d'Eco, il corrige l'adjectif « ouverte » par « informelle » :

---

32. Pour plus de détails sur le baroque, nous renvoyons à l'appendice (Point de fuite 1970. Notes de cours).

33. Pour les lectures d'Hubert Aquin, nous renvoyons aux cours qu'il dispensa à l'automne 1969, décrits dans *Itinéraires d'Hubert Aquin* par Guylaine MASSOUTRE, *op. cit.*

« Une œuvre est ouverte (informelle, HA) aussi longtemps qu'elle reste une œuvre » (Eco, p. 136, cité dans
Point de fuite 1970. Notes de cours). La négation de la
forme joue un rôle plus important que l'ouverture dans la
structure aquinienne, à cette époque.

Création littéraire et connaissance d'Hermann
Broch (1955, Paris, Gallimard, 1966) est un autre ouvrage
fondateur de l'esthétique aquinienne. De longs passages
en sont transcrits dans ses notes de cours. Il est difficile
de savoir à quand remonte sa lecture de Broch. La première occurrence de son nom dans ce parcours intellectuel
se trouve dans son *Journal*[34] en août 1962 ; Aquin possédait dans sa bibliothèque le numéro d'avril 1961 de la
revue *Les Lettres nouvelles*, dans laquelle se trouve la
première traduction française de l'article de Broch sur
Joyce[35]. Cet article est mentionné en note par Eco, dans
son chapitre sur Joyce de *L'Œuvre ouverte* (ouvrage lu
par Aquin en 1968), de même que l'ouvrage de Broch de
1955 ; il constitue manifestement une source majeure
pour la lecture contemporaine de Joyce, chez Eco comme
chez d'autres critiques, professeurs ou écrivains.

C'est vraisemblablement par *Le Livre à venir* (1959)
de Maurice Blanchot, lu en 1961, qu'il connut Broch[36]. La
lecture de Broch par Blanchot, sur le thème de la déca-

---

34. Édition critique du *Journal* d'Hubert AQUIN par Bernard
Beugnot, *op. cit.*

35. « James Joyce et le temps présent », publié en 1936, puis
dans l'édition originale allemande de *Création littéraire et connaissance*, textes réunis par Hannah Arendt en 1955.

36. Voir l'édition critique du *Journal* d'Hubert AQUIN par
Bernard Beugnot, *op. cit.* ; l'essai de Blanchot et celui de Broch sont

dence brochienne, est une piste précise pour comprendre *Point de fuite*, Aquin remplissant à sa manière le « programme » de Blanchot :

> [...] ses doutes sur lui-même, l'angoisse devant son œuvre insignifiante et sa vie injustifiée, la certitude d'avoir manqué à un devoir essentiel qu'il ne réussit pas à saisir, l'accusation que porte contre lui [Virgile] la souffrance des esclaves, son âme mise à nu, enfin l'effort pour franchir les portes de corne de la terreur et chercher, au plus près du néant, le salut hors de l'éparpillement et de la dispersion, ce ne sont pas là des motifs littéraires, mais le retentissement d'« une expérience mystique initiale », qui reste le centre autour duquel l'œuvre s'est développée.[37]

Aquin ne découvrit donc Broch ni dans l'édition d'Hannah Arendt ni dans le livre d'Eco. Mais *Création littéraire et connaissance* renforça sa lecture de Joyce, la louange d'Homère et l'étude du baroque et de ses dérivés que Broch nomme « l'art tape-à-l'œil ». Il faut également mentionner qu'Hubert Aquin s'intéressait au romancier : il présenta à ses étudiants *Les Somnambules* (1929-1932) et *La Mort de Virgile* (1944, traduit en 1955) dans le cadre de plusieurs de ses cours (romans lus et annotés en 1962 et en 1966).

---

associés dans un dossier intitulé « Pour le cours 224. Notes de cours ».

37. BLANCHOT, *Le Livre à venir*, Paris, NRF-Gallimard, 1959, p. 144.

De Wolfflin, il retient sa définition du baroque classique, l'aspect optique, l'art de la profondeur, l'absence d'équilibre, la plénitude et la tension, le concept d'unité, la métamorphose, la vision de la vie. Cependant, Eugenio D'Ors lui semble plus contemporain, sa conception du baroque convenant mieux à la lecture des œuvres littéraires du XXᵉ siècle. Il faut noter qu'il lit ces auteurs à travers le travail de Jean Rousset (*Formes et signification. Essais sur les structures littéraires de Corneille à Claudel*, Paris, 1962 et *La Littérature de l'âge baroque et France. Circé et le paon*, Paris, 1953). Jean Rousset est un nom important dans cette émergence d'une histoire de la littérature baroque au XXᵉ siècle ; Lucien Dallenbach ne lui dédicaça-t-il pas son étude du Nouveau Roman, *Le Récit spéculaire. Essai sur la mise en abyme* (Paris, Seuil, 1977) ?

Nous avons mentionné l'importance d'Henri Lefebvre[38]. Cette influence s'étend largement sur l'esthétique aquinienne. On retiendra la place de l'ironie dans la modernité chez Lefebvre, ainsi que celle de la quotidienneté dans l'esthétique contemporaine. Sa sociologie de l'ennui moderne ne se retrouve-t-elle pas dans un texte comme « Auto critique » dans *Point de fuite* ? Aquin annote longuement les ouvrages d'Henri Lefebvre *Manifeste différentialiste* (Paris, 1970), *Introduction à la modernité* (Paris, 1962) et *Le Langage et la Société* (Paris, 1966).

Enfin, l'ouvrage de Victor-Lucien Tapié, *Le Baroque* (Paris, PUF, 1961, collection « Que sais-je ? »), qui

---

38. Voir la bibliothèque d'Aquin, dans *Itinéraires d'Hubert Aquin* par Guylaine MASSOUTRE, *op. cit.*

figure dans sa bibliothèque, dans ses notes de lecture et de cours, a pu fournir les références à Wolfflin et à Eugenio d'Ors, autre spécialiste du baroque également cité.

L'ensemble de ces lectures se résume en six points, intitulés « Orientations nouvelles de l'art actuel » :

1. la réflexivité (création et réflexion sur la création — incorporée à l'œuvre)
2. l'abstraction formelle (ou : refus de considérer que l'art doit nécessairement se modeler sur un antécédent naturel)
3. absence de continuité interne (découpage discontinu)
4. montage par séquences (pas de centre hiérarchisé, pas de nécessité d'enchaînement)
5. l'art des modulations et de la variabilité
6. l'intériorisation des perspectives... (Point de fuite 1970. Notes de cours)

Point de fuite procède de cette conception — incomplète et spécifique — de la modernité[39].

---

39. Dans son cours sur le baroque, Aquin dressait la liste suivante de l'art baroque contemporain : cinéma : *Citizen Kane*, *A Touch of Evil* ; littérature : *Les Somnambules* (H. BROCH), *Ulysse* (J. JOYCE), *Absalon ! Absalon !* (W. FAULKNER) ; musique : Webern, Stockhausen, Morel ; peinture : de Staël, McEwen ; architecture : F. L. Wright, le style expo ; la mode. (Dossier Baroque (21ᵉ semaine) 60 heures BA Notes de cours, f. 5)

L'anamnèse dans Point de fuite

1. La dissolution du sujet dans l'histoire

« Depuis que j'ai publié en novembre 69 *L'Antiphonaire*, je n'ai pas cessé de m'enfoncer plus profondément dans le gouffre du passé occidental », déclare la préface de *Point de fuite. Trou de mémoire* avait déjà montré cette obsession de l'anamnèse, la fascination pour les silences et les particularités de la mémoire[40].

Hubert Aquin, dispersé dans les multiples projets que nous avons cités, souffre de l'écartèlement de son travail et de sa personnalité. Le recueil lui offre la possibilité de rassembler sa mémoire, en lutte contre la disparition et le temps perdu. *Prochain épisode* ou la nouvelle « L'instant d'après » sont des titres très apparentés à *Point de fuite*. Jamais Aquin n'a livré au public une image aussi complète de lui-même : articles autobiographiques, nouvelles, projets de roman, correspondance, notes et plans de téléthéâtres.

Ses lectures sur le baroque catalysent ce besoin d'une mise au point autobiographique, tout en lui fournissant une forme ancienne à vocation exploratoire. D'un côté, il engage sa pensée dans une conception relativiste de l'histoire, dans laquelle la visée référentielle de l'historien est accompagnée par la perspective symbolique de la phénoménologie. D'un autre côté, il s'amuse avec les formes anciennes, y glissant les éléments de sa vie les plus pertinents. De plus, incapable de traiter son rapport à

---

40. Voir l'édition critique de *Trou de mémoire* d'Hubert AQUIN par Janet Paterson et Marilyn Randall, *op. cit.*

lui-même autrement que dans l'autodérision et la parole masquée, il orne et balise son objet d'une illustration (photographies) qui présente les mêmes caractères que ses écrits, à savoir culture, narcissisme, fragmentation et dérision.

Ce rapport à l'histoire touche aussi le présent. L'ironie de la préface exprime la lucidité de l'écrivain face à son public : *Prochain épisode* a été son seul succès de romancier ; *Trou de mémoire* a connu un succès d'estime, sans avoir été compris ; *L'Antiphonaire* l'a coupé de ses lecteurs, même dans le petit monde de ses amis. Ce décalage entre le milieu culturel, la réception et le propos d'auteur éclate dans la parodie et l'encodage des énigmes qui parsèment *Point de fuite*.

Dans un désordre propice aux expérimentations de l'art contemporain, la photographie et l'architecture envahissent le paratexte. L'album-souvenir, avec ses images du passé, procure à son auteur un plaisir qu'il décrit dans « L'Alexandrine ». Par son jeu avec les photographies, il met en perspective son retour au passé sur l'horizon de l'histoire collective.

Ainsi, il conçoit la maquette de la couverture de *Point de fuite* en plusieurs étapes, croquis à l'appui (voir en appendice) : les plats du livre correspondent l'un à l'autre, séparés par un dos orné de deux poinçons, l'un HA, l'autre CLF[41]. Sur le premier croquis, on voit d'un

---

41. Les reproductions de poinçons sont constituées à partir de l'ouvrage de Tardi, *Les Poinçons de garantie internationaux*, Paris, Tardi, 1942 (Dossier Réserve de poinçons d'argent [A et H] 1971, propriété d'Andrée Yanacopoulo). Le travail est daté du 7 novembre 1970.

côté la coupe d'une tête, les yeux rivés sur le « point de fuite », de l'autre l'emplacement prévu pour un panorama de Rome, soit deux cercles concentriques au milieu desquels figure le titre, au lieu de la mention originale « Place du spectateur ». Dans le deuxième croquis, le spectateur est remplacé par un appareil de projection (Polyorama, 1890) ; au troisième apparaissent le principe des arcs de triomphe inversés (arcs de style romain datant de la Renaissance) et la mention explicite du trompe-l'œil ; la quatrième reprend le double cercle évidé et réaffirme la présence de l'œil. Le cinquième, le sixième et le septième croquis proposent d'autres types de couverture, inspirés d'un « plafond à rosaces » ou d'une « salle à manger ornée de miroirs avec "buffet" de marbre [...] (Blondel, 1737) », découpés dans des numéros de la revue *Connaissance des arts*. La maquette finalement conçue procède de ce travail, sans en être l'aboutissement graphique direct.

Ces couvertures ont en commun le principe de l'emboîtement à l'infini (reflets ou effets d'enfilade à l'infini) et le renversement de la perspective, sur le modèle de la chambre obscure, à l'origine de l'appareil photographique. Cette chambre noire, qui renverse les images, était déjà connue au temps d'Aristote ; au XVe siècle, elle servit de machine à dessiner en perspective, l'observateur se trouvant souvent à l'intérieur. Le livre semble donc se substituer à cette chambre noire, puisque à la perspective infinie de l'arc de triomphe sur le plat arrière correspond le cliché inversé, grossi — mais simple simulacre — de cette porte centrale sur le plat avant. Toutes les époques sont ainsi confondues. On pressent que le livre est un faux, un spectacle qui ne cache rien. La force ironique fait basculer le livre dans l'esthétique sans distinction de la simulation, dans le vertige des créations baroques.

L'image investit non seulement l'extérieur du livre, mais aussi la fin de certains chapitres. On y reconnaît, dans un geste de parodie, le doigt de Dieu de Michel-Ange et le visage d'Aquin, au front appuyé sur la main dans l'attitude du penseur de Rodin. La démarche autobiographique d'Aquin, ainsi illustrée comme sur la couverture de *Prochain épisode*, renverrait ses propres commencements et leurs développements aux sources de l'Histoire, de l'Art et du mythe antique[42].

La mémoire a fait l'objet de nombreux travaux depuis l'Antiquité classique[43] et la tradition ainsi posée s'est continuée, avec ses développements propres, durant

---

42. Le début des années 1970 voit une riche production d'essais consacrés à l'analyse des images, dans la vaste analyse des significations. De *L'Empire des signes* de Roland BARTHES en 1970 à *Ways of Seeing* de John BERGER en 1972 (ouvrage qui suivit une série d'émissions télévisées de la BBC), la question de l'image comme texte, et plus encore l'idée d'un système symbolique structurant l'objet, qui ne cesse d'être désirable, hante les théoriciens de la création.

43. La *memoria* est la cinquième partie traditionnelle de la rhétorique ; ce sont les « arts de mémoire », selon l'expression de Frances Yates, qui en codifient les techniques. Ce sont les techniques de visualisation que parodie Aquin. Parallèlement se développe une philosophie de la mémoire, notamment chez saint Augustin (*Confessions*, livre X), où la Mémoire devient l'une des trois facultés supérieures de l'âme, aux côtés de l'Intellect et de la Volonté. Aquin s'est intéressé à la psychologie augustinienne dès 1949-1950, puis en 1952, lorsqu'il était étudiant.

le Moyen Âge. La série et l'ordre des images (choses ou mots) constituent la méthode clé d'utilisation de la mémoire, support technique et dramatique au discours. Frances Yates, dans son ouvrage *The Art of Memory* (1966, trad. *L'Art de la mémoire*, Paris, 1975), décrit ce procédé comme une « mémoire artificielle » et note l'extraordinaire vision intérieure qui accompagne l'exercice de mémorisation.

Aquin ne semble pas avoir connu ce livre à l'époque de *Point de fuite*. Le rapprochement de leurs intérêts et de leurs sources s'impose pourtant (voir notes 32 et 43). Mais le traitement d'Aquin est iconoclaste : c'est avec aisance et malice qu'il glisse quelques clins d'œil aux techniques mnémotechniques de son époque (voir notamment « L'Alexandrine »). C'est dire l'importance de sa culture classique comme intertexte fondateur, une culture décodée, puis donnée comme simple trace, comme en témoignent précisément la couverture et l'introduction : « J'admets volontiers être vieux jeu. »

Ainsi, Aquin cherche dans l'histoire son sujet anonyme et absent, perçu à travers la correspondance esthétique du point de fuite. La culture n'est-elle pas le dispositif ultime capable de conférer à la conscience vide une existence particulière, lui permettant de sélectionner certains objets de collection et de les disposer selon son désir[44] ? Cette représentation d'une mémoire à l'effarante

---

44. Dans ses notes de cours, Aquin cite VAN LIER : « Ces œuvres [modernes] évoquent encore, par certains traits, le désarroi de l'individu dans un monde cassé et comptent des moments expressionnistes et surréalistes. Mais l'esprit est moins préoccupé de

profondeur, confirmée par ailleurs à l'époque contemporaine par la psychanalyse, peut facilement être apparentée à l'art de l'architecture, dans lequel le temps se convertit en espace, lui-même aménagé en lieu susceptible d'enchâsser la personnalité. La porte qui orne la couverture, temple vide ouvert sur la perspective blanche, illustre cette thématique de l'anamnèse, ou mémoire absente de soi sur un fond de profondeur[45].

« L'histoire est description de l'individuel à travers des universaux », écrivait l'historien français Paul Veyne en 1971[46] ; la tension entre le singulier et le général dans la perception de l'objet historique, magistralement posée par Foucault[47], est au cœur des années 1970. *Point de fuite*, en dépit de son manque de rigueur apparent, nous paraît s'inscrire dans ce débat qui oppose une pensée de la durée, alliée de la discursivité, à une pensée de la discontinuité, ouverte sur le hasard et la matérialité.

---

détruire que de construire… » (*Le Nouvel âge*, Tournai, Casterman, 1964, p. 162)

45. La gravure du plat arrière représente l'arc d'entrée de la porte Saint-Denis pour l'entrée de Charles IX à Paris, le 6 mars 1571. Elle est reproduite dans l'article de Frances YATES, « Poètes et artistes dans les entrées de Charles IX et de sa reine à Paris en 1571 » (Pl. I, fig. 1), dans *Les Fêtes de la Renaissance*, études réunies par Jean Jacquot, Paris, CNRS, 1956, vol. I.

46. *Comment on écrit l'histoire*, Paris, 1971, rééd. Seuil, 1978, p. 87.

47. Voir *L'Ordre du discours*, leçon inaugurale au Collège de France prononcée le 2 décembre 1970 (Paris, Gallimard, 1971).

2. *La résistance du sujet créateur*

Le temps de l'autobiographie n'est pas seulement historique ; il est aussi biologique et linguistique. Les jeux d'écriture et la vivacité des pulsions qu'ils traduisent, dans *Point de fuite* comme dans *Prochain épisode* par exemple, témoignent de cette double réalité qui jamais ne se limite à un récit de soi.

Le temps vécu et le temps du monde se rejoignent chez Aquin par l'acte de lecture, si présent à travers les références culturelles du texte : mémoire d'autrui sélectionnée, consommée, pointée, interpellée, glace sans tain dans laquelle se mire Narcisse qui s'aperçoit sans s'identifier. L'image traditionnelle de l'auteur, comme principe de cohérence et d'unité narratives, s'en trouve bouleversée : l'auteur du recueil se profile de texte en texte, comme le visiteur d'un palais vide, mettant en scène l'absence de sa mémoire et l'oubli comme une irrésistible tentation d'écriture.

Cette activité centrale d'écrivain, qui lie la fiction et l'autobiographie de façon indissociable et particulière, Aquin l'a désignée dans une interview radiophonique qu'il a accordée à Marcel Godin à la sortie du recueil :

> « L'Alexandrine » (vers le début) et « De retour le 11 avril » sont les deux textes très solides par lesquels j'ai voulu ouvrir et fermer le livre. Ce sont les bases du livre. Puis les deux autres (des sous-bases), « Profession écrivain » et « Un Canadien errant », le restant étant des révélations et des documents divers à mon sujet que j'ai volontiers étalés. (*Horizons*, 28 janvier 1971)

Le prière d'insérer, rédigé par Aquin, exprime clairement ce point de vue :

> En pratique, ce livre regroupe les lignes convergentes d'un dessin : celui de la vie même de l'auteur. Et si le POINT semble arrêter la FUITE, ou vice versa, c'est que l'auteur a voulu précisément harmoniser les deux volets de ce doublet et lier, ouvertement, ce qui jusqu'à maintenant demeurait le germe d'une apparente contradiction. (Point de fuite. Documents divers)

Ce mode d'exploration autobiographique donne naissance à une esthétique du secret, à laquelle correspond un jeu de déchiffrement pour le lecteur. Ainsi, sur le plan de l'écriture, la linéarité discursive cède le pas à une discontinuité perceptive et à une progression syncopée, à la fois diachronique et synchronique, somme de ces instants fulgurants où l'esprit appréhende d'un bloc la matérialité du temps, la paradoxale achronie qu'est la projection instantanée du moi sur le temps.

Dès lors, le rythme des idées, des évocations, des souvenirs peut varier. Proche de la mort, le temps se déroule à toute allure... C'est précisément le sens de ces dates éloignées et non justifiées (1951, 1952 et 1970), flot désordonné de souvenirs, dans les lettres à Louis-Georges Carrier. La chronologie des textes de *Point de fuite* montre cette accélération, qui débouche sur un monologue intérieur particulièrement morbide, dans la nouvelle « De retour le 11 avril ».

Parodie, emprunts et dérision

1. Point de fuite *et le Moyen Âge.*

La diffusion de l'aristotélisme et les controverses soulevées par les tendances empiristes et agnostiques de cette philosophie dans l'univers de la pensée chrétienne aux XIIᵉ et XIIIᵉ siècles passionnent Aquin depuis ses années d'études universitaires[48]. Des lectures d'Aquin, on retient qu'au XIIᵉ siècle, la production philosophique démontre un défaut de cohésion qu'ont accompagné une assimilation et une intégration progressives de valeurs éclectiques ; néanmoins, cette époque a été vivement animée par le goût des idées et par la curiosité scientifique. Il est tentant de rapprocher ponctuellement cette période de la Révolution tranquille au Québec, durant laquelle se transforme et s'émancipe brusquement la société catholique sous l'influence des philosophies matérialistes, du structuralisme en ce qui concerne la littérature[49].

Dans ces références culturelles, on verra surtout le reflet des études collégiales d'Aquin autour des années

---

48. Au XIIIᵉ siècle, les métaphysiciens ont relu le néoplatonisme, revu par les penseurs arabes et juifs. En 1970, Aquin lit l'ouvrage de Fernand Van Steenbergen, *La Philosophie au XIIIᵉ siècle* (Louvain-Paris, Publications universitaires-Béatrice-Nauwelaerts, 1966). L'exemplaire qu'il consulte porte des marginalia devant les sujets qui suscitent en particulier sa curiosité : il relève l'existence des « pseudépigraphes », c'est-à-dire de livres faussement attribués à un auteur, grâce auxquels les copistes, sous couvert de l'autorité usurpée, ont détourné le sens et ont fait converger des traditions hétérogènes.

49. Certains y liront sans doute ce « retour du refoulé » dont parle Guy Scarpetta dans *L'Impureté* (Paris, Grasset, 1985).

1950. Qu'il s'agisse du Moyen Âge ou du Bas-Empire romain, ce qui fascine Aquin concerne toujours le rapport des écrivains et des artistes avec la tradition, avec leurs sources et leur traitement du lien qui rapproche et distingue l'imitation et l'originalité.

L'ouvrage d'Edgar De Bruyne, *Traité d'esthétique médiévale* (Bruges, De Tempel, 1946, 3 tomes), qu'il lisait en 1962, en 1969 et en 1971 encore, joue dans son esthétique littéraire un rôle important[50]. Cette histoire du livre est au cœur de la composition de *Point de fuite* et se prolonge dans *Saga segretta*, le livre secret, jusqu'à ce que l'imaginaire aquinien trouve son développement final dans *Neige noire*.

Au plan formel, le Moyen Âge, plus particulièrement le XIIIᵉ siècle, a développé la « somme », c'est-à-dire des tentatives d'écriture autonome et systématique, préoccupées d'une logique interne dépassant les simples lois rhétoriques ; parfois l'objet prend l'allure d'un « compendium » ou abrégé — ce terme n'étant introduit dans la langue qu'au XVIᵉ siècle. De cette histoire de la pensée au Moyen Âge, il est probable qu'Hubert Aquin retient principalement les écarts par rapport à la pensée d'Aristote : le Moyen Âge définit ses propres lignes de pensée. Il est ainsi fréquent de voir des sommes intégrer

---

50. Dans le dossier « Notes de lecture 71 (ha) », on relève en particulier la remarque suivante : « L'esthétique de l'hermétisme prend exactement le contre-pied de l'esthétique du classicisme : elle est une esthétique à rebours. » Aquin se rapporte, dans cette phrase, à l'ouvrage de De Bruyne, *Traité d'esthétique médiévale* (Bruges, De Tempel, 1946, p. 119).

de petits traités *sui generis* qui forment de singuliers apartés dans l'ordre du commentaire.

Au plan linguistique, des traités spécialisés se sont penchés à la même époque sur les propriétés autant des propositions que des termes eux-mêmes. Outre les opérations logico-rhétoriques qu'ils ont décrites, ils ont posé des analyses sémantiques que la logique moderne n'a réellement retrouvées qu'à l'époque contemporaine. On retiendra notamment la question de la « multiplicitas in oratione » comme les premiers développements d'une théorie de l'ambiguïté.

La philosophie du Moyen Âge est indissociable des projets mathématiques et physiques qui, loin d'engager l'expérimentation, n'en proposent pas moins l'ancrage du raisonnement imaginaire dans un possible logique. Dans ce contexte, la physique de la lumière, substance première divine, connaît d'importants développements ; pendant quelques générations, sous le nom de l'optique ou perspective, elle fera même l'objet du discours scientifique dominant.

Il est alors plus aisé de suivre le développement de *Point de fuite*. Essai composite, où chaque texte apparaît autonome, il rappelle un peu cet esprit du compendium, dans sa facture et dans ses métaphores.

Pourtant, les connaissances et les références d'Hubert Aquin demeurent éparses, ni suivies, ni systématiques, ni ordonnées. Cohérentes, elles n'en sont pas moins allusives, voire compulsives. Dans un dossier intitulé « Saga segretta (projet de roman) » qui comporte des feuillets datés de 1970 (en particulier de mai et d'octobre, donc exactement contemporains de la facture de *Point de fuite*), on trouve notamment une liste de références à utiliser dans *Saga segretta*. Ces noms ont déjà servi à l'élaboration et à la rédaction de *Point de fuite*[51]. Aquin y porte la mention explicite qu'il faut y chercher « les textes apocryphes » de *Prochain épisode*, de *Trou de mémoire*, de *L'Antiphonaire* et de *Point de fuite*.

L'esthétique « à rebours » d'Aquin ne procède pas d'une logique historique — dans le sens de « progrès » ou dans le sens de « réaction », de « nostalgie passéiste ». Son expérience de l'histoire est un matériau de soutien à la figuration narrative, figuration niée, retournée et basculée dans un essai lui-même instable, sans clé d'analyse qui puisse se soustraire aux procédés de négation. L'analyse de ce dossier montre que cet esprit de négation est lié à la conscience naissante d'un projet à venir — d'où le titre du recueil — ; la confrontation singulière du temps historique et de l'instant de création érode les contours du sujet, de toutes les formes et de toute forme :

> Trou, je deviendrai comme un jumbo trou — trou fabulatoire et déclaratoire que rien, jamais, ne remplira ! ! !

Ce projet de « littérature annale » en tant que « domaine à prospecter assurément », décrit dans les lettres à Louis-

---

51. Les noms propres cités dans cette liste sont les suivants : Catulle, Proudhon, Shakespeare, J. Scot-Érigène, Cybèle, La Gnose, Dante, S. de Brabant, Hildegarde, G. Sand, A. de Musset, L.-J. Papineau, César, Sade, Ulysse, Hamlet, Didon, Énée, Lesbie, saint Augustin, Porphyre, Pythagore, Philolaïus, Carcopino, Ovide, Chaignet, Granarolo, Lucrèce, Lenoble, Gibson, de Ghellink, Lot, E. de Saint-Denis, De Bruyne, Toutain, Bloch, Erhard, Grenier, Bréhier.

Georges Carrier, brouille les distinctions temporelles, partant esthétiques et littéraires, d'une querelle des Anciens et des Modernes inachevée ; elle affecte principalement l'acte de création.

2. *Mutations aquiniennes*

Aquin fait figure de précurseur au Québec. Plongé dans l'histoire du livre, passionné par les erreurs ou les manipulations volontaires opérées par les copistes ou par les savants ou les écrivains réputés, également lecteur avide d'ouvrages contemporains, il compose à son tour un ouvrage mi-savant, mi-parodique, interrogateur et inquiétant. La lucidité d'Aquin sur sa solitude de penseur et d'artiste ne fait aucun doute lorsqu'on considère la couverture ou qu'on lit la « Préface » dans cette optique.

L'art baroque d'Hubert Aquin, avec ces développements et ces références gréco-latines et médiévales, n'aurait peut-être pas vu le jour sans le « postmodernisme », et la notion d'intertextualité qui en découle, depuis les années 1980. La modernité, selon Aquin, consiste, pour un écrivain, à intégrer des éléments littéraires hétérogènes, multiformes, au nom de l'histoire du texte qui a mis en lumière l'importance des manipulations dans la transmission du savoir et dans l'écriture : celle-ci, sans affadir les modèles, a contribué à assurer une pérennité du texte. Cependant, l'impossibilité de remonter à l'origine (texte de base, auteur, idée…), donc, de faire revivre le passé, s'accompagne d'une conscience douloureuse. L'esthétique de la dérision, liée à cette expérience, devient inhérente au programme de relecture moderne. Le

« postmodernisme », art du pastiche, du simulacre, du sujet éclaté, de la perception du vide notamment, permet d'importants développements littéraires, dont Aquin a tiré parti très tôt[52].

Les travaux savants d'un Jean Granarolo, exemple d'un savoir spécialisé dont l'enseignement disparaît avec la fin du cours classique au Québec, sont précieux pour comprendre la fonction de la parodie chez Aquin. Dans *L'Œuvre de Catulle* de Granarolo, cité par Aquin dans ses notes de cours, on peut lire l'apport exact de Catulle par rapport à ses sources. La lecture de Granarolo bouleverse la perception des auteurs antiques, puisqu'il n'hésite pas à comparer Catulle aux romantiques et même à un Baudelaire qui prenait pourtant Catulle pour un simple dépravé. Ce renouvellement de la lecture montre sa force et sa fragilité. Aquin poursuit la démarche moderne de Granarolo.

Dans la préface de *Point de fuite*, Aquin s'inquiète de la disparition des études classiques. Raillant les bouleversements de la Révolution tranquille dont il est lui-même l'un des acteurs, il tente ce qu'ont fait avant lui certains auteurs de périodes troublées, récupérant un savoir qu'ils voient disparaître. Sous cet angle, le mélange déroutant de ses allusions savantes et de son ironie —

52. Pour des lectures de la postmodernité dans les romans aquiniens, voir notamment Janet M. PATERSON, *Moments postmodernes dans le roman québécois* (Ottawa, Presses de l'Université d'Ottawa, 1993) ; André LAMONTAGNE, *Les Mots des autres. La poétique intertextuelle des œuvres romanesques de Hubert Aquin* (Sainte-Foy, PUL, 1992).

jeux de mots, vulgarité et mauvais goût, parodie, références hâtives, amphigouris, artifices… et par exemple le
terme d'« épyllion bachique » — se comprend plus aisément.

L'univers ostentatoire et secret des formes baroques

1. Perspective et point de vue

Perspective, point de vue et point de fuite sont en géométrie des notions étroitement liées. Le point de fuite
représente le point de rencontre à l'infini des droites
orthogonales au plan de la représentation. Tiré à l'infini
dans l'espace imaginaire, hors de la scène, le point de
fuite rencontre le point de vue, c'est-à-dire le regard du
spectateur (du lecteur, dans l'utilisation aquinienne). La
perspective joue un rôle auxiliaire, mais fondamental dans
les arts décoratifs ; elle a été particulièrement exploitée
aux XVIe et XVIIe siècles par les artistes qui travaillèrent
l'illusion comme art décoratif en peinture, en sculpture et
au théâtre. Dans leurs traités, les artistes de la Renaissance italienne nomment *punto del finto* le regard
pyramidal qui confond l'illusion et la réalité dans un jeu
de miroir. Aquin s'inspire de cette esthétique et il l'évoque dans le prière d'insérer :

> Le POINT DE FUITE en question fait allusion à la
> terminologie optique des peintres du 16e siècle. En
> pratique, ce livre regroupe les lignes convergentes
> d'un dessin ; celui de la vie même de l'auteur.
> (Point de fuite. Documents divers)

La connaissance de la perspective dans l'Antiquité classique a connu de fructueuses controverses ; Lucrèce, par exemple, souvent cité par Aquin, s'intéressait aux techniques du trompe-l'œil. C'est surtout dans l'Italie des premiers siècles après J.-C. et à la Renaissance que l'on peut observer la présence de la structure picturale à axe de fuite, qui donne à la composition un effet de profondeur. Aquin avait eu l'occasion d'observer ce style au cours de ses voyages, notamment à Pompéi. Le nom de Léonard de Vinci, présent par les photographies dans *Point de fuite*, est associé aux recherches spatiales qui ont travaillé à faire coïncider le point de vue de la construction en perspective et l'œil du spectateur. En littérature, Dante, dont le nom revient à plusieurs reprises dans *Point de fuite*, était fasciné par ce « point » de concentration, point divin et générateur d'où rayonnait le monde entier ; Georges Poulet l'a montré dans ses *Métamorphoses du siècle* (Paris, Plon, 1961), mais l'ouvrage ne figure pas dans les lectures aquiniennes que nous connaissons.

Pour une histoire approfondie de la perspective dans les arts et dans la pensée du XVIIe siècle, on se reportera au très riche ouvrage de Françoise Siguret, *L'Œil surpris ; perception et représentation dans la première moitié du XVIIe siècle* (Paris, Klincksieck, 1993). On y lira comment l'optique a fourni une rhétorique, une épistémologie et une poétique aux artistes de ce temps ; on sera peut-être surpris de retrouver chez Aquin la révolte constante et désespérée de cette bourgeoisie qui, grâce aux arts baroques, recentre son regard sur la raison cartésienne et contre les pouvoirs du temps. Filiation ambiguë dont l'intelligence se perd à force d'ouverture à l'espace et au temps.

Au XXe siècle, d'un instrument technique, la perspective est devenue l'expression d'un nouveau rapport de l'univers mental à la construction sensible. L'art pictural et décoratif romain connaît un regain d'intérêt, qui coïncide avec la relecture des textes anciens dans l'esprit de la modernité. Selon Jean Rousset, l'esthétique contemporaine s'est réapproprié le principe de la représentation géométrique en art attachée à l'illusion de la profondeur, au trompe-l'œil, à la décoration de l'espace[53]. En témoigne l'intérêt artistique d'Aquin pour les anamorphoses, intérêt majeur dans *Trou de mémoire* et prolongé dans *Point de fuite*, qu'il partage avec Dali et d'autres peintres surréalistes.

C'est dans les notes concernant *Saga segretta* que nous avons trouvé les explications les plus précises de

---

53. Voir l'ouvrage de Jean GRANAROLO, *L'Œuvre de Catulle, aspects religieux, éthiques et stylistiques*, Paris, Les Belles Lettres, 1967, p. 113-114. GRANAROLO décrit l'architecture au temps de César et d'Auguste qui « se caractérise non seulement par de grandes compositions figuratives, mais encore par de singuliers motifs architectoniques en trompe-l'œil, souvent "emboîtés" de manière à "agrandir" considérablement des locaux en fait exigus et peu lumineux par eux-mêmes. Ces étranges modes d'ornementation visaient à créer l'illusion que les pièces en question s'ouvraient sur des portiques, des jardins, etc. Innovation capitale à un double titre : conquête d'amples et lumineuses profondeurs ; puissante impression d'architectures sacrées ». J. Granarolo renvoie au livre de A. MAIURI, *La Peinture romaine* (Genève, Skira, 1953). Voir aussi Robert KLEIN, *La Forme et l'Intelligible* (Paris, Gallimard, 1970) et Erwin PANOFSKY, *La Perspective comme forme symbolique* (Paris, Éd. de Minuit, trad. 1975) ; ces deux ouvrages sont absents de la bibliothèque d'Aquin.

cette pensée géométrique. Aquin y consigne que la clé se trouve dans *Point de fuite*, où le plan de *L'Antiphonaire* contient ce projet de « livre noir » : les parallélismes historiques doivent se présenter dans le livre sous forme de « constellation toujours en mouvement », et non selon des parallélismes simples. Aquin décrit alors sa vision du temps historique en termes métaphoriques, empruntés à la géométrie astrophysique ; les époques deviennent des astres innombrables constituant des constellations partiellement invisibles et décrivant diverses ellipses de rotation :

> Je devrais, selon cette idée, composer un roman un peu comme je pourrais concevoir et exécuter un astrolabe colossal et détaillé — à qui j'inculquerais une poussée initiale qui en déclencherait le mécanisme infini et très complexe.

> L'instrument optique — le « point de vue » — rejoint alors Ulysse, qui, perdu en mer, cherche avec son astrolabe à retrouver Ithaque… Cette polyvalence des arts (littérature, architecture, histoire, sciences, langage, musique…) doit à Étienne Souriau (*La Correspondance des arts*, Paris, Flammarion, 1947) une grande part de son inspiration.

2. *Le point de fuite*

Point de vue et point de fuite sont donc étroitement liés. Le terme de « fuite » apparaît comme une thématique récurrente dans l'œuvre d'Aquin, par exemple dans son *Journal* en 1952, en mai 1962 dans « La fatigue culturelle du Canada français », en 1966 dans *Prochain épisode*. À l'échec personnel, à la subordination collective, au mépris de soi, il oppose la fuite tantôt comme libération, tantôt comme exil. Avec *Point de fuite*, ce terme s'enrichit d'une connotation visuelle.

Déjà dans l'article de 1962, la fuite était l'alternative à ce qu'il appelait la dialectique historique canadienne-française. Cependant, à ce terme aux connotations chargées (psychologiques, politiques, militaires, juridiques, morales, physiques…), il préfère la définition de Teilhard de Chardin : un « Univers de convergence […] pôle supérieur de conscience en qui seul [chaque élément] peut entrer en contact avec tous les autres[54] ». Il lui fallait encore rejeter ce que cette représentation du progrès de la pensée avait de trop universaliste et y introduire le bien-fondé du « *plus-être* individuel sans lequel il deviendrait futile de vouloir s'unir », lequel s'affirmerait, selon lui, dans la révolution.

En 1970, la révolution n'est plus que celle des astres. L'astronome est un marin égaré qui cherche sa patrie ; dans sa lunette, il voit le mouvement des époques orbiter autour du soleil, qui n'illumine guère cette « mer des Ténèbres » sur laquelle il erre. Le titre du recueil connote à la fois la convergence des lignes et l'imminence d'une dérobade. Ce thème du mouvement se retrouve dans un passage intitulé « Remarques formelles en chemin », résurgence du titre dont l'expression métaphorique

---

54. Cité par Aquin dans « La fatigue culturelle du Canada français ». Voir l'édition critique des *Mélanges littéraires* d'Hubert AQUIN (vol. II) par Jacinthe Martel avec la collaboration de Claude Lamy, *op. cit.*

suggère le déplacement, le départ ou le détour. On notera que le terme « fuite » apparaît dès la seconde lettre à Louis-Georges Carrier, en 1951. Le dessin de la couverture relève aussi de la même démarche.

La perspective est donc le rapport de l'œil au monde, identifié à celui de l'esprit : il crée l'illusion d'un processus qui s'accomplit dans un espace infini. Le temps, quatrième dimension de l'espace contemporain, devient l'instance opératoire d'une poétique. Dans un entretien avec Yvon Boucher, Aquin précise que le point de fuite ne débouche pas sur le vide, mais sur le sombre, le noir, c'est-à-dire sur l'encre, sur l'écriture et l'écrit[55]. Aquin voit un livre, quels que soient l'angle et l'objet de son regard.

3. Anamorphose et fragmentation

À l'époque où il travaille la perspective et la composition de *Point de fuite*, il place un signet dans un numéro de la revue *Connaissance des arts* (numéro 17, 15 juillet 1953) avec la mention manuscrite « Asumpta de Dali ». S'y trouve reproduit un tableau de Dali commenté par lui-même : son inspiration doit beaucoup à l'esthétique de la Renaissance italienne qui, selon ses termes, « réactualise » et « revalorise le sujet » ; cette peinture exprime la reconstitution nucléaire de la matière avec un dynamisme bouleversant. Dali, qui choisit ses éléments en rapport avec les théories freudiennes de l'inconscient, trouve le

---

55. *Saga segretta* aurait pu s'intituler « Roman noir » (notes d'Aquin) ; son dernier livre est *Neige noire*.

modèle de ce dynamisme profond prolongé dans le baroque d'une part, chez Gandhi d'autre part — l'orientalisme est absent chez Aquin —, dans le cubisme et enfin dans la physique nucléaire (sa « mystique nucléaire »). On reconnaît chez Aquin la même obsession esthétique et cette façon surréaliste — cubiste, presque dada, liée à l'écriture de « l'avant-garde » — d'insuffler un dynamisme, fût-il délirant, à une création composite, à ces chapitres hétérogènes, à cette écriture du fragment[56].

Cette présence artistique de l'hétérogène, que Scarpetta relie au baroque — il y voit « l'exaspération infinie de la négativité » —, Aquin la nomme « surréalisme cacozélique » dans une lettre à Louis-Georges Carrier. Le point vide du point de fuite aquinien n'a rien d'un surcroît

---

56. D'autres signets sont glissés dans des revues ; le papier de ces signets permet de penser qu'il les a consultées à la même époque. En voici la liste : *Connaissance des arts* (n°s 4, 6, 8, 12, 16, 17, 18, 20, 21, 22, 23, 27, 28, 31, 32, 34, 86, 93, 114, 117, 118) et *Aujourd'hui* (n°s 42-43). Les signets marquent les sujets suivants : les meubles à écrire Louis XV, l'art d'encadrer un tableau (n° 4) ; les Vierges du XVe siècle flamand, les doubles rideaux (n° 6) ; les émaux champlevés, le repas au XVIIIe siècle, les tapis (n° 8) ; les miniatures persanes, la turquerie au XVIIIe siècle (n° 12) ; les tapis chinois (n° 16) ; les escaliers (n° 18), la grammaire de David (n° 20) ; *L'Adoration de l'Enfant* du musée Calvet (n° 21) ; une Vierge sculptée, le cabinet du curieux, l'expérience mystique du Greco (n° 22) ; l'art nègre, la collection André Hachette, Jean Bérain (n° 23) ; les torchères, les tapis Kirman (n° 27) ; *La Mort de Didon* de Rubens, *La Vierge à l'Enfant* d'Ysenbrant (n° 28) ; l'horloge nocturne, les reliures de Grolier (n° 31) ; les poinçons d'argent (n° 32) ; un entretien avec M. D.-G. van Beuningen, la Vierge du XIVe siècle, le palais Labia à Venise (n° 34).

d'exubérance ni d'une nouvelle apologie du faire-semblant. Tout sauf désinvolte, il mène au contraire à la désolation du dernier texte, à ce « point mort » qui tient plus du testament que du livre divin dantesque :

> Les espaces entre chaque mot, mon amour, ne sont que des symboles cumulatifs de ce néant qui me gagne [...] La neige qui tombe, je la vois à peine ; mais elle ressemble à une encre opaque [...] Il neige étrangement en moi.

La fragmentation baroque aquinienne n'est pas une simple illusion ; elle est l'acte, et non la figure de la décomposition.

Sur le plan des procédés, les effets de « composition réticulaire du texte[57] » semblent les solutions ingénieuses, fantaisistes voire fantasques, que l'écrivain apporte aux contraintes formelles qu'il s'est données. Effets de palimpseste, de textes-gigognes, l'inachèvement du « work in progress » — selon le mot fameux de Joyce — évoque moins la nécessité d'un travail rhétorique que la polyphonie des multiples strates culturelles, agencées de façon à correspondre, qui travaillent et traversent la signification. En ce sens, *Point de fuite* peut être considéré comme un autotexte[58] de *L'Antiphonaire*, et peut-être

---

57. Selon l'expression de Jean-Michel RABATÉ à propos de Joyce (dans *Genèse de Babel. Joyce et la création*, Paris, Éditions du CNRS, 1985), transférable à Aquin.

58. Voir les définitions proposées par Bernard BEUGNOT dans *Cahiers de textologie, 2. Problèmes de l'édition critique* (Paris, Minard, 1988).

même des romans antérieurs ; l'écriture repose sur une intertextualité interne, comme si le baroque aquinien ne renvoyait qu'à lui-même finalement.

On peut ainsi penser qu'Hubert Aquin propose sa version de l'essai personnel, marquée par la réflexion de son temps sur le hasard, la liberté et l'inconscient. Il dispose son ordre, compendieusement, dans ce genre mitigé d'essais, d'autobiographie et de textes de création, soutenu par une théorie qui confond science et littérature dans une même métaphore. Pour Aquin comme pour Moles, il y a peu de différence entre découvrir et créer : « Celui qui découvre telle signification à une œuvre n'est-il pas co-créateur de l'œuvre en ce sens qu'il construit une signification qu'il croyait mettre au jour ? » (Moles, cité par Aquin dans Notes de lecture 1970)

Ce savoir du lecteur, rejoint dans l'acte d'écriture, qui établit l'anamorphose comme une pratique iconoclaste dans la relation perturbée auteur-lecteur, s'écarte de ce que Lyotard, Gérard Graff et Janet Paterson — en ce qui concerne le roman québécois — ont défini comme la force libératrice à l'œuvre dans le « postmodernisme » ; à cet égard, parce que précisément la dynamique de la décomposition et du décentrage est active, *Point de fuite* se distingue des romans précédents d'Aquin et annonce *Neige noire*.

4. *Théâtre et représentation*

Pour se réaliser comme poétique de l'essai, cette esthétique a recours à la technique du collage et de la transformation des matériaux. Cette activité visible dans la fabrication de la couverture, où chaque image est montée selon des effets de trompe-l'œil, trouve son prolongement dans le choix de l'image : une façade de monument fait penser à un décor de théâtre et à ses machines. La présence de ce décor ne saurait qu'amplifier la mise en scène et en forme du texte. Le regard perçoit le point de fuite comme une indication symbolique au lecteur ; le livre, investi de l'architecture fictive, est soutenu par une scénographie. *Neige noire* se profile encore. Les projets de téléthéâtre de *Point de fuite* y trouvent une naturelle justification[59].

Aquin réactualise l'irrationnel médiéval, le lyrisme de la Renaissance et l'onirisme baroque ; dans sa démarche, il faut aussi ajouter l'influence du théâtre élisabéthain. Théâtre orné de vastes perrons, de portiques et d'arcades, il est un lieu de culte païen dans lequel sont représentées les grandes passions et les épopées de l'humanité. Cette constante référence chez Aquin aux grands drames antiques, romains et shakespeariens opère comme une technique de mémoire artificielle, mais, au-delà de l'esprit d'une filiation (voir « Jules César », les projets « Œdipe » et « Hamlet » dans les « Lettres à Louis-Georges Carrier »), ne semble pas ouvrir sur un système herméneutique. La réalité demeure en fuite ou du moins en attente, ce que peuvent indiquer les espaces vides à la place des stèles et

---

59. Sur un signet demeuré dans la revue *Aujourd'hui* (octobre 1963), Aquin a noté « théâtre du livre » et coché le paragraphe dont cette expression est le titre : on y lit le principe que toute composition littéraire peut être projetée sur une scène. Aquin inverse cette affirmation, inscrivant la scène dans un procès purement littéraire.

l'ouverture blanche de la perspective, au verso de la couverture.

Le travail artistique de *Point de fuite* doit beaucoup à un numéro de la revue *Aujourd'hui* intitulé « Scénographie nouvelle », conçu par le scénographe, metteur en scène et théoricien Jacques Polieri (octobre 1963, n° 42-43[60]). L'exemplaire, découpé par Aquin (voir le dossier « Point de fuite. Documents divers ») porte sur l'évolution de la théorie de l'image, des arts du spectacle et des pratiques techniques, de l'Antiquité à nos jours. Dès les premières pages, le concept de point de fuite apparaît, lié au regard du spectateur et présenté comme une donnée fondamentale de la conception originale du « spectacle intégral[61] ». Ce spectacle intégral consiste en l'orchestration scénique du répertoire classique renouvelée par le déplacement du regard du spectateur, non seulement sur la scène, mais dans l'espace de la représentation. La distance du spectateur à l'objet est devenue variable, comme elle l'est dans l'art cinématographique. Le travail du style (le principe des notes, ou des énigmes, par exemple) et celui de la mise en pages, chez Aquin, participent de cette ambition[62].

---

60. Voir Polieri, *Scénographie. Théâtre, cinéma, télévision* (Paris, Éd. Jean-Michel-Place, 1990). Ce livre est la réédition corrigée, revue et augmentée de l'ouvrage publié en 1963 aux Éditions Architecture d'Aujourd'hui et découpé par Aquin.

61. Aquin appelle « Faites-le vous-même. Smash » un « spectacle total ». Voir « La scène du lit », note 5.

62. Stéphane Mallarmé, dans sa préface à « Un coup de dé jamais n'abolira le hasard » (mai 1897), écrivait : « L'avantage, si j'ai droit à le dire, littéraire, de cette distance copiée qui

Dans ce spectacle intégral, la musique trouve naturellement sa place : elle est omniprésente dans *Point de fuite*. Aquin relève ce thème, qui participe à la construction artistique, d'une part chez Joyce[63], tel que le souligne Eco, et d'autre part chez Bertold Brecht[64].

Cette dimension artistique du travail d'auteur s'est manifestée dans d'autres réalisations : Hubert Aquin a participé à la formidable explosion des technologies modernes expérimentées à Terre des Hommes, sur l'île

---

mentalement sépare des groupes de mots ou les mots entre eux, semble d'accélérer tantôt et de ralentir le mouvement, le scandant, l'intimant même selon une vision simultanée de la Page : celle-ci prise pour unité comme l'est autre part le Vers ou ligne parfaite. La fiction affleura et se dissipera, vite, d'après la mobilité de l'écrit, autour des arrêts fragmentaires d'une phrase capitale dès le titre introduite et continuée. Tout se passe, par raccourci, en hypothèse ; on évite le récit. Ajouter que de cet emploi à nu de la pensée, avec retraits, prolongements, fuites ou son dessin même, résulte, pour qui veut lire à haute voix, une partition. » Cet extrait est reproduit dans le numéro cité d'*Aujourd'hui* (octobre 1963) et découpé par Aquin. Voir aussi l'étude de Mallarmé par BLANCHOT dans *Le Livre à venir, op. cit.*

63. « Technique récitative de Joyce : (lettre du 6 août 1919) « Ces épisodes sont composés selon la technique d'une *fuga per canonem* : en fait, je ne savais pas comment décrire d'une autre façon la modulation séduisante des voyages d'Ulysse... Dans la perspective d'une journée, comprimer tous ces déplacements et les mettre en forme n'est possible qu'au moyen de cette variation qui, croyez-moi, n'est pas un simple caprice... » (Point de fuite 1970. Notes de cours, f. 157)

64. Voir *Écrits sur le théâtre* (Paris, L'Arche, 1963) qui figure dans la bibliothèque d'Aquin.

Sainte-Hélène, lors de l'Exposition universelle de 1967 ;
il y a cosigné une œuvre pluridisciplinaire : architecture,
cinéma, télévision, théâtre. Jacques Polieri avait alors lui-
même conçu une réalisation prestigieuse, participant de
ce qu'il appelait « le Théâtre du Mouvement total ».
L'euphorie de cette époque créative ne nous paraît pas
étrangère à la facture de l'ouvrage, contrepoint des événements dramatiques et discordants d'octobre 1970.

Vivre dans son pays, mourir et ressusciter avec lui

1. Les événements d'octobre 1970 : mise en perspective politique

Point de fuite est composé durant cette période dramatique qui met aux prises le Front de libération du Québec avec l'État canadien et voit Montréal occupée par
l'armée. On sait que, contrairement à certains intellectuels
québécois, Aquin n'est pas inquiété par la police pendant
les événements. Arrêté en juillet 1964 alors qu'il avait
annoncé son entrée dans la clandestinité felquiste un mois
auparavant, en 1970 la situation d'Aquin s'explique assez
aisément : c'est alors un homme tranquille, averti des
pouvoirs policiers et des réalités judiciaires. En détention,
il a certes écrit un roman de révolte, *Prochain épisode*,
mais il transposait déjà son action dans une Suisse fictive,
géographiquement peu liée au Québec, qui parlait sans
doute autant, voire davantage d'évasion et d'introspection
que d'analyse politique.

 Point de fuite est également un texte d'évasion,
placé en regard des événements qui lui sont contem-

porains[65]. Mais la géographie aquinienne a beaucoup changé, depuis son roman de 1965. Les échappées aux États-Unis ne réveillent que frustrations et désirs de mort (« L'Alexandrine », « Éloge des États-Unis », « Auto-critique », « Plan partiel de *L'Antiphonaire* ») ; du côté de l'Europe, ni la Suisse ni la France ne sont des terres d'exil possible (« Un Canadien errant », « Nos cousins de France »). À cet égard, les dénominations de lieu dans les « Lettres à Louis-Georges Carrier » sont significatives.

L'absence de référence politique ou contextuelle procède d'une dérision nouvelle, dans le parcours aquinien[66]. Dans l'indifférence internationale s'absente le pays, tandis que s'abîme la conscience de soi. L'écrivain s'épuise dans un vertige culturel qui est encore une façon de vivre ailleurs. Mais la révolution est finie.

2. *La perception linguistique aquinienne*

Aquin n'a cessé de travailler la « langue inconnue », celle qui se cache derrière la socialité superficielle du langage, sous les formes esthétiques et littéraires, sous les représentations habituelles.

Joyce demeure le grand modèle. Les notes de cours

---

65. *Point de fuite* n'a pas été retenu par Jacques PELLETIER dans « La crise d'octobre et la littérature québécoise », *Conjoncture au Québec*, automne 1982, nº 2 ; Joseph Bonenfant, comme nous l'avons relevé, y a vu une fuite d'Aquin par rapport aux événements.

66. « Profession : écrivain », qui vient en cinquième position dans le recueil, correspond au « narcissisme extatique » (« symbole : eucharistie »), selon la grille de lecture de Stuart GILBERT (tableau des correspondances entre Homère et Joyce, voir note 1).

Point de fuite

d'Aquin sur la langue de Joyce justifient très clairement le style des lettres publiées dans *Point de fuite* :

> Si jamais un romancier a érigé la dissonance en chef-d'œuvre systématique, c'est bien cet Irlandais nourri par quatre siècles de violence contenue, par toute une tradition de contestation qu'il n'a jamais fait porter dans le domaine politique... Toute cette violence s'est incorporée à la littérature anglaise — pernicieusement, presque... Il s'est introduit dans une littérature nationale (dans une langue nationale) pour la saboter génialement... (Voir aussi l'appendice.)

Tous les intérêts d'Aquin convergent dans la cohérence et la poursuite inattendue d'une tradition stylistique. Plus largement que l'imitation d'un modèle, Aquin fait suite à De Bruyne et à Boldoreff, repris et cités par Eco, qui ont montré la filiation africaine de la civilisation irlandaise au Moyen Âge. Joyce connaissait très bien cette histoire, en particulier la tradition de l'énigme, qui se développe dans la figure de l'emblème et de la métaphore. Borges fut lui aussi très sensible à cette filiation, qui joue à la fois sur l'érudition et sur l'invention, quitte à s'en moquer[67]. Aquin adopte cette perspective, intégrant à son tour ses références à la culture occidentale.

---

67. Aquin cite Joyce : « J'ai infusé à mon livre un nombre incalculable d'énigmes... et c'est la seule façon d'assurer, ainsi, mon immortalité ; il se passera des siècles, et les chercheurs chercheront encore... » (Richard ELLMANN, *James Joyce*, Londres, 1959, p. 535, dans Aquin, James Joyce (JCF et HA). Notes de cours, f. 49)

Édition critique

Dans son œuvre même, la continuité de l'écriture joue un rôle majeur. Le projet de *Point de fuite* intègre certains aspects de *L'Antiphonaire*, comme dans un miroir déformant, rétrécissant, caricatural. Plagiat, explication, imbrication, journal intime et essai, divagation et histoire d'amour, telles étaient les lignes du roman qu'il projetait le 30 mars 1968, dans des notes distinctes de *L'Antiphonaire*. Ce programme n'est-il pas intégré dans la rédaction de *Point de fuite* ?

Dans son projet de saga (notes du 24 décembre), une réflexion sur la forme à donner à son futur roman semble procéder de l'expérience directe de *Point de fuite* : « Récit non linéaire, à fragments, à volets, à éclipses rapides temporelles et spatiales, selon un éclairage anaclastique ! » L'éclatement de la structure admet aussi une composante linguistique. Le « Cahier II », avant-projet pour *Trou de mémoire* daté d'octobre 1962, comporte un développement sur la langue qui n'est pas étranger à l'esprit de *Point de fuite* :

> On fait une révolution avec des mots, cela ne fait aucun doute, et nous n'en avons pas [...] Les mots sacrés profanent tous les autres et se crée ainsi une langue dissociée, dont le moteur verbal est constitué de blasphèmes (prières inverties) et d'un grand nombre de mots au sens figuré (le Canadien français ne parle jamais au sens propre) qui sont neutralisés, abandonnés comme tant de parties du corps éloignées des zones érogènes se trouvent désacrées. Le Canadien français qui, pour des raisons sociales, refuse le blasphème, se condamne à désacrer toute

sa vie, à parler comme on marche et à considérer molle sa bouche — que nul cri ne durcit plus ! Si la révolution n'est pas un cri, elle n'est rien.

Ce lien de la profanation linguistique et de la révolution n'est autre que celui qui unit les adeptes du joual au cours des années 1970. Les lettres à Louis-Georges Carrier rappellent ces prises de position littéraires et les associations proprement aquiniennes qui expriment à la fois ses tendances anarchisantes et sa relation avec ses contemporains.

Les libertés linguistiques d'Aquin (termes populaires, néologismes, intrusion de termes latins et anglais, expressions énigmatiques) constituent une langue littéraire, parodique et politique. Nabokov en constitue un autre pôle important[68]. Elle s'inscrit dans l'esthétique de la dissonance dont le baroque aquinien est le terme générique et ultime.

L'édition de *Point de fuite* parue en 1971, au Cercle du livre de France, est notre texte de base. Nous avons établi les variantes à partir de certains articles publiés dans des revues ou à partir de leur tapuscrit ; nous avons eu accès aux originaux d'une partie des lettres adressées

---

68. À propos de *Lolita* de NABOKOV, Aquin cite et écrit : « "L'épithète choquante n'est bien souvent qu'un signe d'insolite et tout chef-d'œuvre authentique implique de facto une création originale, dont la nature même entraîne toujours un effet plus ou moins violent de surprise." Selon moi, une esthétique laconique se trouve ainsi exprimée — laquelle a pour but de valoriser ou de reconnaître l'audace de l'intrigue et de lui conférer le statut d'une audace formelle. » (Point de fuite 1970. Notes de lecture, f. 158)

à Louis-Georges Carrier. Nous reproduisons également les photographies qui accompagnaient l'édition originale. Nos corrections se sont bornées aux négligences orthographiques et syntaxiques.

Remerciements

Sans le travail d'équipe des directeurs, des éditeurs, des assistants et des collaborateurs de l'ÉDAQ, ce travail n'aurait jamais vu le jour. Qu'ils soient ici tous remerciés, particulièrement Bernard Beugnot pour son soutien et sa direction de la recherche ; ma reconnaissance s'adresse aussi à Andrée Yanacopoulo, qui mit tant de documents à notre disposition et qui permet aujourd'hui leur diffusion.

Je remercie également Alain Carbonneau, qui dut abandonner un travail initialement prévu à deux : cette édition lui doit l'établissement des variantes et la mise au net du texte d'Aquin.

Note bibliographique

I. Ouvrages de référence pour Point de fuite, lus par Aquin

ALEWYN, Richard, *L'Univers du baroque*, Paris, Gonthier, 1959.

BALTRUŠAITIS, Jurgis, *Anamorphoses ou perspectives curieuses*, Paris, Olivier Perrin, 1955.

BARRENECHEA, Ana Maria, *The Labyrinth Maker*, New York University Press, 1965.

BARTHES, Roland, *Essais critiques*, Paris, Seuil, 1964.

BÉRARD, Victor, *La Résurrection d'Homère : au temps des héros*, Paris, Grasset, 1930.

——, *Les Navigations d'Ulysse*, Paris, Colin, 1927-1929.

BLANCHOT, Maurice, *Le Livre à venir*, Paris, Gallimard, 1959.

BORGES, Jorge Luis, *Histoire universelle de l'infamie, histoire de l'éternité*, 1935, 1951, Paris, Christian Bourgois, 1985.

BRECHT, Bertold, *Écrits sur le théâtre*, Paris, L'Arche, 1963.

BROCH, Hermann, *Création littéraire et connaissance*, trad. Paris, Gallimard, 1966.

BUTOR, Michel, *Essais sur les modernes*, Paris, Éd. de Minuit, 1964.

DE BRUYNE, Edgar, *Traité d'esthétique médiévale*, Bruges, De Tempel, 1946.

D'ORS, Eugenio, *Du baroque*, Paris, Gallimard, 1935.

ECO, Umberto, *L'Œuvre ouverte*, Paris, Seuil, 1965.

ELLMANN, Richard, *James Joyce*, New York, Oxford University Press, 1959.

ELLMANN, Richard et Ellsworth MASON, *The Critical Writings of James Joyce*, New York, Viking Press, 1959.

FLAUBERT, Gustave, *Extraits de la correspondance ou Préface à la vie d'écrivain*, éd. par Geneviève Bollème, Paris, Seuil, 1963.

GILBERT, Stuart, *James Joyce's Ulysses*, Londres, Faber & Faber, 1930.

HUIZINGA, Johan, *Le Déclin du Moyen Âge*, Paris, Payot, 1948.

JACQUOT, Jean (dir.), *Les Fêtes de la Renaissance*, Paris, CNRS, 1956.

LEFEBVRE, Henri, *Introduction à la modernité : préludes*, Paris, Éd. de Minuit, 1962.

——, *Le Langage et la Société*, Paris, Gallimard, 1966.

——, *Le Manifeste différentialiste*, Paris, Gallimard, 1970.

LENOBLE, Robert, *Esquisse d'une histoire de l'idée de nature*, Paris, Albin Michel, 1969 (Textes réunis par le père Joseph Beaude).

MOLES, Abraham, *Théorie de l'information et perception esthétique*, Paris, Flammarion, 1958.

POLIERI, Jacques, « Scénographie nouvelle », *Aujour-d'hui*, octobre 1963, nᵒˢ 42-43.

ROUSSET, Jean, *La Littérature de l'Âge baroque en France. Circé et le paon*, Paris, Corti, 1953.

——, *Forme et signification. Essais sur les structures littéraires de Corneille à Claudel*, Paris, Corti, 1962.

SOURIAU, Étienne, *La Correspondance des arts*, Paris, Flammarion, 1947.

VAN LIER, Henri, *Le Nouvel Âge*, Tournai, Casterman, 1964.

WARREN, Robert Penn (éd.), *Faulkner. A Collection of Critical Essays*, Englewood Cliffs, Prentice-Hall, 1966.

WOLFFLIN, Henrich, *Renaissance et baroque*, 1888, trad. Paris, Le Livre de poche, 1967 (c.1961).

2. *Autres ouvrages de référence*

DALLENBACH, Lucien, *Le Récit spéculaire. Essai sur la mise en abyme*, Paris, Seuil, 1977.

KRISTEVA, Julia, *Séméiôtikè. Recherches pour une sémanalyse*, Paris, Seuil, 1969.

LAMONTAGNE, André, *Les Mots des autres. La poétique intertextuelle des œuvres romanesques de Hubert Aquin*, Sainte-Foy, PUL, 1992.

LYOTARD, Jean-François, *Rudiments païens. Genre dissertatif*, Paris, UGE, 1977.

PATERSON, Janet, *Moments postmodernes dans le roman québécois*, Presses de l'Université d'Ottawa, 1993 (éd. augmentée).

Scarpetta, Guy, *L'Impureté*, Paris, Grasset, 1985.

Siguret, Françoise, *L'Œil surpris. Perception et représentation dans la première moitié du XVIIe siècle*, Paris, Klincksieck, 1993.

Yates, Frances, *L'Art de la mémoire*, 1966, trad. Paris, Gallimard, 1975.

POINT DE FUITE

« N'écris rien sur la neige[1]. »

PYTHAGORE

Préface

Ce livre est un épyllion bachique[1], constitué par l'accumulation fatale de certaines confessions autobiographiques[2]... Ai-je à en dire plus ? Vous avez compris...

Les trop nombreuses occasions que l'on m'a offertes pour écrire, j'en ai profité tant bien que mal pour m'étaler sans aucune pudeur et sans retenue...

* *
*

« Larvatus prodeo[3] », disait Descartes... Mais moi, pauvre épigone de Porphyre[4], je ne m'avance pas masqué ; je recule avec effarement avant de préfacer un mélange aussi chromé[5] ! J'ai l'impression de réaliser, sur papier noir, une chaîne vocalique déchaînée... voire même : de réduire la double brève de Catulle en une longue[6].

Connaissez-vous une chanson de Robert Charlebois *Le Gars ordinaire*[7] ? Voilà : Charlebois est, en quelque sorte, mon double... ou mon super-ego ! Et si vous ne me prenez pas au sérieux, je vous conseille de laisser tomber l'exemplaire unique que vous souillez de vos mains gluantes...

Point de fuite

Je suis un gars bien ordinaire ; et si je crie, comme dit l'autre, c'est pour qu'on m'entende[8]...

* *

*

Depuis que j'ai publié en novembre 1969 *L'Antiphonaire*, je n'ai pas cessé de m'enfoncer plus profondément dans le gouffre du passé occidental. Ma plongée abyssale m'a fait découvrir un certain Lucrèce[9] dont je demeure un admirateur fanatique forcené — j'aimerais dire : un pâle imitateur, mais Lucrèce est inimitable ! Pourrai-je, un jour, utiliser tout ce que je découvre en descendant dans l'enfer dantesque? Je ne sais pas. Je crois même que la société dans laquelle je vis n'est nullement intéressée à profiter du savoir non immédiatement utilitaire.

Si je descends plus profondément encore et si mon entreprise a quelque chose de mourant, je n'y peux rien : et surtout, ne venez pas m'aider. J'ai choisi l'infini futile du refoulement du Tibre[10] ; partisan de Cybèle[11], je mesure l'abîme qui sépare mon culte de la tradition catholique romaine !

J'admets volontiers être vieux jeu, si cela veut dire que je passerai bien des heures entre les énormes problèmes du Moyen Âge et les raffinements érotiques du Bas-Empire romain ! Après tout, comme le dit le personnage d'un téléthéâtre, « les écrivains écrivent, les tueurs tuent, les voleurs volent... » Seuls les lecteurs, au fond, sont dispensés de lire !

Je suis d'une génération avide de savoir et soucieuse de discipline formatrice. Les jeunes « saints-

6

ciboires[12] » d'aujourd'hui ne veulent plus rien savoir et font table rase avec une jubilation inégalée...

Tant mieux : ils n'auront pas, en acquérant un tantinet de cheveux gris, la problématique complexe que nous avons à trente-cinq ou à quarante ans ! Une dichotomie analogue à celle de FM vs AM (radio[13]...) semble me confiner au superbe déphasage que je reconnais. Je fonctionne sur une longueur d'ondes mystifiante et qui ne mystifie que moi[14]...

Hubert Aquin

« Écrivain, faute d'être banquier*[1] »

« L'univers artistique, ou formel, pour moi, est secondaire. C'est la politique, au sens large, qui vient en premier, ou, si vous voulez, l'action. »

Dans l'ancienne Bourse de Montréal, devenue le Centre culturel du Vieux Montréal, dont il était jusqu'à il y a peu le secrétaire[2], Hubert Aquin, veston ouvert sur gilet boutonné haut, m'accueille comme si je me présentais à un conseil d'administration. Encore sous le coup de l'émotion d'une troisième lecture de *Prochain épisode*, premier roman paru en novembre 1965, j'ai l'impression inconfortable qu'il m'échappe dès l'abord.

Je n'imaginais certes pas Hubert Aquin du type de l'écrivain méditatif, retiré dans sa solitude, pour ne pas dire sa tour d'ivoire, et ne vivant que pour l'art. Mais je ne m'attendais pas non plus à ce qu'il puisse y avoir en lui une distance aussi marquée entre l'homme et l'écrivain. Un peu décontenancé, je prends un biais :

---

* Je tiens à remercier Monsieur Jean Bouthillette, l'auteur de cet article, paru le 14 octobre 1967 dans la revue *Perspectives*, d'avoir permis la reproduction de son article dans ce livre. (*H. A.*)

9

— Si je ne m'abuse, vous avez longtemps refusé d'être ou de devenir écrivain[3] ; l'acceptez-vous aujourd'hui ?

Il réfléchit un instant, comme quelqu'un qui additionne mentalement.

— Oui, dit-il, j'accepte maintenant d'être écrivain. Je ne voulais pas être l'homme d'un seul livre... (Un second roman, *Trou de mémoire*, doit paraître cet automne.) Après la parution et l'impact de *Prochain épisode*, j'ai accepté d'assumer activement cette identification. Le milieu agit sur moi comme si j'étais écrivain ; alors je dois l'être[4].

— Était-ce une forme de refus de vous-même ?

— Non, pas du tout. Peut-être du milieu. Vous savez, ici on est écrivain faute d'être banquier. C'est contre cela que je me rebiffais. C'était une forme de refus politique, qui provient d'un refus de la société qui vous confine dans des fonctions d'officiant — écrire des poèmes, des romans, ou même des chansons — et qui ne veut pas qu'on l'occupe à d'autres titres. On nous octroie d'autant plus de talent qu'on nous refuse d'importance. De l'Anglais, par exemple, on dit qu'il est bon banquier et qu'en plus il a des écrivains. À nous, on ne concède que le talent d'écrire, comme si cela nous était dévolu par la nature — et il y a des écrivains qui tombent dans le piège —, quand en réalité, je le répète, c'est faute d'être banquier qu'on est écrivain.

« Remarquez qu'il y a un aspect positif à tout cela et qui peut, à la longue, jouer contre la société qui se croit protégée : l'écrivain est générateur de conscience ; il questionne, trouble, remet en question, renverse les valeurs acquises. Mais c'est un rôle ingrat, d'autant plus que sur le plan économique l'écrivain est un professionnel qui n'a aucun statut.

« Être écrivain, pour moi, c'est simple : j'écris parce que j'y trouve du plaisir. Sinon je n'écrirais pas. Et de plus, s'il fallait que le public n'y trouve pas le sien, ce serait absurde d'écrire, non ? »

Ce détachement, chez l'auteur d'un roman aussi pénétrant et d'une aussi haute envolée lyrique que *Prochain épisode*, me déconcerte. Je décide donc de plonger.

— Vous avez tout de l'administrateur froid et calculé, de l'homme d'action réfléchi et décidé ; comment expliquez-vous alors votre naissance fulgurante et passionnée à la littérature par un livre qui coïncide à ce point avec une idée tragique de la révolution québécoise ?

Si j'avais cru le piquer au point qu'il partît au galop, je dois me détromper. Il se contente de dresser un bilan.

— En effet, dit-il, il y a là illogisme apparent. Et je dois avouer que je ne l'explique pas tout à fait. Un fond de violence, peut-être. Pourtant je suis un non-violent dans la vie de tous les jours. C'est comme chez les types du F.L.Q.[5], qui étaient des gens bien, des étudiants qui réussissaient bien, fils de bonnes familles, et qui lancent des bombes du jour au lendemain.

On se souvient des circonstances dans lesquelles *Prochain épisode* a été écrit. C'était à l'été 1964. Arrêté pour port d'armes, Aquin est mis en prison. Comme le ministre de la Justice d'alors, Mᵉ Claude Wagner, s'opposait à tout cautionnement, ses avocats trouvèrent le biais de la clinique psychiatrique[6]. C'est donc à l'Institut Prévost qu'il a écrit *Prochain épisode*[7]. Il y est resté trois mois. Eut lieu ensuite la comparution, puis le procès, qui dura un an, au terme duquel il fut acquitté. Le livre fut retenu chez Tisseyre[8] et parut un mois avant le rendu de la sentence.

— Comment en êtes-vous venu à votre prise de conscience politique ?

— Avant 1960, je ne pensais pas le problème canadien-français. La position fédéraliste ne me plaisait pas, mais rien de plus. Puis je me suis politisé en entrant au R.I.N.[9], où j'ai pris position pour que le mouvement devienne parti politique[10], ce qui s'est fait beaucoup plus tard. Entre-temps, en 1963[11], les bombes ont éclaté, ce qui a eu un grand impact sur moi. Vous savez le reste… Puis tout s'est tassé. Aujourd'hui, j'ai compris qu'il faut d'abord vivre et, en vieillissant, élaborer un plan d'action[12]. Ce qui compte, maintenant, c'est la patience, la persévérance[13].

— Quelle sera, dans l'avenir, la relation entre vos écrits et le milieu canadien-français ?

— Sur le plan artistique, je suis non engagé. D'ailleurs, *Prochain épisode* est un témoignage, une confession, non un roman engagé au sens étroit du terme, c'est-à-dire une prise de position politique. Si je voulais m'engager, je le ferais sur un autre plan. J'écris par appartenance, non par engagement. Mon deuxième roman n'est pas politisé, mais il est essentiellement québécois. Écrire est un métier.

— Mais cette passion intérieure ?

— Écrire est un acte de volonté. Je n'admets pas que des gens soient dans un état privilégié et d'inspiration. Je n'écris que quand j'en ai le goût. Sinon écrire serait un pensum. Si l'inspiration doit venir, c'est la plume à la main, dans le flot verbal. *Prochain épisode*, évidemment, est particulier. Mais c'est pour tuer le temps que je me suis astreint à l'écrire. Mes trois mois à la clinique psychiatrique ont été une façon dramatique de vivre ; je n'étais pas malade. La preuve, je n'ai reçu aucun médicament. Disons que j'ai conjuré le danger en écrivant. J'ai vu des malades, des gens qui faisaient des dépressions nerveuses. Ils en avaient la parole coupée, l'expression annihilée. Mon livre n'est pas le livre d'un déprimé au sens maladif du terme ; et il n'est pas suicidaire puisque le prochain épisode, c'est la révolution à faire.

— Il y a chez vous une splendeur de l'écriture, une aisance, un flot verbal et un répertoire d'images peu communs. Écrire n'est-il pas un combat difficile avec les mots ?

— Non, il m'est facile d'écrire[14] ; c'est un jeu agréable. Et quand je m'y mets, je me fais plaisir. Ma langue est épurée parce que je refuse de folkloriser mon langage[15]. Si j'écris, disons fabuleusement, c'est par réaction à ce que je suis, Canadien français. La véritable difficulté, ici, est au niveau du parler, non de l'écriture.

Hubert Aquin est issu d'un milieu de classe moyenne. Son père, aujourd'hui à la retraite, était vendeur dans un magasin. La famille demeurait près du parc Lafontaine. Il a deux frères. Dès l'âge de treize ans. il travaille tous les étés. Études classiques à l'externat Sainte-Croix et à Sainte-Marie ; puis licence de philosophie à l'Université de Montréal. Grâce à des bourses du gouvernement provincial, il passe ensuite trois ans à Paris, où il étudie les sciences politiques. Pour se faire un peu d'argent et rencontrer des gens intéressants, il fait des interviews d'écrivains pour l'hebdomadaire *L'Autorité*. De retour à Montréal, il travaille près de cinq ans à Radio-Canada, comme réalisateur et superviseur des émissions d'affaires publiques, puis passe à l'Office national du film, comme scénariste, réalisateur et enfin producteur. C'est à cette époque qu'il commence à s'intéresser aux affaires et à l'administration.

L'interview aurait pu se terminer là, dans cette cassure, dans cet *anticlimax*[16] total. J'étais déçu. Nous n'étions manifestement pas sur la même longueur d'onde et je n'avais pas rencontré l'homme que j'attendais. Ce n'est que quelques jours plus tard que j'ai compris. Je ne m'étais pas mis à la trace d'un écrivain mais — inconsciemment — à la poursuite du héros fascinant de son roman (écrit à la première personne), qui m'a naturellement filé entre les doigts. Je l'avais figé dans la durée de *Prochain épisode*, tandis que c'est moi qui étais dans cette durée. Je le voulais tout d'un bloc ; un feu dévorant. Et j'avais devant moi un homme qui n'était absolument pas ce personnage, qui le niait, d'où cette impression de fuite[17]. Il n'esquivait rien, c'est moi qui avais confondu biographie et œuvre. *Prochain épisode* a été écrit il y a trois ans ; aujourd'hui, Hubert Aquin est un Autre. Cet Autre aussi m'avait filé entre les doigts.

Il me fallait maintenant rétrograder pour mieux assurer la reprise. Une seconde rencontre eut lieu, fructueuse celle-là.

« Cette distanciation, chez moi, entre l'homme et l'écrivain, dit-il, n'est pas volontaire mais naturelle. C'est vrai que je suis un Autre aujourd'hui ; mais je suis toujours un Autre[18]. Je ne crois pas qu'on puisse saisir un homme selon des catégories définies, le figer dans un moment de sa vie. C'est dans l'action que l'homme se révèle à lui-même. On dit que tout ce qu'on a fait nous détermine. Je ne crois pas à cela : vivre est un projet. Si un homme peut se définir, c'est par ce qui vient, par ce qui le pousse en avant, non par ce qu'il a été. Le passé ne m'intéresse pas et je ne me reconnais pas en lui. Je suis un homme sans mémoire — et il est significatif que mon deuxième roman s'intitule *Trou de mémoire*. C'est ce qui vient qui importe. Le titre de *Prochain épisode* est la négation même du livre et la valorisation de ce qui vient après. Or cela pourrait me définir. Ou, si vous voulez, ce qui me détermine, c'est plus la chose à faire que la chose faite. À la limite, *Prochain épisode* n'existe pas. C'est ce qui vient après qui existe. Et puis, par une sorte d'hygiène mentale, je préfère ne pas trop penser à moi ; je n'ai pas besoin de me penser pour vivre. Je suis plus en prise sur la vie que sur mon Moi. C'est dire que quand j'ai fini d'écrire, je pense à autre chose.

« La littérature est pour moi une activité parmi d'autres. Et en elle d'ailleurs se retrouve une autre distanciation. La littérature est une sorte de formalisme dans lequel le contenu est secondaire. L'idée d'écrire un roman me vient plus par la forme que par le contenu. Je ne cherche pas quoi dire, mais comment le dire. D'ailleurs, je ne comprends pas qu'un romancier puisse chercher des idées de roman. Pour moi, un romancier doit courir après des formes. Le contenu, il l'a en lui et il le sort dans la forme choisie. Dans *Prochain épisode*, même s'il a été écrit dans des circonstances particulières, j'ai été plus préoccupé par la forme que par le contenu, puisque le même contenu aurait pu trouver une autre forme. Il s'agissait pour moi de savoir comment écrire un roman d'action, d'espionnage plus précisément.

« Bien sûr, le livre a eu un certain impact. C'est donc qu'il y avait un contenu. Quand j'écris, je m'étonne parfois de constater toutes les choses que je véhicule. Il me faut croire que je porte des choses en moi, mais je n'en ai pas le sentiment. Comme homme de tous les jours, je me trouve passablement plat. Mais je sens bien, quand j'écris, que je véhicule plus que cette platitude...

« Par-delà les jeux de l'imaginaire, disons que je suis fasciné par les éléments de poursuite[19], de poursuite au sens physique, ce qui implique la structure même du récit. *Trou de mémoire* raconte des histoires simplistes de relation amoureuse. Les personnages se fuient et se poursuivent. Il y a chez eux volonté de se rejoindre, mais incapacité de se trouver.

— Comme dans *Prochain épisode* !

— En effet. »

Hubert Aquin s'arrête. Il a tout dit.

La fuite et la poursuite sont une constante chez cet homme toujours en rupture de lui-même. Plus que des thèmes de roman, elles sont la trame de sa vie. Et j'ai finalement compris que c'est la poursuite qui importe, non le temps d'arrêt ; que ce n'est qu'en mouvement qu'il est lui-même ; que c'est dans le bond en avant qu'il consent à se laisser cerner. Fuite, poursuite, trou de mémoire, c'est peut-être son vertige personnel devant la vie qui emporte tout sans se retourner ; une chute, une errance, une absence. Une dépossession, peut-être. Le pays... Et voilà que la forme épouse étrangement le contenu ; et l'imaginaire, le réel.

Comme dans ses livres, Hubert Aquin vit une histoire — sa vie — dans laquelle il est à la fois le poursuivant et le poursuivi.

Jean Bouthillette

L'Alexandrine[1]
(1969)

« … exemplaires à envoyer en cas
de mort à toutes les grandes bibliothèques du monde, y compris
l'Alexandrine[2] ».

James JOYCE

Le texte qui suit comporte un inconvénient certain : il
raconte l'histoire véridique qui est arrivée en décembre
1969, à Buffalo — cette gigantesque fourrière de locomo-
tives — , dans laquelle un ami, dont je tairai le nom, s'est
trouvé impliqué. L'ensemble de l'histoire m'a été raconté
par ce compatriote qui, en réalité, est un ami intime ; pour
les besoins de la fiction, je dirai qu'il est biochimiste.
Accepterez-vous ce premier élément d'affabulation ? J'espère bien que oui, sans quoi vous laisseriez tomber de vos
mains cette nouvelle et votre attention se portera sur
d'autres vérités mieux camouflées…

Cet homme de trente-quatre ans (mon ami),
appelons-le Edgar D. Pirelli[3] — comme les pneus. Et
puisque je ne connais personne de ce nom, j'espère seulement que le président de la grande firme milanaise ne
mettra pas son contentieux en branle pour me traîner devant un juge d'une cour municipale de la banlieue de
Milan. Edgar, donc, avait déjà passé un an à Buffalo, ville

située sur les bords du lac Érié et à huit cents milles de
Montréal, lorsque le destin (idiotisme achéen) lui fit rencontrer Denise Levasseur[4]. Cette jeune beauté montréa-
laise de vingt et un ans venait de s'installer en banlieue,
tout près de l'autoroute qui relie Buffalo à Rochester —
ville célèbre à cause du suicide d'un certain Eastman[5] ;
elle était ravissante à mourir, au dire de mon ami, trop
sans doute, mais je n'ai vu de Denise Levasseur que quelques photos trente-cinq millimètres où elle posait, presque
nue, dans un immense champ au fond duquel se dressaient
quelques gratte-ciel de Buffalo.

« Vu », c'est vite dit ; en fait, c'est tout juste si ces
quelques images fugaces ont laissé leur semence génératrice sur ma rétine. Aussitôt qu'Edgar Pirelli surprit mon
regard investigateur, il m'arracha les photos de cette divine avec une brusquerie peu amicale.

Une pellicule déchirée m'est restée de cette déesse
lascive : je la revois — voyeur au passé — poitrine nue,
seins de profil, défaisant l'agrafe de son soutien-gorge
tout en regardant la caméra avec un sourire complice, puis
sans son slip, complètement nue et le sourire aux lèvres.
Je me donne l'impression d'être une lanterne magique
détraquée et dont le manteau de cuivre est devenu incan-
descent : ces images passées repassent indéfiniment sur
les parois de mon crâne...

Dire que cette beauté affolante avait fait tout le
chemin, en auto avec ses parents, depuis Montréal, en
passant par Syracuse, Ithaca, Rochester, à seule fin de
s'exhiber nue devant le diaphragme salace de ce cher
Edgar Pirelli. Ah ! ce Pirelli maudit a fait des dépenses
somptuaires en pellicule vierge et en équipement de

laboratoire. J'ai souvent contemplé, furtivement, les grandes enveloppes coquille d'œuf avec en-tête de la SUNYAB[6] ; ces enveloppes me paraissaient contenir d'autres documents secrets et inviolables concernant la seule, l'unique, l'incroyable Denise Levasseur. Fâcheusement, Edgar Pirelli surprit mon regard trop curieux ; il me lança son regard bleu diabolique... et je compris. Nous étions alors en train de siroter du Bourbon dans son appartement de Cleveland Hall ; j'avalai d'un trait mon Bourbon, je mis mes bottes fourrées, mes gants fourrés, mon bonnet d'opossum, mon manteau fantômal et je partis dans la neige et en pleine nuit. Buffalo, il faut le dire, est une ville aussi froide que Kéflavik ou Montréal : la neige, les vents froids, les rues désertes, les charmes multiples de la glaciation totale, rien ne manque à ce paradis en forme de cauchemar refroidi.

*   *

*

Le lendemain matin, j'eus toutes les peines du monde à ouvrir la porte de ma chambre au Motel International : au dehors, des tonnes de neige s'étaient déversées au courant de la nuit dans une grande rafale balayant tout l'ouest des États-Unis, depuis Sioux City, Dubuque, Chicago, South Bend, Detroit, jusqu'à ma porte de chambre. J'ai renoncé d'emblée à faire démarrer ma vieille De Soto devenue une masse indiscernable sous la neige. Après cette initiation à la précipitation poudreuse de Buffalo, je me ressaisis et décidai que je devais parcourir en marchant l'espace glissant qui me séparait de Pirelli que je devais retrouver au Lockwood Memorial Library.

Je me mis en marche sans jubilation, sans sextant, sans portulan, sans pile voltaïque, sans photo de Denise Levasseur nue pour m'infuser du courage.

*   *

*

La Lockwood Memorial Library est construite en forme d'immense sarcophage dorique à la gloire et au triomphe eucharistique de James Joyce. Ce n'est pas un contenant, mais une sorte de vacuité frigide où se trouvent entreposées les innombrables épiphanies[7] du célèbre romancier irlandais. Pirelli, vêtu comme le capitaine Scott[8], me reçut avec une emphase tributaire des plus beaux cycles de Vico[9]. « Remember your epiphanies on green oval leaves, deeply deep, copies to be sent if you died to all the great libraries of the world, including Alexandria... Pico della Mirandola like... » Ce texte amputé se rappelle à ma mémoire, tandis que j'évoque mon passage antarctique à Buffalo. Edgar, exalté, m'obligeait à circuler au pas de course dans ces dédales cunéiformes et mal chauffés, me traînant d'une photo parentale de Nora aux fresques figurant Lucia[10] ou Joyce lui-même.

« Que pensez-vous de la vie ? », disait une autre épiphanie enchâssée dans le mur. La réponse, dans une niche obscure, se lisait comme suit : « I don't think about it ». Edgar Pirelli les connaissait toutes par cœur... Mais moi, touriste frigorifié, je voyais Denise Levasseur partout, sur les murs, dans les vitrines à manuscrits, sur toutes les feuilles ovales — belle et seule épiphanie décentrée de ce temple ulyssien ! J'étais obsédé par son spectre lascif ; elle m'épiphanisait irréversiblement, d'une façon profondément profonde et cycliquement vicéenne[11]...

Oui, Denise Levasseur a perturbé mon existence : elle se dresse désormais, au milieu de mon champ noétique, comme un menhir érotisé et mystifiant. Cette évidence me tue lentement mais sûrement ; je suffoque dans mon cimetière vivace, tandis que le corps de Denise L. se décompose au Bloomington Roman Catholic Cemetery. « A last farewell... » à cette entité négligeable négative irrationnelle et irréelle...

Pirelli était pantelant devant les hiéroglyphes redondants de Joyce, tellement qu'il invita sans hésiter le directeur de cette bibliothèque à nous accompagner dans notre visite. Ce directeur, Monsieur Charles W. Skeffington, était célèbre pour son irrésistible bégaiement. Mon supplice s'en trouvait métamorphosé, car, à écouter les élucubrations de Monsieur Skeffington, j'étais pris de fou rire...

Imaginez un pauvre visiteur de Buffalo aux prises non seulement avec les crampes récurrentes du fou rire, mais avec la douce et lancinante obsession liée à Denise Levasseur, divine parmi les divines... Ah ! que n'avais-je été à Buffalo plus tôt, alors que Denise Levasseur vassalisait Edgar Pirelli — c'était vers septembre 1969... C'est en ce début d'automne que Denise a tant de fois posé pour le monstre pirellien ; et cette exhibition a peut-être duré moins longtemps, car les vents d'automne l'auraient rendue impraticable dans les champs suburbains. J'imaginais qu'Edgar avait alors transformé son appartement austère en jardin tropical en trompe-l'œil à seule fin d'y procéder à son passe-temps maniaque dont le seul prérequis est la dénudation de l'objectif. Quel automne merveilleux pour le cher Pirelli : il devait se faire livrer à son appartement même la nourriture pour être sûr de garder sa fleur olympienne en serre chaude...

*   *
*

Mais les jours impunis s'étaient accumulés sur l'idylle de Pirelli et de Denise, et — comme on dit dans les contes — l'hiver vint ! Au cours des mornes journées venteuses de la fin novembre, Denise Levasseur a sans doute visité, elle aussi, les cheminements collecteurs de la Lockwood Memorial Library ; elle a eu droit aux inepties poussiéreuses de Monsieur Skeffington et aux commentaires sans ponctuation du grand Pirelli. Joyce devait lui sortir par les oreilles, autant que les lettres authentiques de d'Annunzio et d'Italo Svevo[12]...

Un bon jour, — je saute quelques joints — Denise Levasseur a trouvé la mort, tout près de Rochester, quand son automobile s'est fracassée contre le chêne centenaire qui sert de brisant aux courants d'air qui viennent depuis Sacramento en passant par Salt Lake City, Akron et Cleveland. Au dire de Pirelli, Denise Levasseur aurait commis un excès insensé de vitesse, sur cette autoroute, avant de percuter le front fuligineux, en pleine nuit ; en tout cas, le lendemain matin, Pirelli s'est fait réveiller par un appel téléphonique de la State Highway Patrol lui demandant de se rendre au Sviluppo Hospital, à Rochester. Cet hôpital, pantagramme sub-fenestré à l'entrée ouest de Rochester, avait tenu lieu de « terminus a quo » à la belle enfant. La « sopraperfetta[13] » était restée dans le coma toute la nuit ; je ne pourrais jamais la voir en chair et en os. Hallucination discordante. Denise me hanterait toujours, me confinant ainsi à n'être que l'amoureux exemplaire de la douce et belle victime des diaboliques machinations de ce Pirelli iatro-chimifié[14]. Maudite « vapeur condensée », vase d'horreur et suaire de l'antéchrist, Edgar Pirelli m'apparaissait, derrière ses cornues et ses équations futiles, comme le paradigme du mal et de l'hiver !

J'étais (et je demeure) sans pitié pour ce monstre luciférien ; à Montréal — plus sûr de moi — je l'aurais traîné devant un juge de la Cour du Banc de la Reine[15], à moins que je n'aie spontanément eu recours aux procédés à bout portant de la vendetta. Cet homme — cet infrahomme... — avait contribué incontestablement à la désintégration fatale et au désir de suicide de Denise. Et voici comment...

Vers la fin du mois de novembre (le mois des morts...), alors que Denise Levasseur s'était abandonnée à ce cher Pirelli, une « inconnue » fit son apparition dans le ciel amoché de Buffalo : c'était nulle autre que l'épouse légitime (c'est tout ce qu'il méritait...) de Monsieur Pirelli. Edgar, avec son cynisme chimique, piétina la fleur qu'il avait cueillie, son Iseult, et se mit en frais d'être charmant pour l'anti-Denise.

Buffalo (ville « ad culmina sanctarum joycarerum ») fut, dans la perspective de la trilogie pirellienne,

la fin tragique de Denise et le point culminant de sa
relation avec sa femme légitime qu'il alla rejoindre, d'ailleurs, au Buffalo Bill Grand Hotel. Les mutations d'Edgar
ont provoqué un processus sériel d'auto-destruction chez
Denise. La chère épouse de Pirelli m'a toujours irrité ;
aujourd'hui, je comprends que son mari n'est qu'une lo-
que bigélulée insérée dans les entrailles de sa moitié... À
cause de cet épisode sinistre, la belle Denise, délaissée, a
fait semblant de poursuivre une rose monosyllabée et invisible...

Elle a roulé à tombeau ouvert en direction du
Rochester Death Tree... L'arbre de la mort n'est-il pas un
archétype transverbéré ?...

*   *
*

Cher lecteur, je ne peux plus continuer ce récit froide-
ment : mes yeux s'inondent, tandis que la tristesse que je
ressens s'incarne dans une jeune « slipping beauty[16] »
fuyant la vie et roulant trop vite dans la grande plaine de
l'éternité sans surprise...

Madone subsumée, Denise s'est rendue rapidement
au « terminus ad quem », évitant de justesse les derniers
sacrements et la fameuse extrême-onction. Pour moi et à
jamais, elle demeure l'innocente et divine « rose comme
une rose », la fille-oiseau, la déesse aporique... Ses seins
de jeune vierge sacrifiée ne finissent pas, dans mon souvenir, de se dénuder, de sautiller sous l'effet des déclics
nombreux de ma chambre obscure trente-cinq millimètres ; et je revois, au passé, le galbe ravissant de ses

cuisses, ses gestes si délicats de dérobement allant du fris-
son de sa chevelure-fleuve aux multiples fractionnements
de son bas-ventre…

*   *
*

La ville de Buffalo se ramène, quand j'y repense, à un
carré de soie écarlate qui, selon Edgar, avait été à Denise.
Ce carré de soie aurait fait l'objet d'une dispute entre
Madame Pirelli et son cher époux ; je croyais à cette
légendaire querelle au sujet d'un petit foulard de soie que
Denise aurait oublié dans l'appartement de Pirelli et lequel aurait été découvert par l'anti-Denise. Toutefois,
Pirelli, expansif comme un virus, me révéla finalement
une variante de l'épisode litigieux…

À sa femme, Pirelli raconta que le foulard en question n'était rien d'autre qu'un cadeau qu'il avait acheté
pour elle — contrairement à tout ce qu'elle avait pu
s'imaginer. Elle avala — tant bien que mal — cette cou-
leuvre… En réalité, Edgar Pirelli avait ce carré de soie
écarlate avec lui depuis quelques années : il avait servi, ce
carré de sang doux, à toutes les « conquêtes » (des jeunes
étudiantes surtout) qui avaient accepté de faire le numéro
de danse du ventre — au terme duquel Edgar Pirelli,
voyeur impuissant, souillait son pantalon, les yeux révulsés ! Les danseuses en question exécutaient leur numéro
en se servant du petit carré de soie écarlate comme cache-
sexe. Au dire de Pirelli, Denise, qui n'avait pourtant pas
d'expérience d'effeuilleuse, se trémoussait si bien qu'à

chaque fois le monstre voyeur y trouvait son inavouable récompense…

J'ai perdu le souffle au récit de Pirelli et, depuis ce jour, j'ai juré de ne plus jamais retourner à Buffalo, car ce chêne noir au milieu du champ, à la sortie de Rochester, m'obsède… J'aurais peur de cet arbre cristallisateur…

Un Canadien errant[1]
(1967)

J'ai toujours pensé qu'un auteur devait, par politesse pour ses lecteurs se présenter dès les premières lignes d'un écrit, décliner sans fausse honte ses caractéristiques. Il se trouve que, pour la première fois, j'ai l'occasion de me préfacer moi-même ; et, du coup, je ne suis plus gêné de passer au *curriculum vitae* comme on passe aux aveux.

Voici donc, en quelque sorte, ma table des matières. Né le 24 octobre 1929 rue Saint-André à Montréal, j'ai aussi vécu les vingt premières années de ma vie dans le même quartier, soit en bordure du parc Lafontaine. Études primaires, secondaires et universitaires à Montréal (licence de philosophie). Études post-universitaires à l'Institut d'Études Politiques de Paris (trois ans) grâce à des bourses du gouvernement québécois. Côté travail rémunéré : cinq ans à Radio-Canada, cinq ans et des miettes à l'O.N.F. ; il faut ajouter à cela quelques émissions de télévision et des textes égrenés de-ci de-là. À partir de 1961, je choisis ouvertement le séparatisme ; je fais des discours, des conférences, des articles, des choses. Bref, je milite dans le R.I.N. et aussi un peu à côté[2]. J'ai même eu l'occasion de militer en silence et de façon plutôt ingrate derrière les barreaux. Libéré sur cautionnement, je reprends ma vie antérieure non sans une escorte policière intermittente (sinon invisible) et non sans avoir de multiples occasions d'admirer les chapiteaux ioniques du Palais de Justice. En novembre 1965, je publie un roman intitulé *Prochain épisode* qui raconte une histoire que je ne peux vous résumer ici ; c'est pourquoi je ne saurais trop vous inciter à lire ce livre et à le brûler aussitôt après, de telle sorte que vos amis doivent aussi se le procurer. Merci d'avance. J'ai été acquitté (je parle du procès qu'on m'a fait) vers décembre 1965[3]. J'ai donc passé un bon Noël en 1965. J'ai continué d'écrire des rapports, de rédiger des projets détaillés et de composer des scénarios tout à fait incroyables. J'ai même fait du cinéma comme acteur ; je jouais un rôle d'espion qui rate à peu près toutes ses transactions... Seul le film est réussi : il s'appelle *Faux Bond*[4]. Toutes ces entreprises et tant d'activités m'ont quelque peu désenchanté. En mai 1966, j'ai quitté Montréal dans le but de prendre congé pendant un an ou deux. J'ai pris un billet d'avion pour New York. Et puis j'ai pris un billet New York-Genève. Prendre congé, cela dit bien ce que ça veut dire. Je n'ai pas fui des créanciers trop nombreux ou des gens qui me demandaient des comptes ; ma situation financière n'avait rien d'alarmant, elle était, au contraire, redressée avec une légère tendance à la hausse[5]. Mais je n'ignore pas que celui qui part a le dos large et qu'on peut le charger, rétroactivement, de tous les péchés d'Israël. C'est d'ailleurs ce qui m'est arrivé. On a trouvé mon départ d'abord surprenant, puis on l'a qualifié de précipité ; de fil en aiguille, on l'a

considéré comme louche, donc susceptible des interprétations les plus noires.

Découvrir la Suisse et l'exil...

En vérité, je réussissais à gagner convenablement ma vie
et cela, en dépit du bruit qui avait été fait autour de mon
arrestation et de mon procès. Il y avait à cela un seul
inconvénient : je n'avais pas d'emploi fixe et j'étais condamné à accepter à peu près n'importe quoi. C'était un
des inconvénients de ma « politisation » : j'étais confiné à
faire un travail sans attache et très irrégulier. Je suis donc
parti pour d'autres raisons que les questions de travail et
d'argent.

Je suis parti avec quelques valises, sans casier judiciaire[6] et avec une certaine ferveur. J'ai tourné autour de
Lausanne ; je me suis rendu quelques fois à Paris avant
de m'installer officiellement en Suisse sur les bords du
lac Léman[7].

Ai-je besoin de rappeler ici que la Suisse romande
compte environ huit cent mille habitants, répartis dans cinq
cantons : Valais, Vaud, Fribourg, Genève et Neuchâtel ?
(La Suisse alémanique de son côté, a près de cinq millions
d'habitants.) Il y a aussi le Jura bernois qui réclame un
statut spécial quand ce n'est pas un statut de canton autonome. En attendant, les Jurassiens francophones font
partie du tout-puissant canton de Berne qui ne semble
pas disposé à céder aux « extrémistes » jurassiens autre
chose que des petites concessions et des privilèges anodins. La Suisse romande est divisée non seulement en
cantons, mais aussi selon les frontières religieuses qui ne

coïncident pas avec celles des cantons — ce qui n'est pas sans compromettre l'homogénéité de cette portion de pays qui parle français. Toutefois, la Suisse romande se présente comme majoritairement et d'abord protestante.

Je me suis donc installé à Nyon qui se trouve à environ vingt milles de Genève. Ni réfugié politique, ni fugitif recherché par Interpol, je n'étais qu'un Québécois — provisoirement lassé — en quête d'une terre d'adoption pour un certain temps. Ayant trouvé un appartement sympathique avec vue sur le ciel, Nyon et le massif du Mont-Blanc, je me suis rendu à la Police des Étrangers, au centre de Nyon, pour y accomplir les formalités d'usage : inscription, demande officielle de permis d'établissement, présentation des pièces d'identité, etc. J'ai rempli ma fiche en détail ; le policier y est allé de quelques questions de son cru, après quoi il m'informait que je pouvais *illico* emménager à Nyon, signer mon bail et c'est à mon domicile que je recevrais tout simplement mon permis de séjour. Car, me disait-il, il n'y a aucun problème pour vous puisque vous ne demandez pas de travail en Suisse.

Cela s'est passé le 2 juillet 1966. Il faisait très beau ce jour-là ; tout s'annonçait très bien et, avec la bénédiction de la Police des Étrangers, je m'en suis allé confirmer à l'agence immobilière que j'étais d'accord pour le bail et prêt à le signer. Quelques jours plus tard, je signais le bail et le treize juillet je prenais officiellement possession des lieux.

Les meubles ont fait leur apparition un à un. Et comme j'adore le style Empire (c'est fou ce que c'est rare !), nous nous sommes contentés d'un mobilier sommaire. Bien sûr, j'aurais pu faire des concessions, des

accommodements et me rabattre sur un ensemble Direc-
toire, voire même Regency... Mais voilà, je suis intraita-
ble ; c'est ce qui me perdra, me disent certains. Que vou-
lez-vous ? Fort heureusement, j'ai eu moins de problèmes
de style avec la nourriture. J'adore les tagliatelles et, en
Suisse, les tagliatelles sont tout simplement à mourir de
plaisir. Ne parlons pas des tomates, elles sont divines en
Suisse romande. Dans l'ensemble, c'était donc vivable,
voire même agréable ; bien sûr, il y avait des problèmes...

La boîte aux lettres

L'exil, en soi, c'est toute une problématique. On est coupé
des siens, de ses amis ; on vit braqué sur une boîte aux
lettres, guettant le facteur, supputant les probabilités qui
feraient qu'une lettre attendue puisse s'égarer, aller jusqu'au Japon, être lâchée par inadvertance dans un canal et
charriée jusqu'à la mer... J'attendais des chèques, des lettres, des réponses, des signes d'amitié ; il est des jours où
j'aurais fait des bassesses pour recevoir une carte postale.
C'est le lot d'un exilé que de vivre suspendu au courrier
et de décacheter, dans son délire quotidien, des tonnes
d'enveloppes et de déchiffrer autant d'écritures différentes qu'il peut compter d'amis et de parents ! Deux cour-
riers par jour, cela veut dire des journées à deux temps :
deux ponctuations par jour, une le samedi matin, jamais le
dimanche...

Mais il faisait soleil. Et je découvrais la Suisse en
même temps que l'exil : je m'y trouvais fort bien, chez
moi, à l'aise...

Un bon matin, j'ai trouvé dans le courrier une con-

vocation de la Police de Sûreté du Canton de Vaud. Et me
voilà à Lausanne, inquiet et troublé comme tout individu
convoqué par la police. Je me suis demandé si je n'avais
pas volé une banque sans m'en apercevoir, par distraction
quoi ! Avec la police, on ne sait jamais ce qu'ils sont
capables d'imaginer pour le simple plaisir de causer avec
vous. Et sans doute que mes longues sessions d'études
avec la brigade anti-terroriste de Montréal m'ont inculqué
une pointe de répulsion pour tout ce qui s'appelle interrogatoire.

Bref, moi Canadien français résidant paisiblement
en Suisse romande, je me suis trouvé face à un inspecteur
de police. Nous étions, lui et moi, assis des deux côtés
d'une table, moi du mauvais côté.

Nom, prénoms, âge, lieu de naissance, adresse, profession, salaire, argent en banque, avec qui vivez-vous,
pourquoi, et ainsi de suite ! Poli comme je sais qu'il convient de l'être avec la police, j'ai répondu avec un minimum de précision à ce long préambule. J'ai même tenté
de surmonter l'écœurement et la révolte qu'on éprouve à
se sentir ainsi fouillé ; en vain. Ce minable, décidément,
en sait plus long sur moi que tout être vivant. Il sait même
pourquoi j'avais choisi de m'installer en Suisse ; moi je
ne le sais plus.

Bien sûr, après ce début d'interrogatoire, j'avais
compris que l'inspecteur de la Sûreté ne m'avait pas convoqué à Lausanne à seule fin de s'enquérir de mes projets
littéraires.

— Est-il exact qu'en juillet 1964 vous avez été
arrêté à Montréal et mis en prison ?

Si je n'ai pas eu sur le coup un infarctus du

myocarde et une déflagration quelconque dans le péri-
carde, cela tient du miracle... ou bien c'est à cause de
mon esprit de contradiction. J'ai cherché mes mots et je
me suis tourné la langue plusieurs fois — ce qui, au de-
meurant, est un signe de sagesse.

— Êtes-vous en possession d'une arme en Suisse?

— Non, je n'ai pas d'arme... à moins que vous ne
considériez comme telle une baïonnette de 1914 que
j'accroche au mur.

(En réalité, je m'en sers comme coupe-papier, cher
lecteur, quand ce n'est pas pour scalper les Suisses!)

— Donc, vous n'avez aucune arme avec vous à
Nyon? (ter)

— Non, je vous assure...

— Est-ce exact que vous avez préconisé publiquement la violence et le terrorisme?

Comme chacun sait, le jour n'est pas plus pur que
le fond de mon cœur[8] et il suffit qu'on prononce devant
moi le mot terrorisme pour que [je] sois terrorisé! Enfin,
j'ai prouvé par «deux fois deux font quatre» que j'ai
toujours cherché le bien et combattu le mal! D'ailleurs,
j'étais tellement persuasif que cela m'a redonné confiance. Sur un point seulement je me suis accusé: oui, j'ai
reconnu que j'avais, à un moment donné, dévié de la ligne
de parti du R.I.N.

— Est-ce que ce parti, le R.I.N., a des attaches avec
des organisations étrangères?

— Non, le R.I.N. est un parti québécois.

L'inspecteur, raffiné comme un garde rouge,
essayait de me faire dire que le R.I.N. est entièrement
financé par le Kremlin. J'ai eu à écarter deux sous-

questions au sujet des liens du R.I.N. avec des partis étrangers.

— Quelle est la politique du R.I.N. ?

J'ai expliqué de mon mieux la position des auto-nomistes, celle des fédéralistes et ensuite j'ai fait un grand topo sur l'indépendantisme. Mon interlocuteur, au lieu de me verser sur le champ sa cotisation pour le R.I.N., a enchaîné sur le F.L.J.

Je vous parenthèse, en deux mots, que le F.L.J. (Front de Libération Jurassien) et le Rassemblement Jurassien sont deux mouvements qui revendiquent un sta-tut de canton pour le Jura bernois. On les qualifie géné-reusement d'extrémistes ; pourtant, ces Jurassiens « fana-tiques » veulent rester dans la Confédération helvétique[9].

Le R.I.N. et le Jura

Ceci dit, l'inspecteur m'a questionné sans sourciller sur les collusions possibles entre le R.I.N. et le F.L.J. J'ai eu beau nier vigoureusement, j'ai bien senti que le policier suisse continuait à rêver aux machinations fumeuses qui unissent depuis toujours les indépendantistes aux Juras-siens... J'ai déduit, de ces questions insistantes, que la police suisse est drôlement sensibilisée au mot « sépara-tisme », tellement d'ailleurs qu'elle met dans le même sac les mouvements jurassiens qui sont fédéralistes et les indépendantistes québécois qui veulent une sécession. Les policiers, semble-t-il, pratiquent une logique analogue à celle des paranoïdes : ils sont prêts à croire dur comme fer à des collusions mafiaques[10] entre « éléments extré-mistes »...

Le temps passait lentement. Les questions étaient bien graduées : plus ça avançait plus je devenais conscient que ces messieurs de la police vaudoise avaient mon dossier secret dont des copies conformes traînent dans toutes les succursales de la R.C.M.P.[11] C'est à croire d'ailleurs que la R.C.M.P. aurait envoyé par accident ou par mégarde mon dossier à la Police fédérale des Étrangers à Berne. La réalité dépasse ma fiction ! C'est à vous décourager d'écrire des histoires fictives...

Le cher inspecteur m'a demandé quel type d'arme je portais lors de mon arrestation à Montréal. J'ai dit, comme ça...

— Un trente-huit.

— Quelle marque ?

— (Silence de votre tout dévoué.)

— Quel type d'arme ?

— Un automatique ; mais j'ai oublié la marque...
(En sous-titre : « Tu me prends pour un cave ? »)

— Et ce pistolet, qu'est-il devenu ?

(Je me suis dit que tant qu'à disposer de mon dossier, il pourrait au moins se donner la peine de le lire...)

— Eh bien, dis-je,... il est resté au Palais de Justice.

— Séquestré ?

— Comme vous dites...

En replaçant le pli de mon pantalon, je me suis soulevé — mine de rien — et j'ai vu sur la table de l'inspecteur deux documents ; sur celui de droite, j'ai eu le temps de lire à l'envers « Montréal, le... » Il s'agissait d'une lettre d'une seule page. J'ai toutes les raisons de croire que c'était celle du consulat de Suisse à Montréal

37

qui avait fait une sorte d'enquête à mon sujet, non sans quelque maladresse puisque cela s'est rendu jusqu'à moi. L'honorable diplomate suisse qui a mené l'enquête à Montréal ne sait pas qu'on ne peut à la fois être acquitté et avoir un casier judiciaire !

Le consulat suisse de Montréal a-t-il agi de sa propre initiative ? Je ne le saurai jamais. Certaines personnes — généralement bien informées, comme on dit — m'ont affirmé que les services consulaires suisses avaient reçu une impulsion extérieure, celle de la R.C.M.P. nommément. Cela non plus, je ne le saurai jamais. En réalité, peu m'importe ! Je n'ai pas de temps à perdre à ce genre de supputations à propos de choses invérifiables. Pour le moment, la réalité qui me confronte est faite de présent et d'avenir : comment vais-je sortir de toute cette histoire ?

Mais revenons à Lausanne. L'inspecteur vaudois m'a siphonné le liquide anté-cervical avec d'autant plus d'efficacité que j'étais alors l'étranger-qui-attend-son-permis-de-séjour ! Je ne pouvais pas lui dire : « Mon chou, ne te fatigue pas, je traverse la frontière demain matin à l'aube… », pour la bonne raison que j'étais déjà installé chez moi en Suisse et lié en bonne et due forme, par un bail de deux ans. Ce n'était pas le moment de mettre à l'épreuve le sens de l'humour de la police vaudoise en proférant quelques savoureux jurons du terroir québécois…

— Dans deux semaines, m'a dit l'inspecteur en me reconduisant, vous serez fixé au sujet de votre permis de séjour. Moi, j'envoie mon rapport à la Police fédérale des Étrangers à Berne : c'est eux qui décident.

*   *

*

Optimiste ou naïf, j'ai cru qu'ils (la Police fédérale des Étrangers) m'accorderaient mon permis de séjour sur la foi de mes déclarations et en tenant compte du fait que je m'étais installé en Suisse pour aligner des mots et regarder les Alpes, que je n'y exerçais aucune activité anti-suisse, subversive ou politique.

Je reconnais que cet interrogatoire qui s'est déroulé à Lausanne le 29 août 1966 m'a quand même ébranlé. J'ai mis quelque temps à poser un pas devant l'autre ; d'instant en instant, je croyais que le sol helvétique allait crouler sous mes pieds. Puis je me suis fait à cette détestable sensation d'insécurité, je l'ai même surmontée. Plus ça allait, plus j'étais sûr que Berne n'allait pas me chasser.

Pendant cette période, j'ai multiplié les démarches pour établir des contacts avec des journalistes et des écrivains suisses romands. J'avais connu certains d'entre eux lors de voyages antérieurs en 1961 et 1962[12], et je les avais trouvés bien sympathiques. Il y a de nombreux points communs entre Suisses romands et Québécois : nous parlons la même langue et nous faisons partie de deux groupes minoritaires…

Ici je dois dire, au passage, que j'ai frappé un nœud comme on dit entre descendants de bûcherons. Sauf un Charles-Henri Favrod et un Frank Jotterand[13], les autres collègues suisses que j'ai contactés se sont révélés introuvables. Le plus impayable a sûrement été un certain Jean-Théodore Brutsch qui a fondé une sorte d'union littéraire des minorités linguistiques : Belgique, Québec et Suisse romande. Je me suis dit : « Voilà un homme qui sera tout heureux de savoir que moi, écrivain du Québec, je vis actuellement dans son pays, tout près de chez lui. Il va brailler en l'apprenant... Bref, il va m'inviter chez lui, il va me prendre dans ses bras, enfin... » J'ai envoyé mon roman avec une belle dédicace et un mot à Monsieur Jean-Théodore Brutsch. Je savais qu'il était à Genève. Je n'ai jamais reçu de réponse. Bah, me suis-je dit, il peut toujours fonder sa Croix-Rouge pour écrivains minoritaires, il ne fera de mal à personne ; et son dessein est louable, pour ne pas dire plus...

Suisses romands et Québécois ont
de nombreux points communs, mais...

Les mois de septembre et d'octobre ont été ruisselants de lumière. Je continuais de travailler, installé sur le balcon, reposé, j'avançais dans mon intrigue de roman[14].

Soudain — c'était le dix-neuf novembre — j'ai reçu une autre convocation dans le courrier. J'étais platement invité à me présenter à la Police des Étrangers de Nyon. Il neigeait à gros flocons, ce matin-là. La neige était sale, me direz-vous... Enfin, je suis descendu en ville, place du Château[15]. Je jouais mentalement à pile ou face pour savoir si j'allais, oui ou non, chercher mon permis de séjour. Le cœur me battait.

Au poste de Nyon, le préposé à la Police des Étrangers m'a dit, tout souriant :

— C'est une simple formalité au sujet de votre permis de séjour qui est refusé... Il faut signer ici...

— C'est quoi cette formule ? ai-je demandé.

— Vous n'avez qu'à signer ici pour confirmer que vous avez été informé...

J'ai signé. J'allais partir quand le policier m'a dit :

— C'est quinze francs nonante.

— Ah bon, parce qu'il faut payer pour apprendre qu'on est expulsé...

C'est une coutume suisse, sans doute. D'ailleurs, tout est soigneusement tarifé en Suisse ! C'est bien normal qu'une expulsion coûte quelque chose. Quinze nonante, après tout ce n'est pas exorbitant et nettement moins cher qu'un tarif de permis de séjour qui va chercher dans les trente francs, sans compter les impôts anticipés...

Ce jour-là, marchant sous les rafales de neige, je me suis senti bien près des Espagnols et des Italiens qui viennent en Suisse à titre de travailleurs étrangers. Ils ne sont jamais que des mercenaires qu'on parque dans des casernes, bien souvent sans leurs femmes et leurs enfants, et qu'on soupçonne de tous les vols de bijouterie commis en Suisse. Il suffit de parcourir la rubrique des faits divers dans tous les journaux pour comprendre que la plupart du temps, en cas de vol, les victimes ou les policiers croient avoir aperçu des individus louches de type espagnol ou italien.

Moi, j'étais encore moins qu'un travailleur étranger, j'étais un chômeur étranger et surtout un étranger qui venait de payer sa taxe d'expulsion... « Et un étranger en Suisse, ai-je écrit dans une lettre parue dans *La Gazette de Lausanne* (mardi, 27 décembre 1966), c'est une sorte de fléau qu'on tolère à condition qu'il soit millionnaire ou manœuvre. Moi, je ne suis ni l'un, ni l'autre. Je suis Canadien français, séparatiste par-dessus le marché... »

« *Aquin surpeuple la Suisse* »

La raison invoquée par la Police fédérale des Étrangers était laconique : « surpopulation étrangère[16] ». En Suisse, c'est une formule d'exorcisme, mais surtout un prétexte commode pour camoufler des mesures discriminatoires. Si vraiment j'avais été un cas banal de « surpopulation étrangère », il n'y avait pas de quoi me faire subir un interrogatoire sur mes activités politiques au Québec et sur mes positions idéologiques...

Maigre consolation, j'ai fait les manchettes : « Hubert Aquin surpeuple la Suisse », « Un romancier canadien devra quitter le pays », « Le permis de séjour est refusé à un écrivain canadien ».

Dès ce jour, j'ai rencontré une foule de Suisses romands qui se désolidarisaient de la Police fédérale des Étrangers. Les introuvables se sont manifestés soudain avec une telle ferveur que j'en étais un peu gêné. Cette fraternisation tardive se qualifiait d'emblée comme sans lendemain ; moi, j'avais déjà l'esprit ailleurs.

À la même époque, un éditeur d'origine suédoise installé à Lausanne a reçu, lui aussi, son délai de départ et cela pour des raisons politiques et idéologiques. Freddy-Nus Andersson — un francophone comme vous et moi — a dû quitter la Suisse le dix janvier. On a beau dire, la Suisse romande doit être riche en intellectuels de langue française pour se débarrasser, en même temps, d'un éditeur et d'un écrivain. Pourtant, il n'en est rien, c'est là le paradoxe : la Suisse romande a non seulement une natalité déficitaire, de plus, elle est un peu désertée par une certaine proportion de son élite qui est attirée par la France voisine.

Et ce n'est pas l'ambassade du Canada à Berne qui protestera auprès de la Police fédérale des Étrangers contre mon expulsion ; d'ailleurs il ne me viendrait pas à l'esprit de m'adresser à des diplomates mandatés par Ottawa pour défendre mes droits de Québécois indépendantiste.

J'ai donc revendu les meubles que j'avais choisis plusieurs mois auparavant. Puis j'ai pris mon courage à deux mains pour remballer tout ce que nous avions disposé dans l'appartement. Et hop ! Maintenant je sais ce que c'est que les personnes déplacées, les déportés, les migrants. J'ai été chassé d'un pays où je n'ai rien fait de répréhensible et pour la seule raison que, quelques années plus tôt, j'ai combattu ouvertement le régime fédéral du Canada. Je croyais avoir suffisamment expérimenté les déboires réservés à un séparatiste dans son propre pays ; il m'aura été permis, en plus, d'expérimenter ceux qui nous sont réservés par la Police fédérale des Étrangers en Suisse.

L'ostracisme de Berne à mon endroit m'a appris qu'un séparatiste québécois n'a pas à douter de l'importance de sa cause. Cela équivaut, en quelque sorte, à une reconnaissance à l'envers : on finit par exister intensément dans l'esprit de ceux qui nous poursuivent et nous mettent à l'écart. On s'engage doucement et paisiblement dans l'indépendantisme ; puis on débouche, malgré soi, dans une conviction exaspérée et dans une ferveur irréductible. Au début, on veut établir des bonnes relations avec les autres ; à la longue, ce sont les autres qui nous confinent au désespoir actif du révolutionnaire.

Je me demande ce qui m'attend maintenant. J'ai

posé mes valises en France ; je ne les ai pas encore ouvertes. J'ai sorti ma brosse à dents, mes chemises, quelques
cravates. Avant de quitter la Suisse, je lisais un roman de
Faulkner : j'ai perdu la page et, du coup, le fil de l'histoire. J'ai l'esprit vide, hanté. Je me retrouve difficilement
dans les chapitres de mon prochain roman[17]. Je me suis
laissé dire que Montréal avait bien changé depuis un an ;
mais je m'y reconnaîtrai quand même le jour où j'y reviendrai. En attendant, je pense souvent à Octave
Crémazie[18] qui, lui, n'a pas eu la chance de revenir. Il est
mort en exil.

Profession : écrivain[1]
(1963)

Depuis que j'ai fait inscrire cela dans mon passeport, je n'ai pas cessé de commettre des sacrilèges contre cette investiture consulaire, à tel point que j'en suis arrivé à me réjouir de tricher avec ma vocation et même à me transformer systématiquement en non-écrivain absolu. À répéter que je ne suis plus un manieur de mots, il ne m'a pas échappé que je nourrissais hypocritement l'ambition de surprendre ma clientèle par un retour non moins inattendu que fracassant... Mais, le temps de changer de profession ailleurs que sur mon passeport, j'ai dû me rendre à l'évidence que, pour mes interlocuteurs, mes activités antérieures me constituent définitivement en homme de lettres. Quelques commandes de textes, une incorporation irréversible, en quelque sorte, à la Société des Auteurs : il a fallu aussi peu que cela pour me rappeler que je suis désormais — et en dépit de mes dénégations et de mes dispersions — engrené sans huile dans une mécanique qui me remet à ma place. Cercle très vicieux que mon circuit social-biographique ! J'en ai fait l'expérience ; et, désolé, je me suis remis à écrire comme un facteur distribue des lettres. Je me sens comme un juif en cela que le regard

45

des autres me rend juif[2]. Ma juiverie, je la porte comme
une cicatrice ; elle est écrite — décidément ! — sur mon
visage. Jamais, je ne me suis senti si peu écrivain, pourtant je continue d'écrire. Mais si la fortune ou ma paresse
ne m'éjectent pas hors de mon siège social d'écrivain, j'ai
l'intention de faire payer cher à sa majesté ma langue à
moitié morte, mon incarcération syntaxique et l'asphyxie
qui me menace ; oui, je projette de me venger sur les mots
déliés, de cette belle carrière qui s'ouvre devant moi à la
manière d'une mine qui se referme sur celui qui l'approfondit. Je suis la proie de pulsions destructrices contre
cette méchante langue française, majestueuse bien sûr
mais seconde ! Écrire me tue[3]. Je ne veux plus écrire, ni
jongler avec les words words words, ni énoncer clairement l'inconcevable, ni préméditer le déroulement du
crime verbal, ni chercher un chat noir dans une chambre
noire surtout quand il n'y est pas… Ceci dit, l'on serait en
droit de se demander pourquoi j'écris présentement ces
pensées facilement réfutables. À vrai dire, je le sais à
peine moi-même et suis enclin à considérer ma conscription à *Parti pris*[4] comme un accident de circulation. Et
après tout, j'ai bien le droit de verser dans l'illogisme à
partir du moment où je me décolle de toute mission
sémiologique. Dans ce pays désagrégé qui ressemble à un
bordel en flammes, écrire équivaut à réciter son bréviaire,
assis sur une bombe à la nitroglycérine qui attend que la
grande aiguille avance de cinq minutes pour étonner.
Chacun est libre, et je me fais fort d'invoquer les droits
civiques s'il le faut pour reconnaître à tout citoyen le droit
d'écrire son bréviaire quand ça lui chante.

D'aucuns croiront que je suis flambé comme une

crêpe suzette et que je suis déterminé à ma non-écriture par des facteurs névrotiles[5]. Je ne convaincrai pas ces lecteurs de bonne foi du contraire, mais je n'en demeure pas moins persuadé qu'en me dressant comme un antéchrist au milieu de la végétation tropiquante de mots sur la page blanche, je ne suis pas agi mais agent : je fais un choix conscient, je réponds incidemment à un défi historique donné. En décembre 1963, Paul Comtois étant lieutenant-gouverneur[6] de Galilée et moi ce que je suis, dans cette période de latence et dans notre province confusionnelle, j'affirme solennellement qu'une belle œuvre intellectuelle et qu'un roman bon pour le Gouverneur général, postulent invariablement que la littérature est une fonction de notre organisme national. Or, nous sommes désorganisés ; donc, n'est-ce pas... Et puis, aussi bien tout avouer, l'originalité d'un écrit est directement proportionnelle à l'ignorance de ses lecteurs. Il n'y a pas d'originalité : les œuvres sont des décalques (fonctionnels, cela va de soi, dans une société à haute consommation de loisirs et dotée, par surcroît, de pulpe) tirés de contretypes oblitérés qui proviennent d'autres « originaux » décalqués de décalques qui sont des copies conformes d'anciens faux qu'il n'est pas besoin d'avoir connus pour comprendre qu'ils n'ont pas été des archétypes, mais seulement des variantes[7]. Une invariance cruelle régit la production sérielle des variantes qu'on a accoutumé de nommer des œuvres originales. L'histoire décalque, elle aussi. L'originalité y est aussi impossible qu'en littérature. L'originalité n'existe pas, c'est un leurre. Seule la mode donne le change de ce qui différencie : la mode, c'est-à-dire le voile pelliculaire, la surface faussement diaphane, le vêtement-grille dont on recouvre les êtres identiques dans leur nudité. Ce qui me différencie d'un Hongrois malade qui, un soir de mai, aurait entrepris un article pour exorciser sa fatigue céphalomane tient à quelques détails futiles. Cet homme portait sans doute vers 1913 un veston croisé, un faux-col ; ne pouvant écrire devant un petit écran de télévision, il a sans doute noirci son papier de marque autrichienne au café Mozart en buvant une bière allemande.

Ces quelques différences sont mineures et ne sauraient cacher notre triste ressemblance et notre syphilis nationale implacablement pareille l'une à l'autre et la douleur de voir que l'on est dans un univers où la politesse consiste à se mettre entre parenthèses quand ce n'est pas dans un bocal. Hélas Freud n'a pas psychanalysé la hongritude dans une Vienne orgueilleuse qui se définissait par sa volonté de refouler les Hongrois qui l'habitaient avec leur mauvaise haleine de minoritaires, leur musique qu'on ne se donnait pas la peine de différencier de celle des tziganes — ce qui signifie trop clairement la volonté des Viennois de ne voir dans leurs partenaires historiques que des nomades. Il semble que dans toute situation de domination ethnifiante le groupe inférieur soit le plus musical des deux : les Hongrois dont la musicalité était vantée par leurs maîtres, les Nègres américains, même les Canadiens français qui ont une vocation de tziganes face au groupe supérieur qui se comporte en public sédentaire. La domination d'un groupe humain sur un autre survalorise les forces inoffensives du groupe inférieur : sexe, propension aux arts, talents naturels pour la musique ou la création… Ne nous intéressons-nous pas, nous Canadiens français, à l'art esquimau et à la mythologie des Amérindiens que nous gardons dans des réserves ? Voilà l'aveugle compensation du dominé : c'est qu'il existe sous lui un groupe qui lui permet de manifester sa domination, sans un soupçon de mauvaise conscience.

L'important est-il que je sois doué pour les arts ? Non, mais de savoir que je suis doué pour les arts du fait même que je suis dominé, que tout mon peuple est dominé et que son dominateur l'aime bien tzigane, chantant, artiste jusqu'au bout des doigts, porté tout naturellement vers les activités sociales les plus déficitaires. Au fond, je refuse d'écrire des œuvres d'art, après des années de conditionnement dans ce sens, parce que je refuse la signification que prend l'art dans un monde équivoque. Artiste, je jouerais le rôle que l'on m'a attribué : celui du dominé qui a du talent. Or, je refuse ce talent, confusément peut-être, parce que je refuse globalement ma domination. Autant dire alors, si je continue la rédaction du présent article, que je vais intérieurement m'évertuer à le constituer de tout ce qui ne devrait pas se trouver dans l'article qu'on attend de moi. En poursuivant cette entreprise sans enthousiasme, je m'efforce de faire la lumière sur ma carence artistique et de prouver, par ma divagation, que la domination ne fait plus effet en moi, que je n'en goûte ni l'insignification historique ni la sécurité, que je la combats par tous les moyens pourvu qu'ils soient choquants. Le bon petit Canadien français promis à un brillant avenir dans les choses frivoles entreprend soudain de produire un écrit dominé par une thématique de refus d'écrire, non-sens qui ne saurait accéder à une signification que par l'explosion simultanée de tous les bâtons de dynamite qui pourrissent actuellement dans les arsenaux de la province de Québec. L'explosion comporte des désavantages sérieux, entre autres celui de faire voler en éclats toute structure historique située dans un certain rayon d'onde de choc. La structure doit se déceler, fût-ce dans une astructure littéraire du type Robbe-Grillet. Ainsi l'astructuration équivaut à une structuration si elle concerne le même champ d'action, la littérature par exemple. Or, dans mon cas, si la structure éclate sous le coup de la déflagration qui se produit en moi, ce n'est pas pour laisser la place à une contre-structure littéraire, mais pour ne laisser aucune place à la littérature qui n'exprimerait, si je cédais à ses charmes, que la domination dont je suis le lieu depuis deux siècles. Piètre excuse pourrait-on dire pour faire oublier une simple absence de talent... Mais une telle objection, irréfutable parce que se situant sur un autre plan, ne m'atteint pas, car même la pauvreté du talent ici pourrait être considérée, selon l'axe de dénomination, comme une manifestation de mauvaise humeur de la part du dominé qui, sans trop savoir pourquoi, boude une vocation qu'il croit personnelle et qui est historique, de la même façon que le talent du dominé provient de l'envie de faire la révolution n'importe comment en art, faute de pouvoir la faire en histoire[8].

En me désaxant ainsi de la littérature, je me disqualifie moi-même et condamne d'avance ce que j'écris à n'être qu'une expression infidèle de mon refus d'écrire. Or, ce qui caractérise les œuvres littéraires c'est la nécessité formelle — l'urgence — invoquée par leurs auteurs. En dépit des protestations récurrentes de non-formalisme, les écrivains sont d'abord formalistes en ce sens que les

formes qu'ils utilisent sont des suppôts de leur existence ;
elles fondent l'unicité des auteurs. Hors de la littérature
axiale, la forme des œuvres écrites devient secondaire,
inimportante, choisie souvent selon les circonstances ou,
ce qui est mon cas en ce moment, inchoisie et indésirée.
Quelque chose d'autre m'importe, un au-delà littéraire qui
n'est pas une métalittérature, ni un nouveau déguisement
de la vieille ambition, mais qui est la destruction du
conditionnement historique qui fait de moi un dominé. En
rejetant la domination, je refuse la littérature, pain par
excellence des dominés, production symbolique dont on
concède le monopole au dominé, ce qui entraîne inévitablement une surproduction. N'a-t-on pas constaté que
dans les pays colonisés[9] se manifestait invariablement
une surproduction littéraire ? À défaut de réalités, on sur-
produit des symboles ; il est compréhensible d'ailleurs
que si les colonisés se contentaient de produire normalement, cela ne compenserait pas leur improductivité globale. Surproduire ou mourir. Survivre ou disparaître.
Surprendre ou ne rien posséder : autant de dilemmes
vitaux pour dominés. Oui, le dominé vit un roman écrit
d'avance ; il se conforme inconsciemment à des gestes
assez équivoques pour que leur signification lui échappe.
Par exemple, le dominé se manifeste comme un revendicateur, mais il ne mesure pas le degré de complémentarité
du revendicateur et de son maître, non plus que la bien-
veillance avec laquelle ce dernier accepte de donner la
réplique, en cédant assez pour que le revendicateur puisse
se dire à l'occasion qu'il a gagné la partie… Et tout rentre
dans la cohérence invisible. Refuser cette cohérence
revient à choisir pleinement et irréversiblement l'incohé-

rence. Faire la révolution, c'est sortir du dialogue dominé-dominateur ; à proprement parler, c'est divaguer. Le terroriste parle tout seul. Comme Hamlet qui imaginait l'amant de Gertrude derrière toutes les tentures, le révolutionnaire choisit d'être taxé de folie comme le sweet prince du royaume pourri. Le révolutionnaire rompt avec la cohérence de la domination et s'engage inconsidérément dans un monologue interrompu à chaque parole, nourri d'autant d'hésitations qu'il comporte de distance avec la raison dominante. L'hésitation engendre le monologue ; au théâtre, ne doivent monologuer que les personnages qui hésitent indéfiniment, qui se trouvent aux prises avec la solitude déformante du révolutionnaire ou de l'aliéné. Il n'y a de monologues vrais que dans l'incohérence. L'incohérence dont je parle ici est une des modalités de la révolution, autant que le monologue en constitue le signe immanquable.

L'incohérence correspond, dans ce cas du moins — celui d'Hamlet, à un déphasage irréversible d'avec la cohérence ancienne. Hamlet incohère soudain. Et puisqu'il agit hors toute loi cohérentielle, il cesse dès lors d'être un homme « au sens complet du terme » et mériterait de se le faire dire par le psychanalyste André Lussier. Freud, je le sais, se savait juif et, par une volonté de cohérence transcendantaliste, il a surmonté ce détail comme on vainc la myopie pour se déposséder de toute juiverie, voir plus grand, voir autrichien... Le Canadien français qui n'en peut plus de lui-même cherche à voir plus grand et à se perdre dans un non-groupe, dont il ne discerne pas la position dominatrice, qui lui fournit généreusement une non-identité cohérente. La pratique littéraire, en situation coloniforme, exprime un comportement d'acceptation. De plus, les rites de la création littéraire sont généralement reconnus pour leur effet thérapeutique : après une nuit d'extase plus que lente, le danseur n'a plus la force de riposter au sphinx colonial[10]. En l'épuisant, dans un article rituel, la danse des mots sur la ligne d'horizon réconcilie l'homme avec son irréalité. Dans notre pays désagrégé, je refuse l'apaisement que j'ai trop longtemps cherché dans la cérémonie bégayante de l'écriture. Une fois la désagrégation amorcée, j'éprouve une envie sereine de participer au pourrissement de notre société friable, j'ai le goût de communier sous les deux espèces au corps étranger qui moisit pendant les sessions multibilingues d'une royale vingt-deuxième d'enquête et, par contagion, me fait suer.

Un jour, sait-on jamais ? il nous sera peut-être donné d'écrire sainement ; d'écrire et que cela soit autre chose qu'un exorcisme et autre chose qu'une distraction désolidarisante. Si on a compris que, au terme de ma fuite cartésienne, je prêche l'engagement politique obligatoire pour les écrivains, cela m'autorise à poursuivre, cher lecteur, votre pensum. Le service militaire obligatoire me répugne et, d'ailleurs, prépare à la défaite. Il en va ainsi du service intellectuel obligatoire pour les citoyens âgés de dix-huit ans et plus et capables de vivre un grand amour sur un clavier de dactylographe. Nul écrivain n'est tenu d'axer son œuvre selon l'efficacité de tel ou tel régime politique, non plus d'ailleurs que sa profession motuante[11] ne l'engage à prononcer un vœu de chasteté historique et à n'ambitionner que la production d'une œuvre d'art autarcique et posthume. Jean Simard définit l'entreprise littéraire comme une « Aventure, la plus passionnante de toutes : celle de notre monde intérieur. De livre en livre, l'écrivain poursuit en lui-même une incessante prospection. C'est un engagement de tout l'être dans une recherche acharnée, chacun de sa vérité » (in *Le Devoir*, samedi 7 décembre 1963, p. 11). On ne saurait mieux formuler le droit inaliénable des écrivains à disposer de leurs soirées à la maison. Le monde intérieur figure la cage dont on ne sort pas, sinon pour aller se pourvoir, à la librairie dominicaine toujours fermée le dimanche, des livres écrits par d'autres écrivains qui ont valorisé leur univers-capsule. L'aventure « intérieure », cela évoque pour moi, profanateur, l'aventure humide d'une conférence sur le désarmement entre des émissaires de pays bellicistes. Ou plutôt : l'aventure intérieure de l'écrivain, c'est la migration du jaune vital sous la coque hermétique de l'œuf. Aventure visqueuse : lutte à finir entre le jaune avortable et son sphincter albumineux. Quelle que soit l'intensité vérifiée de l'entreprise d'euphémisation de l'écrivain qui croit voguer en haute mer quand il croise dans son lac aux dames, il ne peut se dérober impunément à sa situation juridico-plate d'inventeur de variantes dans son pays hésitant, lieu collectif d'accès de fièvre et de démence tardive. L'aventure « intérieure » du Canada français modifie même ceux-là qui ont choisi de se spécialiser dans leur micro-aventure littéraire. Les statuts modifiés d'Elizabeth II, reine du Canada et d'Irlande (du nord !), reine matriloquace de chaque province et de Saint-Jérôme unilingue et de Québec sur cap à Madeleine, ne stipulent pas qu'il est interdit de jouer *La Marche turque* de Mozart, immobile, en pleine crise politique. Les statuts révisés ou explosés (tiens, ça me rappelle…) de la belle-sœur du Comte de Snowdon ne prévoient aucune législation punitive pour ceux qui font pousser des fleurs de style[12] pendant que les pulsations nationales présagent une commotion, sinon la mort hémorragique de notre régime. Politesse de reine que ce silence codé civilement en ce qui concerne le monde intérieur des écrivains crypto-gaéliques en période de troubles. Ce qui n'est pas spécifiquement interdit selon la lettre de la loi, est implicitement autorisé ou légitime. Ainsi faire de la graphie motuelle à l'aide de phonèmes authentifiés par les dictionnaires, c'est permis. Les écrivains peuvent donc se sentir à l'aise si leur libido les conduit à faire du tricot. Le tricot, va sans dire, n'exclut pas la céramique, car nulle ségrégation ne permet à ceux qui pénélopent sur leur smith-corona de se croire supérieurs à ceux qui auraient un penchant accusé pour le four. Dans tous les cas d'aventures intérieures, minutées au jour le jour comme des procès-verbaux, tout est permis ; il est laissé libre cours au talent de chacun. Et il ne fait aucun doute que cette « aventure intérieure », dont parle Jean Simard, écrivain fraîchement duverné, demande une certaine dose de persévérance et de courage, pour la simple raison qu'elle se trouve dépourvue de motivation puissante et qu'on ne peut alors continuer l'œuvre supérieure qu'en sacralisant le devoir d'écrire.

L'écrivain ne choisit pas son pays natal mais l'aventurier « intérieur » a tort d'y vivre comme s'il habitait un autre pays, dans une épuisante opération de transfert sur un sur-pays et en état continuel de dénaturalisation. Chaque parole écrite par un écrivain in-habitant est marquée d'un coefficient « n » de néantisation sublimale. On pourrait de plus ajouter à ce coefficient une puissance qui permettrait de coter son œuvre (valeur marchande et valeur de rachat) comme on le fait chaque jour pour une action ordinaire[13]. On ne choisit pas son pays natal ; cependant, il vaut mieux s'enraciner et s'enrichir, par symbiose, de ce sol refroidi sur lequel nous circulons depuis notre enfance. Il vaut mieux, pour l'écrivain porté sur l'aventure intérieure comme d'autres le sont sur le capitonnage air-foam plutôt que le revêtement de liège qui a protégé Proust jusqu'à la fin, il vaut mieux pour lui d'habiter plutôt que de se transporter dans un non-pays artistique et grammatical où chaque étranger jouit de l'immunité littéraire. Le non-pays ne nourrit pas son homme. La Suisse mentale des biélorusses modèle 1917 favorise la poursuite d'aventures intérieures — à condition qu'elles soient codifiées selon des canons désarmants. Mais, même si l'écrivain peut s'y aventurer à sa guise et avec petit déjeuner au lit et xénophobie hôtelière impeccable, cette microsuisse intérieure n'est rien d'autre qu'un cercueil décoré comme la Place des Arts. Il est préférable, somme toute, de détester son pays que de s'en abstraire en espérant quand même l'exprimer. Comment exprimer la carence ? Voilà le vrai problème. L'amour adultère de son pays me semble encore plus beau que l'abstention au nom d'un « engagement dans l'œuvre même et l'approfondissement de soi au profit de l'œuvre », selon les paroles de M. Simard (cf. : *Le Devoir*, samedi 26 octobre 1963).

L'axe du pays natal coïncide implacablement avec celui de la conscience de soi. Je ne crois plus à l'immunité

scripturaire qui dispense l'écrivain — engagé exclusivement dans son œuvre — d'habiter son pays. Il est stérile
de n'utiliser son propre pays que par tranches de vie qui,
par leur statut anthologique, établissent nettement le
déracinement de l'écrivain. Dans cette voie, l'écrivain
finit par conférer à son expérience « intérieure » un statut
d'exception, ce qui revient à l'éviscérer d'avance quand il
ne se trempe pas lui-même dans un bocal de formol tel un
spécimen de tourte triste, espèce d'oiseaux en voie de
disparition — comme nous ! Dans un pays en gestation
ontologique, la vocation d'écrivain ne peut demeurer
inchangée, non plus qu'être poursuivie, même avec courage, selon les catégories futiles du sublime et de l'important. L'aventure intérieure que tant d'écrivains rêvent de
conduire en dépit de l'existence cyclothymique de notre
groupe, c'est une œuvre préfabriquée, portative comme
une machine à écrire, finie d'avance, pièce jointe à enterrer aux archives. Pourtant nombreux sont les écrivains qui
continuent de gravir, mot à mot, le calvaire laurentien de
l'œuvre — avec un grand « O » pour obscuration ! Mais
ce nombre ne change rien à leur splendide aberration.
L'écrivain, à plus forte raison maintenant que l'incertitude
gangrène toute existence autour de lui, ne peut bénéficier
d'un statut épiscopal, ni d'une exemption de réalité, ni
d'un dégrèvement de douleur. La syntaxe, la forme, le
sens des mots subissent aussi des déflagrations. Tout est
syncope, et l'écrivain qui entreprend de faire vivre ce
qui le tue, il écrira non pas l'histoire stendhalienne des
carbonari canadiens-français, mais une œuvre aussi incertaine et aussi formellement malsaine que l'œuvre impure
qui s'accomplit en lui et dans son pays. Le problème,

n'est pas d'être du P.S.Q., du R.I.N., du P.R.Q., etc., ni de coller des enveloppes dans un secrétariat typiquement désorganisé. Le problème pour l'écrivain, c'est de vivre dans son pays, de mourir et de ressusciter avec lui. La révolution qui opère mystérieusement en chacun de nous débalance l'ancienne langue française, fait éclater ses structures héritées qui, par la rigueur même de ceux qui les respectaient, exerçaient une hégémonie unilatérale sur les esprits. L'ancienne œuvre, prévisible, sereine et agencée selon le chiffre d'or, devient la proie des pires syncopes, celles-là même que mon pays révolu a connues et redoute, autant de nécroses dont on n'est jamais certain qu'elles seront suivies de genèses. Pendant cette période de troubles, comment l'écrivain pourrait-il terminer sa phrase de la façon qu'il avait prévue? Tout change et menace de changer ; comment celui qui choisit d'écrire peut-il encore persévérer dans son idéal d'œuvre inchangée et prioritaire... à moins de se condamner à produire une sorte de monument historique ? L'œuvre littéraire n'a rien de transcendant, notre aventure collective non plus. Vouloir ne pas témoigner ou témoigner en omettant des segments de notre vie et de notre obsession, c'est témoigner quand même. Écrire des romans non souillés par l'intolérable quotidienneté de notre vie collective et dans un français antiseptique et à l'épreuve du choc précis qui ébranle le sol sous nos pieds, c'est perdre son temps. Sur mon passeport c'est écrit : *profession : écrivain*. Même si je renie l'écrivain en moi, à quoi bon remplir des formules pour statuer que je ne suis plus écrivain, du moins cet écrivain que je voulais être quand j'ai rempli le questionnaire pour l'obtention d'un passeport en 1958, le 23 septembre ? Mon passeport est déjà périmé. Puis, je ne sortirai plus jamais de mon pays natal. Je veux rester ici. J'habite mon pays.

Le cadavre d'une émission[1]
(1969)

Dès mon berceau, j'ai désiré réussir une performance funéraire et déposer, avec des gants blancs, un cadavre au beau milieu d'une soirée mondaine. Maintenant que j'ai réussi à transverbérer ce vieil archétype (« Old Dusty[2]... »), je passe aux aveux.

Ce cadavre, couché en porte-à-faux derrière une banquette d'auto, figure, si l'on peut dire, la déception du spectateur de l'émission dramatique intitulée *Vingt-quatre heures de trop*[3] — titre pernicieux puisqu'il s'agit d'un cadavre de trop dans une intrigue de quatre-vingt-dix minutes.

Nécromant averti, le réalisateur de cette émission a conféré une apparence démesurément cadavérique à ce triomphe de non-pertinence dans la représentation de la réalité ! Les siècles futurs lui en sauront gré...

Cette émission *Vingt-quatre heures de trop* s'est déroulée selon les préceptes hermétiques de la « fabula modulata » décrits par Isidore de Séville[4]. Nous aurions pu, le réalisateur et moi, procéder autrement : par l'« optima cursus dactylici » ou par le « motus rationabiles » ou encore en employant la « causa decoris[5] »... Mais nous

61

avons fait un choix dans les divers modes rhétoriques des Anciens ; et la « fabula modulata » s'est imposée à nos esprits échauffés.

Sachez que l'allure dantesque de cette émission n'est pas dantesque sans raison ! Le cadavre en question descend aux enfers et n'en remontera que lorsqu'un spectateur, connaissant la clé de cette intrigue, voudra l'en faire revenir...

Éloge des États-Unis
(1961)

Les États-Unis sont parcourus de longues routes plates, où il est interdit de faire de la vitesse[1], et couverts d'une végétation innombrable de motels.

Le motel c'est, à mes yeux, la plus belle invention américaine après la bombe atomique et il me plaît d'imaginer certains liens logiques entre le motel et la bombe totale.

D'abord, les motels sont nucléaires à plusieurs points de vue ; d'autre part, les bombes coûtent cher. De plus, si l'exploitation atomique est produite par la scission de l'atome, le motel est l'atome d'avant la scission, il est, à proprement parler, la cellule indivisible, mon microcosme préféré. Si jamais je suis aux prises avec une crise métaphysique et que cet accès de néant coïncide avec une période d'abondance, j'irai me réfugier dans un de ces motels, avec douche, bain, télévision, téléphone et air climatisé, et aussi longtemps que cette thérapie me serait douce, dans un motel inconnu. Et j'opterais pour cette forme d'exil dans les motels nucléaires, en dépit de la sensation de délinquescence[2] que m'inflige le système routier des États-Unis. En effet, sur la route, je suis en proie à des pulsions violentes, désordonnées, que la présence encerclante des policiers munis de radars et de systèmes de détection savants m'oblige à refouler. La route américaine est synonyme, pour moi, d'une vaste organisation punitive. La signalisation routière est surabondante en provocations lancées à l'automobiliste le plus conciliant : on lui répète constamment qu'il ne doit pas excéder la vitesse indiquée, et, par-dessus le marché, on complique l'observance de l'orthodoxie automobiliste en obligeant le pauvre individu qui possède une voiture capable de grandes performances à limiter sa vitesse à différents paliers de vitesse, vingt-cinq, quarante, quarante-cinq, cinquante, cinquante-cinq ou le soixante[3] qui correspond, ni plus ni moins, à ce que dans le sentiment religieux on appelle la tiédeur[4]. Ces tabous, qui découragent le civisme ou conduisent à une transgression effrénée de la loi, ces tabous routiers engendrent une culpabilité aiguë chez l'automobiliste. On se sent coupable de posséder une Chevrolet Impala ou une Buick Le Mans à tel point qu'on accepte d'expier par un refoulement de toute vitesse cette souillure indélébile que tous les indices d'octane ne laveront jamais. Tout homme relativement normal auparavant qui conduit une auto sur les routes américaines a le sentiment de vivre dans l'univers morbide de la faute : c'est un meurtrier en liberté provisoire mais, heureusement pour le bien commun, étroitement filé par des policiers en embuscade. C'est à croire que les législateurs gérontophiles ont décrété, dans leur for intérieur, que les vitesses permises ne dépassent jamais celles que leur grand-maman peut faire quand elle est complètement myope et au volant d'une Chrysler trois cents chevaux, dont environ deux cent cinquante sont tout à fait inutiles… Toutes les statistiques de la mortalité routière que tous les postes de radio diffusent sur un ton lugubre, pendant qu'on aborde un virage dangereux, ont dû causer bien des accidents mortels, que le puritanisme non écrit considère comme des punitions de Dieu. La conduite automobile aux États-Unis équivaut à un freinage systématique des instincts[5].

C'est pourquoi les propriétaires de motels font tant d'argent. Le motel est une surcompensation au long refoulement de l'automobiliste. Dans un motel, tout est permis : il n'y a plus de surveillance, des tentures partout pour protéger des radars, des murs partout et, en général, deux ou trois systèmes de serrures pour les clients qui ont été surprotégés dans leur enfance et qui craignent une punition-surprise tout simplement parce qu'ils se délectent voluptueusement dans un beau vase clos et dans de beaux draps…

Oui, je dois l'avouer, j'aime les motels aux États-Unis : ils symbolisent, sur le plan de l'habitat nomade, la plénitude contenue de l'atome. J'aime aussi les jeunes filles. En disant cela, j'en vois des milliers qui passent dans mon souvenir à une vitesse implacablement interdite par les lois, condamnable selon la loi de tous les États de l'Union. Les jeunes filles américaines me semblent, quand je les évoque sans distinction de race ni de couleur, toutes jolies, imbattables dans la course à obstacles et dans la pureté du cœur. Fort heureusement pour les touristes habiles à monnayer leur propre régionalisme, les jeunes filles y sont très sensibles à tout ce qui parle anglais avec un accent étranger et un effort typiquement exotique.

Nos cousins de France[1]
(1966)

12 décembre 1966. Paris, morne ville enténébrée par le ciel bas et le crachin. Un déjeuner refroidi sous les auspices de France-Canada[2] qui, comme chacun le sait, est une sorte de S.P.C.A.[3] pour venir en aide à nos petits cousins de France. Nous représentaient : Marie-Claire Blais, Jean Basile, Naïm Kattan, votre tout dévoué, sans compter Jean Chapdelaine, Délégué général du Québec à Paris, Jean Vallerand, conseiller culturel[4]. Je me suis laissé dire qu'il y avait aussi des gens de l'Ambassade fédérale : quelques dizaines de Jules Léger, des barges de Pierre Trottier[5], des ministres plénipotentiaires anglophones à la pelle, rien quoi ! Mais nos cousins de France sont venus nombreux : c'était bourré de sommités locales, d'écrivains régionaux. À ce qu'on me dit, il y avait là des gens assez connus sur place…

André Chamson[6], de l'Académie française — une sorte d'école secondaire, sans doute… —, nous a parlé des liens étroits qui nous unissent. Il a même dit, avec cet accent si particulier et si savoureux, que Marie-Claire Blais lui rappelait la Loire-Inférieure[7]. On connaît les Français pour être portés sur l'émotion départementale et

67

André Chamson ne fait pas exception. Il est bien français en cela : le cœur rempli par l'émotion, la larme à l'œil, le regard errant, il ne peut plus s'arrêter quand il commence à parler et, comme cela arrive trop souvent à nos cousins de France, il s'enfarge un peu dans ses élucubrations. C'était vraiment à brailler[8]. Bref, si Marie-Claire Blais est née sur les bords du Saint-Laurent, c'est vraiment une faute de frappe ou quelque chose comme une coquille. Marie-Claire Blais, on a beau dire, c'est la Loire-Inférieure toute crachée...

Jean Basile qui n'a aucune attache sentimentale avec nos cousins de Loire-Inférieure n'a pas caché que les Québécois en ont jusque-là et même par-dessus la ligne des eaux de se faire cousiner par les Français. Il faut le dire : Jean Basile n'y est pas allé de main morte et il a fait beaucoup de chagrin à André Chamson. Ça braillait là-dedans ; je vous jure que je n'ai jamais vu ça. André Chamson avait une si grosse peine qu'il a surmonté du coup sa difficulté d'expression pour faire savoir à Jean Basile que jamais, lui Chamson, de toute sa carrière d'académicien (ça se dit couramment en France) et jamais depuis que la Loire est inférieure, il ne s'est senti à ce point « disgracié » par un Québécois !

Votre tout dévoué a fait une ultime tentative de médiation entre Jean Basile et nos petits cousins de France. Eh bien, il faut se rendre à l'évidence, j'ai fait un fou de moi : un vrai U-Thant[9] ! Sans doute sommes-nous un peu rudes, nous du Québec, avec nos cousins éloignés...

En tout cas, voici ce qui s'est produit. Yves Berger[10], jeune porte-couleurs de la France Éternelle, s'est porté au secours d'André Chamson. Ici, un commentaire s'impose. Yves Berger c'est le genre de Français qui nous aime ; il nous aime tellement qu'à la limite on se sentirait impoli de ne pas être conforme à l'objet de son amour... Pour ma part, je maintiens que nous devons traiter un Yves Berger avec beaucoup d'égards ; après tout, c'est bien son droit de découvrir le Canada avec quelques siècles de retard sur Jacques Cartier. Nous aimer comme ça, c'est de la folie. Et à la limite, il serait capable d'en remontrer à Marcel Chaput[11] en fait de séparatisme. Bien sûr, m'objectera-t-on, il peut toujours se payer le luxe de pratiquer son séparatisme trois mois par année, ça ne lui fera pas perdre son salaire en France et, en fin de compte, c'est nous qui allons en prison[12]...

Chose certaine, ce n'est pas facile de se laisser aimer comme ça ; et, sur ce point, je reconnais que les Québécois, en général et y inclus votre tout dévoué, sont plutôt injustes avec leurs lointains cousins de France. C'est à croire que nous faisons exprès pour ne pas être comme ils nous aiment. C'est de la vraie subversion : nous réagissons comme des Viet-congs[13] à l'étreinte chaude de nos petits cousins d'outre-mer. Décidément, doivent-ils se dire, on n'a plus les cousins qu'on avait ; tout change, même les Québécois. Seule la France est éternelle ; et ça aussi, c'est à brailler... Même les futurs académiciens sont déjà immortels ; un Yves Berger, par exemple, incarne cette bonne vieille Loire-Inférieure qui coule éternellement dans les veines de nos cousins de là-bas et dont les crues fréquentes feraient brailler les Québécois les plus endurcis.

Si les Français n'ont plus les Québécois qu'ils

avaient, nous pouvons nous consoler, en revanche, car nous avons toujours les cousins qu'on avait. Et c'est un peu pour ça qu'on les aime : ils nous parlent toujours avec cet accent pittoresque, ils emploient à profusion une rhétorique un peu démodée à nos yeux bien sûr, mais non moins touchante. Et puis, ils sont bien sympathiques et ils méritent vraiment qu'on s'occupe un peu plus d'eux. Nous devons faire un effort pour nous approcher d'eux et comprendre leurs problèmes spécifiques ; nous devons nous pencher sur leur cas. Et n'oublions jamais, nous Québécois, que les Français sont nos petits cousins et qu'à cause de cela précisément ils ont des complexes.

Ils arrivent comme ça de Toulouse ou de Saintonge ; et ils sont tout perdus. Nous voulons bien les aider ; mais les pauvres petits choux font des manières, ils boudent, ils se croient différents de nous. Au fond, notre sang coule dans leurs veines et ce ne sont après tout que des Québécois égarés. À nous d'être adroits. Il faut comprendre qu'ils sont périphériques par rapport à nous et qu'ils ont développé, depuis le temps, une certaine volonté d'indépendance, un certain régionalisme.

Pour ma part, je tire un grand profit de ce déjeuner-colloque qui nous a donné l'occasion de faire connaissance avec nos cousins de France. Et je forme le vœu que des rencontres du genre se répètent et se multiplient dans l'avenir. Hélas, je devrai me faire excuser, car décidément j'en ai soupé et le plat de résistance — une énorme tarte à la crème — m'est resté sur l'estomac. Sans compter que la Loire-Inférieure m'a monté à la tête...

après les hoquets de la mise à feu, se con
biles comme des bonzes flambés. Finaleme
n en convenir, on finit par acheter un sup
r faire les emplettes du samedi et écoutei
:d sur le frein et le frein dans le cœur… C'
cela la civilisation : il fallait inventer les c
rs pour le seul plaisir de ne pas s'en servir
le plus grand secret et avec l'angoisse con
genre de péchés dont la seule virtualité no
fourmis dans les jambes. La conduite autor
10s villes agoniques[3] pourrait se comparer à
intolérable qui doit être le cas des non-viole
tariens lubriques, mais plus unitariens (
.

Auto critique[1]
(1966)

La sociologie actuelle ne fournit pas assez de données immobiles sur cette réalité follement mobile qui envahit tout ruban d'asphalte ou de béton pré-contraint ou carrément mou, voire même des surfaces quelque peu visqueuses ou dérapantes. Une automobile, c'est fait pour rouler oui ou non ? Alors il suffit de tenir en main un volant dont la tige bulbeuse est suffisamment engrenée dans une direction à vis et galet, et hop ! le tour est joué, le pied droit appuie hypocritement sur l'accélérateur, le compteur de vitesse s'excite sur son aiguille, le compte-tours se lance comme toujours dans une computation effrénée de révolutions. Quand on parle de révolutions, cela va de soi, on a la police dans le rétroviseur… C'est automatique. Enfin, si ce n'est pas tout à fait automatique, disons que cela se passe comme un fondu-enchaîné : l'image de la police se surimpressionne sur celle du tableau de bord jusqu'à ce que l'aiguille du compteur s'aplatisse sur le zéro, un peu à la manière du pied sur la pédale du frein. Et là, face à un interlocuteur valable, l'automobiliste se trouve engagé dans ce que les « coureurs » désignent comme une grande épreuve. Il doit négocier les virages avec sécurité et ce n'est pas le moment d'avoir oublié son enregistrement. Il n'est pas recommandé non plus de faire de l'humour en pointant un jouet revolver en direction du policier. Cela serait de nature à créer un malentendu. La négociation doit se faire à l'amiable et si possible en utilisant comme intermédiaire la jolie blonde qui s'étire inconsidérément les jambes jusqu'à ce que le manomètre de température indique que le système de refroidissement à air ne fonctionne plus ; le mieux, d'ailleurs, serait que la passagère dispose d'un dossier-bascule inclinable en diverses positions. Cela fait plus abordable, enfin, je veux dire… mais vous avez compris, vous ne voulez tout de même pas qu'on vous fasse un dessin ? Les filles sont vraiment sensationnelles en tant que passagères, elles bénéficient d'une sorte d'immunité plus ou moins secrète. Mais au volant, les filles sont une plaie d'Égypte : d'abord, elles attirent l'attention et causent la très grande majorité des accidents qui surviennent dans les courbes. C'est ce qu'on appelle le coup de foudre. Et puis quand elles sont moins belles, ça n'arrange pas les choses : elles conduisent mal, en écoutant la radio et en faisant la conversation à grands gestes, causant ainsi tous les accidents mineurs et les accrochages — sans compter les embouteillages, ces diverses modalités de l'artériosclérose de nos grandes artères. Bref, les femmes au volant sont tuantes et fonctionnent comme des servofreins à dépression : c'est le drame numéro un du vingtième siècle. L'émancipation simone-de-bovariste de la femme moderne se ramène à une vaste débauche de freinage à disques et à tambours à rainures hélicoïdales. La femme émancipée instaure la notion d'immobilité automobile, créant ainsi un paradoxe que les

automobilistes masculins ⬚
Ces « animaux-là », comm⬚
nent — nous les hommes —
quelque sorte, à une suspen⬚
sieu rigide positionné par ⬚
Roméo ne veut plus d'Alf⬚
Porsche a cassé avec les qu⬚
rera… C'est la fin des haric⬚
proie à une folle envie d'é⬚
marqué pour les monoplace⬚
femme comme un des élém⬚
Farina qu'il convoite en secr⬚
soudée au châssis tubulaire à ⬚
l'homme, lui, est bigame. C'e⬚
du système de transmission, il ⬚
à cinq paliers avant, dont le ⬚
surmultiplié. Le moteur est i⬚
longtemps refoulée de l'homm⬚
d'arme secrète qu'il aime care⬚
çant au pas de tortue dans la ⬚
teillages. Le moteur à grosse ⬚
plat doit contenir la puissance ⬚
circulation et le civisme l'obli⬚
Il arrive que — dans ces condi⬚
bilistes se mettent soudain à on⬚
de ne pouvoir employer toute ⬚
sous le capot !

Les plus grands savants du ⬚
l'automobile se compare à une ⬚
courir — jusqu'au jour où l'on ⬚
fait marcher. Elle fait penser aux ⬚

étages qui ⬚
ment imm⬚
il faut bi⬚
squalo po⬚
radio le p⬚
sans dout⬚
vaux-vap⬚
sinon da⬚
cutive à ⬚
donne de⬚
bile dans⬚
frustratio⬚
et des ⬚
lubrique⬚

Jules César[1]

PROJET TV

Paris, le 15 octobre 1960

Mon cher « X »,

Je vous propose un original de quatre-vingt-dix minutes sur un thème historique, la mort de César. D'après la définition des genres littéraires, ce serait une pièce historique ; mais le recul que nous avons par rapport au meurtre de César est tel que cet événement lointain constitue, pour le spectateur d'aujourd'hui, une sorte de thème mythologique, plus apparenté à l'histoire d'Œdipe ou d'Électre qu'à un épisode réel de l'histoire romaine. Mon propos n'est pas de me lancer dans une reconstitution historique de l'époque impériale, mais d'approfondir dramatiquement une action historique relativement connue. Je veux refaire, si je puis dire, ce meurtre célèbre en exploitant tous les variables[2] humains et dramatiques que le récit de Plutarque laisse de côté ; je veux exprimer, de façon personnelle, certaines données inexprimées et implicites dans les Annales de l'histoire. Mais vous savez

75

déjà tout ce qu'une entreprise dramatique de ce genre implique d'écriture originale et d'inspiration de la part de son auteur. Me rappellerez-vous à la modestie en me citant Shakespeare et Paul Toupin[3] qui m'ont déjà précédé dans cette voie. Sincèrement (mais j'espère que je ne suis pas téméraire), j'y vois moins un motif d'inquiétude qu'un stimulant. Mais enfin, la question n'est pas là.

J'ai d'abord pensé aller dans le sens d'une transposition radicale et faire ce César 1960 en costumes modernes, comme en portent nos hommes d'État. Mais cette audace renferme le piège suivant : jouer en costume moderne dans la Rome antique ! Car selon moi il ne peut être question d'exiler César en un pays imaginaire et de le faire ressembler à un homme politique contemporain ; dramatiquement, on ne peut transposer, ni surtout éliminer, le contexte précis de Rome en l'an 44 avant J.-C. J'élimine donc cette première hypothèse.

Ce qui fait que décors et costumes devront évoquer, de façon plus ou moins stylisée, une époque historique précise. Personnellement j'opterais pour plus de stylisation que moins ; ce qui serait conforme à l'esprit du texte que j'entends écrire et aussi plus approprié à l'exploitation intimiste que peut en faire une mise en scène de télévision.

Ceci dit, je ne peux pas, dans cette lettre, expliciter tellement plus l'idée, simple au fond, mais vraiment féconde et même exaltante qui m'anime depuis quelques jours. Je me sens en accord profond avec ce projet que je vous soumets aujourd'hui. J'ai déjà écrit, pour mon compte, une vingtaine de pages relatives au contenu du sujet, au mouvement du drame, au rythme particulier de l'hésitation de Brutus, au déclenchement soudain, à la feinte des personnages. Dans ces notes improvisées, j'ai aussi tenté d'exorciser les dangers du sujet ; je me suis mis en garde contre le « philosophisme » de Camus dans *Caligula*, par exemple. Je viens de relire aussi le *Jules César* de Shakespeare, notre maître à tous, pour mesurer plus exactement ce par quoi je m'en détache mais aussi le handicap que constitue un aussi glorieux précédent !

Au premier contact, mon idée peut vous plaire ou vous déplaire. Dans l'affirmative (cas de plaisir), cela signifie que vous faites un rapport entre cette idée et ce que je peux en tirer dramatiquement, et que ce rapport vous paraît rassurant...

À bientôt,

Hubert Aquin

* *
*

Le 24 mars 1962

« LA MORT DE CÉSAR* »

Note préliminaire : Il s'agit d'un texte original inspiré de l'histoire réelle de Jules César. Toutefois, le drame, au lieu de se situer dans la Rome de l'an 44 avant J.-C., est transposé dans notre époque. L'action se déroule dans

---

* Le projet avait été accepté : le texte présenté ici est un synopsis. (*H. A.*)

l'immeuble d'un État moderne ; cet immeuble peut être conçu d'après le Capitole de Washington, sans qu'aucune mention précise ne réfère[3] le spectateur aux États-Unis de 1962. Documents historiques sur lesquels se base ce nouveau César : Suétone, *Vie des douze César*, LXXXII, sans compter Plutarque, Dion Cassius, Cicéron. Historiens modernes consultés : Jérôme Carcopino, *Histoire romaine*, tome II : « La république romaine de 133 à 44 avant J.-C. », PUF, 1935-1949 ; Jacques Madaule, *César*, Seuil, 1959 ; J[érôme] Carcopino, *Entre 44 et 42 avant J.-C.* ; Theodor Momsen, *The History of Rome* (traduit de l'allemand), Berlin, 1868. Est-il besoin de dire que j'ai tenu compte de Shakespeare, Brecht (*Les Affaires de Monsieur César*, roman), Paul Toupin[4], Voltaire, Bonnefoy ?

Enchaînement des scènes :

1. DANS LE CORRIDOR DU PARLEMENT : César, escorté par Brutus, Cassius et environ huit autres conjurés, est entraîné dans la salle du parti d'opposition. Bribes de conversation entre César et les conjurés. Puis, on referme la porte capitonnée…

2. DANS LA SALLE DU PARTI D'OPPOSITION : César se trouve déjà entouré par les conjurés. César est littéralement cerné et le comprend soudain. Casca tire un premier coup de feu qui atteint César à l'épaule. Puis Brutus, lui aussi, a un revolver et tire. César dit : « Toi aussi mon enfant ! », puis s'effondre… Il est mort.

3. LES TITRES SE DÉROULENT SUR L'IMAGE DE CÉSAR ASSASSINÉ : pendant les titres, le son reste

ouvert, si bien qu'on entend les conjurés fuir, puis Cassius appelle du secours en feignant de venir de découvrir le corps inanimé de César...

4. APRÈS LES TITRES, ON SE RETROUVE DANS LA SALLE ÉVACUÉE PAR LES CONJURÉS : politiciens, journalistes, policiers pénètrent dans la salle et découvrent le corps de César... Affolement, explications confuses, photos prises. Puis, Marc Antoine fait son entrée. Immédiatement il domine l'assemblée et ne manque pas de mentionner le fait, à ses yeux significatif, que César ait été trouvé dans la salle des républicains. Il donne des ordres, prend la situation en main et annonce que lui-même, procureur général, se chargera de l'enquête. On doit comprendre qu'en attendant c'est lui qui prend la conduite de l'État.

5. PORTE CENTRALE DU PARLEMENT, DEHORS : Brutus, qui salue évasivement les journalistes qui lui demandent ses commentaires, descend l'escalier puis monte dans la voiture officielle qui l'attend. L'auto s'éloigne.

6. DANS LA DEMEURE DE BRUTUS : Brutus fait son entrée. Portia s'y trouve mais en présence d'une tierce personne qui rend la conversation malaisée. Conversation rapide et dissimulée qui nous laisse comprendre que Portia était au courant de la gravité des événements qui devaient se dérouler aujourd'hui. La tierce personne permet de situer publiquement Brutus, par une conversation forcée, pendant laquelle Brutus manifeste une inquiétude et un trouble évidents. Le téléphone retentit. Portia répond. Effroi. Elle passe l'appareil à Brutus et, pendant

que ce dernier dit à mi-voix quelques phrases brèves à son interlocuteur, elle annonce à la tierce personne que César vient d'être assassiné au parlement. Brutus raccroche, s'excuse en disant qu'il doit quitter à cause de cet événement... Près de la porte, seul avec Portia, il lui dit qu'il doit se tenir éloigné de la maison pour le moment, qu'il lui donnera de ses nouvelles, qu'elle doit garder son calme ; ils se quittent.

7) DANS LA DEMEURE DE SERVILIA, LA MÈRE DE BRUTUS : Écran de télévision « full screen ». Un annonceur donne un bulletin de nouvelles : il annonce la mort de César, énumère les détails relatifs au meurtre et à l'enquête, cite certaines accusations portées en Chambre contre le parti de Brutus et de Cassius, puis la réponse de Cassius à ces insinuations, mentionne l'intérim de Marc Antoine au premier ministériat de l'État, à la place de César et une déclaration de ce dernier... puis raconte la vie de César : les grandes étapes de sa carrière militaire et politique ; photos fixes et stock shots de César, peut-être même des extraits de discours publics. À un certain moment, la caméra s'est dégagée de l'écran de télévision pour nous découvrir le salon de Servilia où se trouvent en ce moment Brutus et Servilia. Servilia, très émue et sous le choc de cette nouvelle, s'abandonne à sa tristesse puis raconte à son fils Brutus qu'elle a aimé César et qu'elle a été aimée de lui, qu'il a été somme toute la grande passion de sa vie... Brutus enchaîne en demandant à quel moment et pour combien de temps cela a duré... et fait, confusément, un rapprochement entre cette date et son âge... Les aveux de Servilia se déroulent pendant que le

petit écran continue de donner des images de la vie de César. La conversation entre Brutus et sa mère, au sujet de César, sert de contrepoint au texte du speaker de TV et cet empiètement devient, pour Brutus, le point de départ d'une évocation de son passé…

8. (RÉTROSPECTIVE :) Une grande réception dans la maison de César. César, séduisant et subtilement démagogue, va d'un groupe à l'autre, domine, triomphe, magnétise… puis s'arrête auprès de Servilia à qui il parle sur un ton intime. Peut-être même dansent-ils ensemble ? Puis, César et Servilia s'approchent de Brutus. Quelques paroles ; César met la main affectueusement sur l'épaule de Brutus…

9. RETOUR DANS LA MAISON DE SERVILIA : *Scène brève.*

10. (SCÈNE FILMÉE) DANS LA RUE : Fuite symbolique de Brutus qui marche dehors, se mêlant à la foule… Ce n'est pas la police qu'il fuit, mais son obsession ou sa culpabilité nouvelle… Il passe devant une immense affiche électorale de César, puis s'arrête un moment devant un kiosque à journaux : les manchettes des journaux disent toutes la mort de César : photos immenses, passants qui s'attardent…

11. (RÉTROSPECTIVE) DANS LE BUREAU DE CÉSAR : César dit à Brutus à quel point il met sa confiance en lui… Brutus argumente en termes « républicains » : César, autocrate mais paternel, lui parle de ses projets d'avenir et même de son désir ardent que Brutus lui succède. Lui seul, dit César, peut continuer dignement

son œuvre et ne pas traîner le pays dans l'anarchie... Il le considère comme son fils adoptif...

12. (SCÈNE FILMÉE) DANS UN TAXI : Pendant que le taxi roule dans les rues de la ville, le chauffeur synchronise son poste de radio. Un autre bulletin de nouvelles révèle les progrès de l'affaire et ponctue la course dans la ville du thème obsédant auquel Brutus ne peut plus se dérober...

13. (RÉTROSPECTIVE) DANS LE BUREAU DE CÉSAR : Reprise de la fin de la scène onze dans les mêmes lieux. Les dernières phrases de la scène onze sont redites textuellement. Puis César continue sur un ton confidentiel avec Brutus, quand un messager ou le téléphone l'interrompt. César doit faire une déclaration rapide devant les journalistes qui l'attendent, au sujet de cette rumeur qui veut que César promulgue la dissolution des chambres à la session d'aujourd'hui... Brutus l'accompagne dans le corridor...

14. (CONTINUATION) DANS LE CORRIDOR : Brutus convainc facilement César de venir rencontrer les leaders du parti républicain, Cassius et les autres, au sujet d'un point précis. César accepte, prie Brutus de l'attendre à la porte de la salle des conférences de presse. Cassius, qui les suivait, échange quelques mots convenus avec Brutus... On entend, en second plan sonore, quelques extraits de la déclaration de César... Puis il sort, rejoint Brutus. Les deux continuent ensemble dans le corridor, escortés de journalistes qui quittent rapidement. Cassius et quelques conjurés rejoignent César et Brutus et se dirigent vers la

salle du parti d'opposition. Le groupe pénètre. La porte se referme... (Déroulement identique à celui des scènes un, deux et trois). Le meurtre de César se déroule une seconde fois : l'action est la même mais le drame est grandi, amplifié par toutes les significations nouvelles qui ont été révélées depuis le début... Brutus tire. César : « Toi aussi mon enfant ! », puis il s'écroule...

15. DANS LA MAISON DE SERVILIA : Brutus entre. Servilia lui demande : « Pourquoi reviens-tu ?... » Elle lui dit que Cassius le cherche, l'attend chez lui en ce moment ; Brutus dit qu'il s'y rendait, puis qu'il a changé de direction pour retrouver Servilia... et lui demander pardon, lui parler encore. Brutus décrit en termes désespérés la situation actuelle dans laquelle il se trouve : Marc Antoine a pris le pouvoir ; ses jours à lui sont comptés... Il téléphone chez Cassius : quelques phrases brèves puis il raccroche. À Servilia : « Il me reste quelques heures... » Après, Servilia, mise sur la piste du doute, questionne Brutus, tente de lui faire dire qu'il n'a pas tué César : mais il se dérobe maladroitement. Elle ne peut s'empêcher de le questionner, en disant que ce serait affreux : César, son propre père... Finalement Brutus dit que oui. Le téléphone de nouveau. Brutus a peur, demande à Servilia de ne pas répondre. Servilia se lève, y va quand même. La caméra suit Servilia. Elle répond ; c'est Portia, la femme de Brutus, elle lui dit qu'il est ici, etc. Puis un coup de feu retentit dans la pièce. Servilia se retourne, lâche le combiné... Brutus gît inanimé au milieu du salon, un revolver à la main. Au-dessus de lui, sur l'écran de télévision, l'image de Marc Antoine, en gros plan, qui,

dans un discours solennel à la nation, fait l'éloge de César... Les titres se déroulent sur cette image.

La scène du lit[1]

PROJET TV
(1969-1970)

Laval, le 19 décembre 69

Cher Comte,

re : J. Feliciano[2]

Cette lettre n'a, bien sûr, rien à voir avec le grand Feliciano sur qui tu craches avec tant de morgue... J'ai pris en considération l'hypothèse formulée l'autre jour (fin de ta grippe...) et je me suis appliqué à trouver une raison consistante au fait que la vedette, celle de *LA SCÈNE DU LIT*, fasse des appels téléphoniques à « personne[3] »... J'ai débouché sur les trois pages que je me permets de joindre à la présente missive par voie de brochage pur et simple.

Admettons que cela te fasse titiller un peu... Eh bien !, tu prends ton combiné vert sombre et tu composes soigneusement le numéro suivant : 358-3495[4]... Si tu procèdes vers les dix-neuf heures trente, tu me trouveras sans faute au bout du fil...

Sois heureux, en toute amitié...

Hubert

La scène du lit
(1re version)

Scénario de SMASH[5] (SC. d. l.) :

d'abord établir que le jeu n'est pas un jeu (on ne joue pas avec l'amour disait A. de M...[6])

il s'agit plutôt d'une scène importante d'un téléthéâtre (la sc. du lit) ; mais, fâcheusement, il se joue une sorte de jeu télévisé dans le studio voisin... ou quelque idiotie du genre ! Tout de suite, on mesure (j'ose croire...)

d'autres personnes finiront donc par encombrer considérablement le studio de TV où doit se tourner cette scène délicate où deux comédiens (jouant deux personnages) s'aiment sur un lit devant des cameramen et autres techniciens : la scène n'est pas vulgaire, mais quelques allusions bien placées à la philosophie du lien amoureux dans l'œuvre du Marquis[7] feront comprendre aux initiés qu'il s'agit peut-être d'une vaste entreprise de noircissement de la rose des champs invisible et couverte de..., telle qu'elle se dresse encore au milieu du champ dévasté de la conscience... (La théorie du champ de conscience et de ses corollaires objectifs doubles est empruntée aux finasseries du grand H. Sigerist [Leipzig[8]].)

quatre-vingt-dix minutes bandantes de texte, des solutés obscurs de la camera obscura, quelques inventions coprophiliques et c'est dans le sac !

*   *
*

La scène du lit
(dans un studio de télévision)
(2ᵉ version)

1. La comédienne-vedette communique avec quelqu'un… (qui n'existe pas !) Mais ses déplacements
vers le téléphone sont ostentoires, théâtraux…

2. D'autre part, le réalisateur de l'émission a une
liaison avec elle — ou tentera de la séduire au terme
de la répétition…

3. Les seules possibilités de logique interne d'une
situation semblable ne peuvent que tourner autour
d'une névrose quelconque — érotomanie, mytho-
manie… etc…

4. Établir les manifestations de cette névrose : comment ? en procédant par petites approximations,
échos, gestes obsédés, volubilité maniaque de la
vedette, usage excessif de stimulants amphétami-
niques et quoi encore ?… Elle se comporte comme
une personne légèrement débalancée, fébrile, toujours tremblante, incapable d'entendre des bruits
autour d'elle, incapable surtout de se concentrer et
(à la limite) de se remémorer correctement le reste
de la scène du lit… Et son déficit amnésique est si
marqué (et accompagné d'une série d'autres signes
manifestes) que cela constitue le facteur déclen-
chant de l'action, soudain brutalement dramatique,
qui l'opposera au réalisateur…

5. Que la vedette fasse soudain, sur le plateau, une
exhibition monstrueuse — ou une crise[9] —, cela
arrangerait la composition de cette scène du lit ;

n'est-ce pas d'ailleurs plausible ? L'excès de tonus artificiel maintenu par elle (à cause des stimulants...) la confine à une sorte de bouffée pseudo-délirante ou à la crise physio-psychologique, laquelle comporte une sorte de progression inquiétante, puis un climax désordonné qui l'abat complètement. Elle s'écrase par terre, incapable visiblement de travailler... Alors le studio se vide. Et le réalisateur de TV (ce monstre) veut profiter de l'état morbide de la grande vedette... Scène pénible : il reproche à la vedette d'avoir fait une exhibition outrancière, de mauvais goût... et d'avoir presque ruiné son émission... Elle n'est plus capable de continuer ; elle n'a même pas l'audace minimum de l'affronter, de lui rétorquer avec vigueur, elle est toute relâchée...

6.   Comment finir autrement que sur cette possibilité d'échec de la représentation TV — qui n'exclut pas que l'amour des deux (elle et lui) sorte triomphant de cette épreuve (frustrante à certains égards, même dégradante...) ?

7.   Donc, l'œuvre demeure ouverte[10], en dépit de tout, ouverte à cette possibilité de récupérer tout ce qui (dans la première partie — quarante-cinq minutes) paraissait perdu. Car, dans cette partie I, l'échéance implacable de la représentation était apparemment le seul but qui créait une tension à tous. Dans la partie II, le déroulement dramatique fait se déplacer le cadre de cette « scène ». Le spectateur assiste à une émission qui, en cours de route, est décentrée comme une photographie qui, bien prise, subirait

par la suite ce décentrage dramatique — dont je ne ferai pas ici l'éloge (bien que le décentrage, chacun le sait, caractérise la modernité la plus audacieuse...)[11].

le 28.1.70
11h45

* *
*

(3ᵉ version)

— Déplacement de l'action vers Buffalo, à la Lockwood Memorial Library et à la SUNYAB[12] (idem que Chicago, mais moins venteux) :

— Au lieu de se référer à l'Enfer dantesque, les personnages se smashent[13], avec jubilation, à propos des lettres de condoléances écrites par Italo Svevo à d'Annunzio[14]... ;

— Les lettres de condoléances, c'est à mourir de rire... !

22.1.70

* *
*

Point de fuite

(4ᵉ version)

— La scène du lit (séparé) se détraque autant que notre premier projet de SMASH ;

— Les sentiments dégringolent et ce processus de désintégration se traduit dans la transmission électronique ;

— Étude sur le stress de l'enculade...

LA SC DU LIT (re-re-revisé et incomplète...)

1. blocage vedette féminine... mystère...
2. vedette téléphone...
3. téléphone-refuge...
4. il n'arrive rien pendant qu'elle téléphone (vide sur vide...)
5. retour de la vedette...
6. reprise de la séquence...
7. en décolletant la vedette, on voit les bleus qu'elle a sur la poitrine.
8. téléphone-refuge-féliciano...
9. blocage de la vedette

    (la scène du lit n'aura pas lieu...)
10. retour sur le plateau ; impatience du réalisateur...
11. gros plan veut dire dévoilement des bleus mystérieux...
12. un bleu est un bleu...

13. un rien a empêché le tournage

14. le tournage reprend et s'arrête encore...

15. repos : téléphone-refuge (bleus en trompe-l'œil...)

16. scène hors du plateau entre vedette et réalisateur... (re : bleus...)

17. mais il faut reprendre, tourner, etc.

18. un chaînon manque à l'ordre sériel du drame...

19. lequel ?

20. page suivante :...

21. la vedette maquillée sur la poitrine (utiliser une autre couleur que le bleu...)

22. crise de larmes de la vedette...

23. le texte, voilà : elle a oublié le texte pendant ce texte (comme tout le monde d'ailleurs) et s'applique à le ré-apprendre par cœur...

24. reprise de l'impossible scène du lit

25. la vedette cafouille ostensiblement

26. cela devient absurde, odieux, révoltant...

27. the show must go on... (Virgile l'a dit)

28. le réalisateur tente d'apaiser la vedette devenue légèrement excédée...

29. la poitrine doit être bien exhibée par l'échancrure de la robe (que la vedette refermait inconsciemment...)

30. l'échancrure devient le nœud symbolique du drame, car plus l'échancrure est grande, plus

elle révèle la profondeur et la gravité des états d'âme de la vedette

31. quelques millimètres de plus et un autre bleu plus secret apparaît sur le moniteur incorporé à la caméra de télévision

32. cette petite image visible sur un minuscule moniteur de caméra devient le centre total (et flagrant, pourrait-on dire…) de l'image qui serait présentée au téléspectateur…

33. continuer de la sorte…
(jusqu'à # 69, la fin
étant écrite sur # 70)

8.2.70

Table tournante
(1968)

TABLE TOURNANTE a été créé à Radio-Canada, dans le cadre des *Beaux Dimanches 68*, le 22 septembre 1968[1].

Un mot de l'auteur

Pour moi, bien sûr, ce texte n'est que l'ombre d'une émission de télévision en couleurs qui s'est déroulée, pendant quatre-vingt-dix minutes, un dimanche soir, le vingt-deux septembre 1968. Cette ombre typographiée (l'encre est noire, n'est-ce pas ?) a-t-elle un sens ? Oui, sans doute, car elle révèle que j'ai, à l'occasion de ce texte, aimé faire rendre au petit écran tout ce qu'il peut avoir de spécifique : un spectacle à la fois éblouissant et dépourvu de toute théâtralité. Et cette idée que je m'étais faite d'une émission de quatre-vingt-dix minutes, je la partageais entièrement avec Louis-Georges Carrier, le réalisateur.

Je crois savoir que notre entreprise commune n'a pas été reçue comme quelque chose de tellement nouveau. Pourtant, je sais que certains téléspectateurs ont subi le choc d'une révélation.

Il peut être difficile, du point de vue du spectateur, d'apprécier la qualité d'un spectacle vide et sciemment organisé comme tel par ceux qui l'ont composé. Cette forme vide ne nous paraissait pas sans séduction. (Ensuite, je suis tombé sur cette phrase de Jorge Luis Borges que je m'empresse de reproduire ici : « Les Maîtres du Grand Véhicule, nous dit le grand écrivain argentin, enseignent que la vacuité est l'essentiel de l'univers. ») Une représentation dite « dramatique » remplie — pour ainsi dire — de vide, c'est ce que nous avons tenté de faire avec TABLE TOURNANTE, non sans y introduire quelques clins d'œil au public avec qui il nous importait d'établir une situation de jeu.

Quelques mois plus tard, dans une autre émission, nous avons tenté de serrer un peu plus le jeu, de lui donner une allure plus rythmée, un ton légèrement plus grave, et cela, en faisant de ce jeu le seul et unique thème de l'émission en question. Mais, comme disait l'autre (Magnant ou Ghezzo-Quénum, je ne sais plus) « on ne joue pas avec le public ! ». L'autre avait probablement raison, car la seconde émission (sous forme de texte seulement, donc : non enregistrée) a été reléguée dans un placard ; mais le drame (c'est le cas de le dire), c'est qu'on ne sait plus lequel au juste...

Maintenant — il faut bien que je me le répète — me voilà confiné à écrire sans joie des textes sans images, des histoires plus ou moins continues, des intrigues plus ou moins aveugles, si l'on peut dire ; et je renonce — comme on se met entre parenthèses — à la jubilation et au plaisir qui ont accompagné la conception, la mise en forme et la rédaction de TABLE TOURNANTE.

Quand je cherche, selon un schéma de cohérence interne (schéma oh ! combien cher aux critiques…) à établir des rapprochements entre TABLE TOURNANTE et TROU DE MÉMOIRE ou PROCHAIN ÉPISODE, j'ai l'impression de vouloir concilier un théorème de Spinoza avec un concept de Husserl ou, mieux encore, d'appliquer la théorie de la mécanique ondulatoire à la physique aristotélicienne… Je pourrais ainsi, comme pour m'amuser, multiplier les exemples du genre. Le fait est qu'il y a un écart considérable entre TABLE TOURNANTE et TROU DE MÉMOIRE, roman que j'ai terminé quelques mois seulement avant d'entreprendre le texte pour la télévision.

Comment expliquer qu'il y ait, entre TABLE TOURNANTE et TROU DE MÉMOIRE, une distance telle que je ne saurais la décrire autrement qu'en me référant à une notion de géométrie d'Euclide : l'asymptote ?

Maintenant que j'ai posé la grosse question et que j'ai confessé ma non-cohérence interne, je peux, tout aussi bien, faire une pirouette — privative pour le lecteur — et lui relancer *illico* le problème… Car, si je puis dire, c'est son problème plus encore que le mien. Pour ma part, il y a belle lurette que j'ai choisi de me mouvoir en dehors de la géométrie euclidienne et de fonctionner selon les lois hautement indéterministes de Riemann. Dès lors, je n'ai plus qu'à réaffirmer le droit inaliénable des écrivains à orbiter en secret et comme bon leur semble. Vous m'avez donc compris : ce principe « riemannien », j'en suis sûr, est admis par tout le monde.

Il est inconvenant de finir sur une note aussi affligeante, j'en conviens. Qu'il me soit donc permis d'évoquer la fierté que j'éprouvais, le 22 septembre 1968, d'avoir réussi à produire une émission dramatique vide de tout drame, une forme[2] sans contenu ou plutôt : une forme avec un pseudo-contenu, sans déroulement logique et, à la limite, très loin de la vraisemblance. Pour moi, ce fut une expérience joyeuse, allègre, libératrice, presque vertigineuse mais combien euphorique. Depuis, le tube cathodique s'est remis à diffuser bien d'autres émissions toutes plus signifiantes les unes que les autres, toutes plus cathartiques les unes que les autres, certaines étant aristotéliciennes à mort ! D'autres un peu moins… et cela est tant mieux ; je veux dire qu'il est préférable de s'éloigner un tantinet des grosses trappes de la dramaturgie !

Un drôle de souvenir...[1]

15 janvier 1967

Ce roman — que je suis en train de finir — a une finalité :
il a été écrit pour tromper la police et le public au sujet de
la disparition de Pierre X. Magnant[2] (hypothèse de son
pseudo-suicide...) afin de lui permettre de ressusciter
clandestinement et de travailler à la révolution.

19 janvier 1967

Je suis sur le point de boucler la boucle : P. X. Magnant
est l'auteur et l'éditeur de ce *TROU DE MÉMOIRE*.
R. R.[3] est violée à Lausanne ; à Montréal, elle découvre
qu'elle est enceinte... de qui ?

Plan partiel de *L'Antiphonaire* [1]
(Mai 1969)

I — Introduction de l'auteur
(théorie du roman de H. A.)
(placer à la fin) ?

II — Plan de l'ouvrage (schéma fait par l'auteur).

III — La femme (Jeanne) : considérations sur le XVIe siècle.

IV— Suite : début du roman impliquant le personnage masculin (W. Herbert) : début brusque.

V — Jeanne reprend le thème et varie, changeant de gamme, de tonalité, de registre, d'instrument, de points de référence... Tout se déporte et s'emmêle dans les portées musicales (du chapitre précédent) qui contenaient la description de la crise du fait même qu'elle était décrite par celui qui la subissait. Maintenant (repris par Jeanne) cet événement est comme assumé avec une autre ferveur, un élan intense — celui de l'amour interrompu si tragiquement par l'apparition de cette crise...

VI — *Flash Back.* — Jeanne et W. Herbert Jutland[2] se prélassent quelque part en Californie[3] : ils sont en vacances, ils se promènent dans un champ — fondu enchaîné : ils continuent sur une plage de Santa Monica, puis plus au sud : près de San Diego...

VII — La plage de San Diego... une route vicinale près de Turin au XVIe siècle : une jeune fille (Jeanne)[4] va porter à un imprimeur turinois le manuscrit d'un célèbre docteur dont les ouvrages ont été interdits en France... ou alors : ce serait un penseur comme Calvin... Elle a pris livraison du précieux colis deux jours plus tôt près de San Bernardino, village italien situé en bordure de la Méditerranée... Celui ou celle qui lui a remis le manuscrit n'a pas dit un mot et il a tendu un papier sur lequel l'auteur du livre avait lui-même consigné quelques indications pour le voyage à Turin, ainsi que l'adresse exacte de l'imprimeur : Calle Santa Clara, 19, Turino[5] (en prenant par la route qui va de Turino à Siena, environ 7 ou 8 milles...) Elle tombe évanouie d'épuisement et se réveille alors qu'il fait nuit : elle est sur le bord d'un chemin terreux, elle tient toujours son paquet... À chaque secousse, elle s'interroge avec une sorte de terreur. Et les secousses se suivent assez vite ; elle ne comprend pas. Cela ne lui est jamais arrivé : elle n'a jamais entendu parler de cette affection... C'est peut-être la folie qui s'empare de la femme, parcourt son corps. Elle se croit possédée... elle recommence à trembler comme tout à l'heure, son corps obéit à des mouvements répétés de torsions du côté gauche... Le monde vacille ; Jeanne entend une calèche venir sur la route, à grand fracas... De peur qu'on la surprenne et qu'on la considère comme une folle à emprisonner, elle se dirige vers la forêt... hantée par la peur, secouée de plus belle... puis, titubant, elle voit une grande flamme et s'écroule en se mordant la langue... Quand le jour se lève, elle se trouve blottie contre un arbre, tenant son manuscrit sous sa jupe... Elle a bien encore de petites secousses, mais si petites et si espacées l'une de l'autre que Jeanne se sent infiniment plus sûre d'elle-même... Elle se met debout... puis, un vertige soudain lui révèle qu'elle est encore très faible : elle a le sentiment d'une très grande faiblesse... Elle se rasseoit [*sic*] à nouveau, par prudence ; puis elle se met à pleurer doucement... Restant ainsi à rien faire (attendant que ses forces reviennent magiquement), elle sort le manuscrit de sous sa jupe rugueuse... et se met à le feuilleter...

VIII — La chambre d'hôtel à San Diego : le couple y monte après avoir pris le repas du soir... fatigué, las. Elle s'étend sur le lit avec son cahier à feuilles volantes et elle prend des notes en tenant dans une autre main un livre qu'elle est en train de lire. Titre : THÉORIE DE LA RELATIVITÉ EN ART MODERNE, par Adams Schacter, Jr[6]. En fait elle est rendue au chapitre de l'ouvrage qui traite de l'expression (équivalente) en musique du continuum einsteinien... redondance, imprévisibilité, quantification des stimuli, expérimentations déjà faites (citer Moles), ouverture de l'œuvre musicale[7]... William, impavide, se rend sur le balcon qui donne sur la crête des contreforts de la Sierra Nevada...

Il semble calme... Tout ce séjour en Californie lui apparaît à la fois comme bienheureux et semblable à un cauchemar par certains aspects... Les premiers signes se montrent : il ne veut pas y croire, il conteste leur validité de signes prémonitoires... Une chaise est là : il s'y jette...

IX — Jeanne (ignorant ce qui se passe à deux pas d'elle) continue de rédiger sur son cahier quelques notes sur les connaissances physiologiques des gens du XVIe... Selon des proverbes qui remontent aux objurgations de Pline, il faut cracher trois fois pour conjurer l'épilepsie et ainsi de suite : vieilles coutumes médicales, pratiques anciennes, idées vétustes... Elle continue la lecture de son ouvrage...

X — À Montréal, dans le premier appartement qu'ils ont occupé une fois mariés... William — tout guilleret — raconte ses exploits sportifs sur les pentes de ski du Mont Orford... Il se réjouit de l'approche de l'été qui lui permettra de se remettre au tennis, sport de prédilection... Des amis (un autre couple) sont avec Jeanne et William : ils sont en train de terminer l'excellent repas que Jeanne leur a servi... La conversation établit plusieurs détails de la situation des uns par rapport aux autres : postes, travail des deux maris, relations d'amitié, etc. depuis combien de temps... Le vin... un vin rosé de la région de Turin... William le verse abondamment, puis, les yeux soudainement exorbités, il bascule de tout son corps vers l'arrière — répandant le vin turinois sur le tapis du salon là où est dressée la table du dîner...

l l'entraîne à boire démesurément ; elle boit,
bondance sa nuit dans un bosquet (sans spéci-
e qu'elle a éprouvée dans tout son corps...). Il
e d'où elle vient ; elle vient de Brescia, de
vres qu'elle a fuis alors qu'elle avait dix-sept
e qu'ils étaient affreux... Il cherche (tendre-
prendre plus, il la fait parler de son enfance
e ce qu'elle a fait par la suite, de ce qui l'a
aire de la contrebande de manuscrits et de
a France et le Piémont... mais elle est un peu
le parle de sa cousine Laura avec qui elle a
voir quitté Brescia... puis, lasse, se coupe
sse échapper au hasard un prénom mascu-
ndort d'épuisement sans même pouvoir ter-
se qu'elle a commencée... Là se situe une
able : l'imprimeur, enthousiasmé par la
eune fille, semble tomber amoureux d'elle,
e, il est émerveillé... mais aussi, il passe
initiative de séduction : cela peut paraître
gnoble que la jeune fille est endormie ou

QUES FORMELLES EN CHEMIN :
rendre les niveaux historiques trop égale-
llèles ;
— en passant de l'un à l'autre — escamo-
s scènes importantes ;
, la composition doit se détraquer : une
ntagion frissonnante fait se fondre, avec
et désordre, des intrigues distinctes
loignées l'une de l'autre dans le temps :

XI — Perspective de William : les autres, les amis invités
par Jeanne et lui, les plats, les propos qui précèdent (dans
X), réitérations, distorsions, fragmentations, mots, phrases
déchirées... puis, ce vin de la région de Turin
(Pontassieve, exactement...), région qu'il ne connaît pas,
qu'ils n'ont pas visitée, Jeanne et lui, lors de leur voyage
en Europe l'année précédente... Ils avaient parcouru une
grande portion de l'Europe septentrionale depuis
Rotterdam — puis : Amsterdam — Anvers, Bruxelles,
Mons, Lille[8], (l'auto avait été louée à Amsterdam...)
Comme si son propre souvenir de ce voyage se détraquait,
les chaînes toponymiques européennes entrecroisent des
chaînes de noms québécois — ces derniers évoquant —
pour un lecteur — des itinéraires cohérents vraisemblables... puis, comme par contagion, les noms défilent selon
des séries aberrantes reliées nullement entre elles, et
comme secouées (les séries) par une suite d'ondulations
ultra-rapides... les paroles se mêlent aussi à ce tourbillon
déchaîné qui semble menacer de s'abattre sur William...
puis, lente et précise description interne de ce qui est en
fait (on le saura plus tard seulement) sa première crise...
sa première vraie crise... Il tombe à la renverse... dans le
coma... le corps rigide et rendu insensible par la crise
elle-même.

XII — Continuation de la description de la crise de
William... mais avec alternance entre sa perspective interne et la perspective externe de Jeanne... Elle croit au
pire : infarctus, indigestion aiguë, surmenage, dépression,
attaque... La scène entière — tout le chapitre — doit
pivoter autour du corps rigidifié de William étendu en

travers du salon, saignant à la commissure des lèvres et à la tempe (où il s'est frappé dans sa chute brutale)... Elle parle avec l'ami Robert Bernatchez — depuis longtemps ami intime de William... L'on doit comprendre soudain que, non seulement il a été intime de William, mais qu'il a probablement connu Jeanne quand ils étaient aux études... voire : qu'ils ont eu une liaison rompue par Jeanne après la rencontre de William... Lui est avocat en droit corporatif...

XIII — La jeune Italienne (porteuse de manuscrit) ne comprend pas grand-chose au manuscrit qu'elle parcourt quand même avant de prendre la route à nouveau... Elle lit en épelant à haute voix le texte écrit en latin vulgaire (ou en français d'époque — farci de maximes latines...) La description du mal comitial y est faite avec les moyens poétiques de l'époque... tout un fouillis de notions théologiques, philosophiques et d'observations pratiques et de références aux anciens...

XIV — Scène chez l'imprimeur de Turin qui s'énerve parce qu'il n'a pas encore son manuscrit et qui commence à édifier des hypothèses concernant sa disparition, son vol, le drame que cela représente...

XV — Robert Bernatchez (à son bureau à Montréal) fait un appel au domicile de Jeanne et William... Il recommence... Puis machinalement, il fait un appel à sa femme : conversation banale, puis il est question de William qui, lui apprend sa femme, est parti en vacances en Californie avec sa femme... Où ?... Elle ne sait pas exactement...

Elle n'a reçu qu'un mot (c
route... de Colorado Spring
autre amie au courant de la
et de William ; Robert lui d
Sa femme (un peu troublée
vainc en invoquant un ar
travail... Il la rappellera..
sa femme rappelle : elle

Robert Bernatch
Hillcrest à San Diego. Pu
il ne peut pas... Ce n'
expédie les affaires cou
oublier sa peine au bar
fréquenter...

XVI — La jeune Ital
meur, de nuit, alors q
lier... Il lui ouvre...
fabriquer une contre
manuscrit... Il est
abondent, non les r
le gîte dans l'impr
court sur les rout
feuilleter le manus
il en est ravi... I
croûte avec lui ;
(contiguë — véri
il revient avec d
l'imprimeur et l
avec une sorte
rades (comme

fance)...
raconte d'
fier la cris
lui deman
parents pau
ans... parc
ment) à en
à Brescia,
conduite à
livres entre
réticente ; e
vécu après
parfois et la
lin... Elle s'
miner la phra
scène abomin
beauté de la j
il la contemp
soudain à une
d'autant plus
somnolente...

(REMAR
— ne pas
ment par
— ne pas
ter ainsi le
— à la fin
sorte de co
confusion
nettement é

une sorte de sombre désordre doit se propager et rendre indiscernables les différents niveaux historiques, ainsi que les différentes histoires des personnages, ainsi que l'identité des personnages... Je ne dis pas qu'il faut donner nécessairement beaucoup d'extension à cette phase confusionnelle terminale ; mais simplement qu'il faut — quand on lit ce roman — avoir soudain le sentiment que l'ordre et l'écartèlement temporel sont subitement pulvérisés — faisant place, alors, au pire désordre imaginable... Et si possible, tout finir en queue de poisson...

XVI (suite)... L'imprimeur dévêt la jeune fille ; au dernier moment, alors qu'il allait profiter du sommeil de sa partenaire de hasard, celle-ci sort de sa torpeur, se débat, tente de repousser cet inconnu... Mais il ne l'écoute pas : et entre en elle, il tente alors de la convaincre de son amour... lui promettant monts et merveilles : lui promettant de la prendre officiellement comme messagère au service de son imprimerie... Elle résiste : et cette étreinte improvisée prend les allures d'un combat... L'imprimeur plus fort tient sa proie qu'il oblige au silence... puis, il arrive à son orgasme... Il retombe, épuisé, sur elle, somnole quelques instants... Puis, elle — réveillée — semble en proie à une crise comme elle en a subie l'autre nuit dans un bosquet : elle est tout en nage, elle semble soulevée par des décharges électriques aussi brutales que rapprochées l'une de l'autre... Ayant peur, l'imprimeur s'éloigne un peu : il la regarde se débattre avec son démon intérieur... Il a peur ; il se rhabille et tente de la ramener à la raison — croyant qu'elle a un cauchemar...

mais il a peur... Il a des gestes hâtifs pour la revêtir tant bien que mal quand sa femme fait son apparition dans l'atelier de l'imprimeur : elle a entendu des cris qui l'ont éveillée... elle survient alors que son mari est dans une position suspecte... Il est à genoux près de la jeune fille et tente de caresser son clitoris alors qu'elle est dans le plein coma du haut mal... et que, les yeux révulsés, elle semble revenir à la conscience... Aussitôt, elle lance un cri plus perçant encore en voyant son agresseur penché sur elle... Et elle tente de se relever... Mais, il la retient étendue sous sa pression... Et sa femme, derrière lui, lui assène un coup avec une planche de plomb (caractères d'imprimerie groupés : trouver termes d'époque...) Il tombe aux pieds de la jeune fille, assommé, sans connaissance : la jeune épouse s'adresse à la jeune fille inconnue... et celle-ci lui raconte tout ce dont elle se souvient... L'agression, puis la perte de mémoire (absence), puis — combien de temps après ? — alors qu'elle était étendue par terre à son réveil, puis l'apparition de l'épouse... L'épouse et la jeune fille fraternisent...

1) William — Jeanne — Robert — Louise
San Diego — Montréal
(1970)

2) La jeune fille — l'imprimeur — l'épouse
Turin — Pontassieve
(16e s.)

3) L'auteur du manuscrit
Bâle — Zurich — Neuchâtel — Lille
(16e s.)

SUITE DU PLAN :

XVII — Le courrier provenant d'Italie à Bâle : l'auteur (une sorte d'Érasme — exilé) est préoccupé par l'absence de lettre attestant que son manuscrit précieux est bel et bien parvenu à destination... Il attend une lettre de l'imprimeur de Turin... lettre qui est prévue et convenue dans ce genre de transaction... L'auteur est un Français de la région de Lille (Calvin)... forcé d'émigrer par des pressions cléricales... Être austère et morose, il se désole sur les quais de [*sic*] Rhin à Bâle, errant tout au long des journées... ne sachant plus que penser... Il porte, avec lui, un carnet de papier et un porte-plume (et un petit encrier) : quand il veut écrire, il s'installe sur le parapet des quais ou sur un banc, et il sort tout son attirail... La tristesse de l'auteur... tædium vitæ... il décrit son état d'âme avec une grande précision : il croit, de plus, remarquer que le climat — soit : la température (ciel lourd, humidité) — agit sur sa mélancolie, comme on dit couramment que le fœhn est un vent dépresseur... Et il continue ainsi, faisant des stations à plusieurs endroits dans Bâle... puis, quelques jours après, partant à pied vers Zurich et Neuchâtel (direction Gothard), il continue son JOURNAL qui contient pensées, méditations, observations sur les problèmes de la figuration optique, ainsi que des observations des spectacles qu'il voit dans les rues de Bâle, Zurich et divers petits villages suisses... Les gens, les mœurs, les types de maisons, les parlers, les mimiques, les aspects pittoresques aux yeux de quelqu'un originaire du nord (LILLE)...

XVIII — FONDU ENCHAÎNÉ DE XVII À XVIII: ...et Jeanne, à San Diego, — quelques siècles plus tard — continue de lire ce journal d'Estienne LeBon (réédité en 1968[9]) en y intercalant ses propres réflexions, doublant ainsi le texte original d'un prolongement irrégulier, libre, qu'elle invente en cours de lecture... et d'autant plus allégrement qu'elle a visité cette partie de la Suisse parcourue déjà par l'auteur du journal...

XIX — FONDU ENCHAÎNÉ DE JEANNE (SAN DIEGO) AU PROMENEUR SOLITAIRE (XVIe siècle)... Il s'est arrêté au village de Kloten pour la nuit : il est à l'auberge où passe le courrier pour Bâle... Rien qui lui était adressé en provenance de Turin... Il regagne sa chambre, fait ses bagages (peu) et reprend la route à pied... Il fait étape vers dix heures du matin quand le soleil tape très fort sur la tête : il se met à l'ombre d'un grand chêne... Il repense à son livre ; et un chapitre lui revient à la mémoire... Il s'empresse de le noter... Puis, après un effort de rédaction soutenu, il s'endort sous le feuillage déployé de l'arbre... Et, peu de temps après, il est attaqué par des brigands — ce qui le réveille brutalement... Quelques heures plus tard, au même endroit — désespéré, vide, ahuri — il reprend son journal... Considérations sur le comportement pathologique des brigands... Œdipe attaquant le cortège de Laïus lui revient à l'esprit...

XX — FONDU ENCHAÎNÉ DE L'AUTEUR (XVIe siècle) À JEANNE (SAN DIEGO)... Elle vient de lire ce passage avec beaucoup d'intérêt ; elle se retourne, tenant le livre dans sa main droite, puis — en tournant — reçoit un coup de poing brutal de William... qui, les yeux révulsés, se tient devant elle, habité par un démon intérieur... Il tente à nouveau de l'atteindre — cette fois alors qu'elle lui tourne le dos, car elle est ployée de douleur sous le premier coup... Il la frappe dans le dos, à la hauteur des reins... Elle le supplie de s'arrêter... Il frappe erratiquement, sans toucher Jeanne : mais sa fureur — comme son état d'ébriété — ne fait que se dégrader et que s'accroître en intensité... Il donne des coups de pieds dans les meubles, il cherche à frapper Jeanne qui, plus sûre de ses moyens, réussit à l'éviter, puis à le frapper sur la tempe avec un cendrier : il s'écrase tout de travers en se frappant contre le lit... Il est étendu sur le sol : elle se penche sur lui, ouvre sa paupière et se précipite dans sa valise à elle où elle prend une trousse de médecin : elle en tire une seringue à injection qu'elle emplit d'un produit liquide et, aussitôt, elle se met à genoux et le pique dans l'épaule. Cette fois, elle peut respirer un peu... Elle se regarde dans le miroir : elle a une marque, une coupure sous l'arcade... Elle saigne : elle s'éponge, puis tente de masquer la blessure avec du crayon hémostatique et du maquillage... Puis, elle applique une compresse... Et elle sort son VADEMECUM : et elle fait une ordonnance pour démérol liquide (ou largactil liquide) ; elle tâte le pouls de William... et sort dans la rue... Elle l'enferme dans la chambre du HILLCREST. Elle sort dans la rue et entre à la pharmacie la plus proche : SAN DIEGO DRUG STORE.

XXI — La jeune fille italienne et l'épouse de l'imprimeur sortent ensemble de l'imprimerie. Elles se réfugient dans une auberge de Turin où la jeune épouse a une sœur qui travaille comme gérante... La jeune fille a repris possession du manuscrit — sur le conseil de la jeune épouse qui compte ainsi le monnayer contre de l'argent sonnant... La jeune épouse sait lire le latin... De plus, elle est la nièce du curé de Santa Maria sopra Minerva qui, lui, incarne bien l'homme cultivé du 16e siècle... Il confisque l'ouvrage à sa nièce sous prétexte qu'il ne faut pas lire cet ouvrage trop savant... etc. Et elle se confesse : elle raconte tout... et que, toutes deux, elles ont tué l'imprimeur...

XXII — Jules-César Beausang a repris la route : il arrive maintenant par des sentiers à Bienne, sur le Lac de Bienne. Il contourne ce lac, pâmé devant sa splendeur... gavé de tant de beautés naturelles... À Bienne, il finit par rencontrer le médecin officiel devant qui il se présente, comme confrère, pour lui emprunter de l'argent — quitte, propose-t-il, à ce que J. C. Beausang l'assiste dans la pratique... Car il n'a plus rien, etc. L'autre (avec qui il jargonne en latin) accepte la proposition, mais il ne peut pas tellement avancer à son collègue... Puis, dans le journal de J. C. Beausang, on saute quelques jours et il raconte par le menu les malades qui défilent au bureau du médecin suisse... (Il le croit lucianiste de conviction — donc : luthérien / lui étant calviniste...) Quelques semaines plus tard, il est toujours à Bienne, mais Beausang ne s'entend plus avec l'autre médecin : ils se chicanent constamment sur les problèmes de diagnostic ou d'étiologie ou de terminologie ou d'explication de la maladie par les causes... Finalement — dans les derniers jours — Beausang, honteux de lui-même, vole quelques herbes à son collègue, et que, par la suite, il compte bien revendre... à Genève où il a formé le projet de se rendre à la fin, mais sans en dire un mot à son hôte...

PERSONNAGES :

Christine Forestier[10] (Maureault) vingt-neuf ans, médecin

Jean-William Forestier, trente-quatre ans, courtier en valeurs

Robert Bernatchez, trente-deux ans, avocat (corporatif)

Suzanne Bernatchez (Johnson), vingt-huit ans, anciennement au bureau de son mari

Renata Belmisseri[11], vingt ans (sans profession)

Carlo Zimara[12], trente-quatre ans, imprimeur

Antonella Zimara, vingt-cinq ans (femme de l'imprimeur)

Jules-César Beausang[13], trente-six ans, auteur de manuscrit

Abbé Leonico Chigi[14], quarante et un ans, vicaire à Turin (S. Maria sopra Minerva)

Robert Forestier, enfant né de Christine Forestier, Hôpital de Maisonneuve

AXES TEMPORELS :

1) Christine-William
Montréal 1967 et 1970
San Diego 1969

2) Renata Belmisseri
Frontière suisse-Novara 1549

3) Carlo Zimara et sa femme, plus Renata
Novara, 1549

4) abbé Chigi, à Turin (1549)
Après mort de Zimara (crime)

5) naissance et mort de Robert Forestier, 1970

Après *L'Antiphonaire*
(1969)

Le 9 septembre 1969

J'ai terminé *L'ANTIPHONAIRE* il y a tout juste huit jours ; le texte (dactylographié) est au C.L.F.[1] Je me sens vide, prédisposé — donc — à me nourrir des obsessions nouvelles associées à un futur roman. Le vide actuel ne me suffit pas ; la réalité non plus. À force d'avoir tapé à la machine si régulièrement, je me sens capable de le faire indéfiniment. Et ce projet serait concurrentiel à ma propre entreprise existentielle. Rien n'est plus vraisemblable que l'initiative que j'ai (en écrivant aujourd'hui sur ce papier) puisque je lui confère des vertus propitiatoires, presque magiques. À force d'écrire ainsi sans suite et sans logique, je vais en arriver à formuler le plan du prochain roman — à lui donner une sorte de consistance pré-gestaltique. Y arriverai-je ? Si j'y parviens — quel que soit l'effort fourni —, cela voudrait peut-être dire que j'accède enfin aux grandes récoltes de la maturité. Bientôt, j'aurai quarante ans. J'aimerais éprouver, de cet avancement dans le temps, une sorte de plénitude productive : j'aimerais écrire sans cesse (et à un niveau supérieur de qualité)

115

jusqu'à la fin de ma vie des livres faisant état à jamais de mon aventure vitale — de mon entreprise fondamentale, de mes difficultés, de mes joies et de mes triomphes. De tout ce que je comprends, aussi ; de tout ce que je n'ai pas fini de découvrir...

Temps mort
(1970)

Faire un roman qui part d'un corps que l'on descend en terre — et qui rayonne, à contre-temps, jusqu'à l'agonie qui a précédé la réunion des personnages au cimetière... Pourquoi écrire cette histoire lugubre qui se définit selon les axiomes hermétiques de Ciano (cf : théorie de la discordance[1]) ? Pourquoi ce roman dévasté, poussié-reux (*dusty*...), déprimant ? Qui hérite en fin de compte ? Qui a rédigé ce testament mensonger qui n'est qu'un tissu monstrueux de mensonges et de faux dons successoraux... ?

À faire... ?
avant de mourir.

Lettres à Louis-Georges Carrier[1]
(1952 à 1970)

Paris, le 30 octobre 1951

Mon cher Louis-Georges,

J'ai encore un an pour vérifier tes phrases[2]. Sous l'imagerie dont tu sembles habiller ta sincérité, je découvre un accent d'amitié qui me fait une grande joie. Crois-moi, je t'écoute attentivement quand tu me parles ainsi. Tu sais à quel point la conscience de soi peut être cuisante à l'homme. Plus on devient conscient, plus on s'éloigne de l'acte ; plus on en sent le poids, la gravité. Je me demande même si pour agir il ne faut pas, en un sens, confisquer la conscience, ou du moins l'arrêter à un certain point jamais ultime. Un acte est un sacrifice ; il y a tellement de choses importantes qu'il faut mettre de côté, oublier, pour agir. Plus je deviens conscient, plus l'acte à accomplir me devient un sacrifice. Tu ne saurais t'imaginer, mon cher Louis-Georges, l'intensité de la vie théâtrale à Paris. C'est vraiment la plus grande concentration artistique qu'on puisse concevoir. Je suis comme un enfant qui va s'asseoir devant les géants et qui leur dit : « Étonnez-moi »... et ils ne manquent jamais leur coup. Il y a deux

119

jours j'allais voir Barrault et sa troupe dans *Malatesta*[3] de Montherlant. Quel acteur génial que Barrault ! Il n'y a même pas une semaine que je venais de le voir dans le *Partage de Midi* incarnant un Mésa sublime, et voici qu'il incarne ce Malatesta violent, passionné, truculent, gouailleur, bouffi de lui-même ; il a le visage, la voix, les gestes les plus précis et les plus suggestifs de son éclatant personnage ; et quelle merveilleuse scène que son engueulade avec le Pape, joué par Pierre Blanchar. Et il faudrait que je te parle aussi de Brasseur qui, dans *Le Diable et le Bon Dieu*, balaie tout sur son passage, tellement il est là sur la scène, tellement sa voix génitale emplit la salle jusqu'à la faire bourdonner ; et quel morceau de théâtre que cette pièce de Sartre... Je t'envoie les saluts de Jacques Languirand, et demeure fidèlement ton ami qui voudrait bien mériter une autre lettre.

HUBERT

*   *
*

Paris, le 25 novembre 1951

Mon cher Louis-Georges,

« ...baigné dans un ennui profond, noyé dans une solitude sans borne... ». Si j'étais toi Louis-Georges, il me semble que je me découvrirais une passion secrète, assez vaste pour qu'elle ne me permette plus l'ennui, assez violente pour assumer ma rage. Une passion, la poursuite d'une extase, cela suffit pour soulever une poitrine d'homme, et ce n'est pas une fuite dans le commun, mais l'affirmation impétueuse de soi, une conquête ou une défaite, parfois une vengeance. Tu as le théâtre, mais c'est une femme de quarante-cinq ans, elle est exigeante et ne récompense pas. Pas de remède à la solitude, mais des amortissements, des distractions, l'espace d'un désir... — J'ai fait une découverte bouleversante au théâtre : c'est le monde de Henry James. La dramaturgie d'Anouilh a des moments privilégiés, des *climax* qui tournent autour de quelques problèmes d'amour et de déception. Les drames de Sartre ont des sommets de brutalité pour illustrer des solutions d'absurdité, de néant, de haine philosophique. L'univers dramatique de Henry James est celui du mystère ; il n'y a pas de *climax* dans *Les Innocents*, pas de coups de théâtre, mais une atmosphère pesante, obscure, mystifiante. Ce ne sont pas les personnages, ni surtout les acteurs qui font le cœur du drame, mais ce mystère effroyable qui plane sur tous, ce poids de l'inconnu qui devient tellement opprimant qu'on hurlerait de peur. Je ne savais pas que le théâtre pouvait rendre avec une telle acuité l'atmosphère d'un drame, plutôt que les gestes et les paroles qui en scandent le rythme. *Les Innocents* est à quatre personnages, dont deux enfants, une bonne et une gardienne ; et la nuit, qui les écrase tous, est tellement fantastique qu'on en tremble d'effroi. Quelques jours après *Les Innocents*, je suis allé voir une autre pièce de James : *L'Héritière* (*The Heiress*) avec Michèle Alfa et Monique Mélinand, mise en scène fascinante de Marcel Herrand ; l'histoire est d'une sombre cruauté. — Je n'ai pas encore eu le temps de chercher des publications sur Anouilh, de Lenormand j'ai toutefois vu *Mémoires d'un auteur dramatique* et *Souvenirs sur Pitoeff* [4] ; j'ai trouvé, toujours par incidence, une *Revue internationale du théâtre* qui semble très bien faite, Barrault y écrit ; cette revue est trimestrielle, l'abonnement annuel est de deux dollars quarante. Je t'enverrai d'autres détails quand j'en aurai. Parle-moi de la télévision.

Mes amitiés,

HUBERT

* *

*

Paris, 8 janvier 1952

Mon cher Louis-Georges,

De retour d'un long voyage dans le monde saxon[5], je trouve ta lettre bi-céphale dont je m'empresse de faire parvenir l'autre moitié[6]. Quel luxe que voyager ; j'en suis tellement grisé que je me demande comment il se fait que je supporte de demeurer quelque part. Quand donc te paieras-tu ce moindre luxe de changer de continent... — Je songeais récemment à une expérience hypnotique possible : lire ces poèmes au médium, ou lui raconter une histoire dans le style d'un conte de Maupassant.

Je t'envoie l'adresse officielle de Languirand. Écris-lui, il en a besoin, il a même besoin que tu lui parles de n'importe quoi (je suis sérieux) ; chacune de tes lettres lui sera un sol où se tenir debout, une branche à quoi s'agripper. Il a pour toi une admiration, sublimée par trois ans de séparation, poussée à bout par la solitude et le peu d'amis...

Tu bois trop, Louis-Georges, tu ne pourras plus te saouler. La réaction aux liqueurs, c'est comme la faculté d'étonnement...

Le reste suivra.

Amitiés,

H.

* *

*

Paris, le 3 mars 1952

Mon cher Louis-Georges,

Ce matin, j'ai acheté du nouveau papier et je suis retranché dans un café pour t'écrire. J'ai été singulièrement ému, l'autre jour, en lisant les premiers paragraphes de ta lettre, sur la philosophie de l'échec ; tes paroles rejoignaient en moi des états d'âme familiers, et, depuis quelque temps, je me faisais une philosophie de la consolation — contre-partie de ta philosophie !

Toutefois, il m'arrive maintenant à Paris de travailler d'une façon inespérée aux choses que j'aime ; j'ai pris un rythme de vie d'une merveilleuse et enrichissante liberté...

L'éloignement me rend indiscret ; et, souvent, je suis enclin à me demander : « Où en est-il ? Où en sommes-nous ? »...

À Paris, c'est le printemps ; et je sens que je vais doublement aimer cette ville avec qui j'ai partagé toute la gamme des émotions et toutes les espèces de solitude.

Amitiés,

H.

* *

*

Paris, le 10 mars 1952

Mon cher Louis-Georges,

Je voudrais ce soir te serrer fraternellement, et, sinon te comprendre jusqu'à pouvoir détailler tes motivations et tes vrais malheurs, du moins te sentir près, familier, présent ; il n'y aurait sans doute ni paroles exceptionnelles, ni gestes particuliers, mais pour moi une bénéfique impression de chaleur, le sentiment d'être entouré, appuyé, aimé, ce climat d'amitié dont j'ai un affreux besoin. Je ne suis pas désolé, mais désemparé ; et à lire ta lettre j'ai cru percevoir mes états d'âme quand je marche dans cet étrange désert qu'est Paris ; j'ai aussi l'impression d'habiter une immense chambre vide[7]. Je ne suis pas prisonnier mais reclus, seul mais non pas inhabité ; je me demande vers quel horizon appareiller, de quelle nouvelle façon confisquer ma vie, aux mains de qui la perdre une fois de plus... J'attends tout d'une rencontre, d'un événement, mais je ne pressens rien : si tout d'un coup rien n'allait se passer, si c'était soudain notre lot de rester devant les plaines stériles de la lucidité et du « désespoir indifférent ». Il se pourrait bien qu'Eurydice, nous ne rencontrions jamais Orphée, que nous errions toujours avec notre attente et nos espoirs précis, comme ces navires égarés qui se brisent finalement dans les tempêtes. Il faut bien qu'il y en ait des « personnes déplacées », de ces errants qui cherchent en vain leur patrie. Ces mythes émouvants

124

que nous avons inventés pour marcher dans la vie,
l'amour, la perfection, l'achèvement de soi..., ce sont
peut-être des fantômes que nous n'effleurons même pas,
et qui nous auront envoûtés...

> Life's but a walking shadow, a poor player
> That struts and frets his hour upon the stage
> and then is heard no more ; it is a tale
> Told by an idiot, full of sound and fury,
> Signifying nothing.

(Macbeth)

Amitiés

H.

*   *
*

Paris, le 29 mars 1952

Mon cher Louis-Georges,

Tes paroles me causent une grande joie puisqu'elles
sont celles d'un homme qui se libère de toutes ses fixa-
tions, qui passe outre ses fausses cristallisations de soi et
qui s'ouvre à une nouvelle perfection. Je serai d'autant
plus heureux que je te reverrai en personne et que je saurai que tu as changé, que tu t'es transformé, et il se sera
passé en toi les révolutions les plus enrichissantes et les
plus purs dépouillements. Ce doit être cela la liberté de
l'homme : le pouvoir qu'il a (mais risque toujours de per-

dre) de se transformer, de rester fidèle non pas à ses anciennes gloires mais à sa perfection future, à une sagesse toujours plus vraie. Je serai heureux de te retrouver si tu as changé, je te reconnaîtrai d'autant plus que tu auras grandi. Il n'est pas de plus grande ni de plus facile erreur que de s'arrêter sur son propre chemin, quand justement les gens autour de soi attendent que nous avancions ; il n'est pas de plus grand témoignage d'estime qu'on puisse rendre à quelqu'un que de croire en son imprévisible progrès, et il n'y aurait pas de plus grande déception que de voir cette personne s'arrêter, se fixer (toujours) avant le temps. Je crois en toi, et souhaite de tout cœur ne jamais être en mesure de prévoir ce que tu feras ; j'attendrai toujours du lendemain quelque chose que tu n'auras pas donné le jour même.

Parle-moi parfois de ton travail, de nos amis, du nombre de jours qu'il y a jusqu'à ton départ pour l'Europe, mais parle-moi de toi puisque c'est le son de ta voix que je cherche en te lisant.

H.

* *
*

Paris, le 7 avril 1952

Mon cher Louis-Georges,

Puisque nous en sommes aux précisions, en voici : tu peux décemment vivre à Paris au taux de vingt-cinq dollars par semaine, tout compris. Tes voyages vont te coûter plus cher, toutefois. Un conseil : tente d'apporter ici des dollars américains en espèces, car alors tu pourras faire un peu de marché parallèle. Ici à Paris, je ne doute pas que tu puisses te faire occasionnellement de l'argent à la radio.

Dommage que tu sois obligé de travailler jusqu'à la fin de septembre ; j'aurais aimé que nous voyagions un peu avant la grosse saison théâtrico-scolaire. D'autant plus d'ailleurs qu'au-delà du mois de septembre je ne garantis rien de mes moyens de subsistance, à moins qu'une bourse [ne] me soit ré-octroyée. Tente d'arriver ici pour le début de septembre si cela ne te coûte pas trop ; car alors c'est la très belle saison...

Apporte ici ta thèse sur Anouilh, tu pourras la présenter...

Je termine, moi, un roman dont évidemment je ne sais plus que penser[8]. Tout ceci tu verras au temps venu.

Amitiés,

H.

*   *
*

Paris, 24 avril 1952

Mon cher Louis-Georges,

Je ne sais plus si c'est d'insatisfaction ou de tristesse que tu étouffes. Tu me sembles partagé entre le désir et sa réalisation toujours inadéquate. J'essaie de deviner les actes, les situations qui t'inspirent tes réflexions — les dépouillant ainsi de leur valeur philosophique pour te voir en toute clarté, mais je n'y parviens pas…

Quand tu me parles du bonheur, j'imagine une harmonie sereine, un épanouissement reposé et généreux ; mais quand tes lettres sont emplies de mots ténébreux, je me demande en vain de quoi témoigne cette tension, je cherche quelle inadaptation se cache dans tes réserves…

Hélas, tu termines tes lettres au moment précis où tu allais me parler. Alors, je reste, comme tes lettres, suspendu sur trois points…

Mais peut-être faut-il, pour la décence, revêtir nos amours de concepts ? Ne crois pas, à mes propos, que je vis un amour que je cherche à camoufler. Ma vie est vide d'amour ; elle est soulevée de désirs flous et d'aspirations. Je me résume en attente. Je brûle.

Ton ami,

H.

PS : Je t'invite en Grèce l'été prochain ; j'y ferai un pèlerinage aux sources, à la lumière !

* *
*

Berne, le 24 juillet 1952

Mon cher Louis-Georges,

Je suis ravi de ce que mon roman* ait rencontré, en toi, une si parfaite compréhension, un écho si net et si total… Même si je me suis éloigné de ce roman, tes paroles me replongent dans la seule aventure que je vivrai jamais ! Je crains de ne jamais pouvoir écrire quoi que ce soit qui ne reprenne fatalement *Les Rédempteurs*. Prisonnier de ma propre histoire, cela me paraît inévitable ; ce que j'ai inventé me retient. J'essaie de m'en libérer, de changer mon histoire, de déplacer ma destinée, de trouver une autre aventure intérieure qui me fixe. Le voyage me permettra, j'espère, de découvrir un autre monde à transformer en œuvre.

J'approche du jour où je dois partir vers la Grèce. J'ai mis dans ce projet toutes mes complaisances, mais trop peu d'argent. Je prie les dieux de l'Olympe d'exaucer quand même mon vœu…

Je serai vraisemblablement à Paris l'automne prochain ; t'y reverrai-je ?

H.

---

* *Les Rédempteurs*, paru plus tard, sous forme de « nouvelle allongée », dans les Écrits du Canada français. Environ 2 $ la page… Somme toute, c'est impayable… Tome V, nov. 59. (*H. A*)

* *
*

Athènes, le 1ᵉʳ septembre 1952

Mon cher Louis-Georges,

J'attendais d'être allé à Delphes pour t'écrire. Delphes est un lieu pathétique et inoubliable. Le sanctuaire d'Apollon (où Créon est venu chercher l'oracle) est situé à deux mille pieds d'altitude, sur un flanc de montagne, entre deux falaises : la Rousse et la Flamboyante — d'où sortaient des fumées (paraît-il) lorsque les oracles de la Pythie étaient révélés. Ce paysage m'a littéralement rendu malade : vertige, maux de tête, nausée[9]...

Je comprends que les anciens Grecs aient logé leur dieu dans ce sanctuaire de folie et de peur ! Je ne vivrais pas dans un tel décor ; je n'aime pas les maisons hantées...

De Thèbes à Delphes, j'ai parcouru un chemin antique qui n'a rien gardé de l'Antiquité. À Thèbes, les maisons sont pauvres et les gens ressemblent bien peu aux personnages de Sophocle.

Comme Créon, je suis allé chercher l'oracle de Delphes ; et l'oracle a dit : « je t'attends... »

H.

* *
*

Laval, le 2 mars 1970

Mon cher Louis-Georges,

RE : Feliciano

Passe-moi donc le pain, comme disait le comte à table[10]…
   Amicalement,

H.

TITRE : *Le cadavre froid* (exquis…)[11]

Résumé de l'histoire : Le cadavre froid est une métaphore d'usage courant, au Sénégal[12], pays de mon enfance, pour désigner une machine à vapeur inventée par un Italien du nom de F. Ciano. Cette machine, reléguée au Musée National des Antiquités, est composée comme suit : un pivot central permettant la rotation sous pression, deux tubulures noirâtres télescopables et symétriques pour actionner l'ensemble du cadavre, un clavier en ivoire sur lequel le divin Ciano composa toutes sortes de chansons infra-bachiques, sans compter deux autres tubulures télescopables servant d'agents créateurs de l'espace « sinistro » ou droit, selon les lois époustouflantes inventées à cette fin rotatante[13]. Somme toute, la grande invention de Ciano ressemble manifestement à un corps « humain »… (le mot est vite dit !) paracelsique[14] capable de marcher dans le désert et de ne jamais en revenir. Ciano, vous l'aviez deviné, avait fait un commerce très lucratif de la production de tant de cadavres froids partis au loin dans le désert pour y trouver (par quelle déviation étrange) un « vaporetto » qui les remontait, le long du Niger, jusqu'aux rives de la baie de Benin…

Commentaire (mot latin) : le résumé que voici doit être réalisé par une sorte de génie chevelu et sans autre préoccupation que de l'informer d'un surréalisme cacozélique[15].

13 mars 1970

Oh Christ...

RE : F. Ciano

Je me suis laissé dire que F. Ciano, avantageusement connu au Vatican et dans les quelques bordels cachés sous les arcades de Bernini, avait l'intention de mettre fin aux rumeurs qui continuent de courir à propos de sa vie privée. Il sortira bientôt une brique (en six points romain) en dix-huit chapitres pour tourner en dérision Dante qui a fait son machin en trente-trois chants : chose certaine, les chants de Ciano correspondront aux dix-huit enculades dont il fut victime, enfant, par un certain enculeur de mouches qui croisait non loin de son village natal...[16]

D'autre part, je suis sur le point d'éjaculer dix-huit coulées blanchâtres correspondant à l'ancien découpage (pré-alexandrin) de *L'Odyssée* d'Homère[17] : tu vois l'allusion... ? Chose sûre, personne ne le verra ! Et tant mieux !

Nausicaa[18] me prie de t'envoyer une onde ; mais moi, je te fais mes amitiés (sans aller plus loin pour le moment...),

H.

Nowhere, Qué.

Projet final (terminus ad quem...)[19] :

1 —   les cabotages d'Ulysse d'après Homère, Pope[20],
        Virgile, Dante et Joyce... et moi (bien sûr !)[21]

2 —   scènes multiples sur des rives accores, près de l'île
        océane, vers une île natale où Ulysse court vers sa
        mort.

3 —   j'ai appris, tout petit, qu'impossible n'est pas fran-
        çais ; je ne sais trop le sens caché de pareils
        apophtegmes, mais ne sont-ce pas là de véritables
        adjuvants à la production incroyable d'une émis-
        sion félicianesque[22] ou de quelque émission
        « émanationniste » qu'on a accoutumé de réserver
        jusqu'à maintenant aux producteurs américains ?

4 —   en ce moment, l'auteur de ces quelques lignes
        sombre dans un état doucement médiévaleux :
        finie la commedia, finita per sempro, hostie ! Un
        nuage de marde se cristallise au-dessus de ma tête
        et tombera sans doute sur moi comme les mouches
        achéennes se sont abattues sur les Égyptiens[23].
        Que ne suis-je déjà mort dans une transe obscure
        ou mort en route à cheval sur les mots agiles qui
        galopent sur le papier comme Ulysse d'île en île
        dans la mer des ténèbres[24] ?... Aïe !... Mort,
        j'aurais au moins déplacé le point de fuite[25] de ma
        perspective vasarienne[26]. Mais je vis, sainte hostie
        de saint-ciboire, je vis, je marche sur mes deux
        jambes, je respire de mes poumons et je peux
        même taper du bout de mes doigts crochus ces
        barbarismes merdeux qui me laissent l'impression

visqueuse que je ne suis plus qu'un pauvre paradigme du pauvre Paracelse[27] et que toute mon existence se résume enfin dans un cabotage sur un rivage hostile, érodé de près par la mer inconnue qui semble recommencer infiniment un voyage infini[28]...

H.

15 mars 1970

Projet final (virgo putanna...)[29] :

5 — « Il existe un fleuve dont les eaux donnent l'immortalité ; il doit donc y avoir quelque part un autre fleuve dont les eaux s'effacent... » Phrase du grand Abulgualid Mohammad Ibn Ahmad-ibn Mohammed ibn-Rushd (aussi appelé Aben-Rassad)[30]

6 — Mon Ulysse, ton Faust, mon Faust... Mon Ulysse (et le tien) se perd en remontant le cours sinueux de ce fleuve aben-rassadique et, soudain, s'arrête au hasard sur la grève phéacienne (« Ulysse ne put cacher ses larmes » dit Homère — selon Bérard)[31]

7 — Il serait temps, maintenant, de trouver une sorte d'équivalent visuel des plages où le rusé Ulysse fit tant de cabotages, puis aussi quelques plages où, ne craignant pas d'être agressé sexuellement parlant, par la nymphe Nausicaa[32], Ulysse s'étendit pour dormir...

8 — Dès qu'on aurait trouvé les plages (douze serait un chiffre magique...), il ne nous resterait plus qu'à inventer l'onde qui mouille les îles de Circé ou les autres du couchant (la mer des Ténèbres).

9 — Après, la barque ou la nef d'Ulysse, ou son radeau parfois, il nous sera facile de les construire selon les canons d'Orsiloque ou ceux, plus conformes aux anciens rhapsodes d'Alexandrie, qui semblent construits en forme de frégates éoliennes.

10 — Voilà, le texte est à faire : mais j'ai lu Pope, j'ai lu et relu Homère, Virgile, j'ai lu pieusement Albugualid Mohammad Ibn Ahmad-ibn Mohammad ibn-Rushd, j'ai lu Bérard d'après le code de l'Argonautique ; et j'ai lu Milton ce merveilleux aveugle qui a écrit *Le Paradis perdu*, j'ai même lu la vulgate dite des Ptolémées[33]... Que faut-il donc que je lise ? Rien ; je me dois d'écrire mes instructions nautiques[34] pour que le réalisateur (hexamétrique) fasse enfin quelque *epos* [35] — œuvre mouvante, glissante, récitative qui le mènera au bout du monde vidiconique[36].

H.

16 mars 1970

Projet épique finaliste (virgo sopraperfetta...)[37]

11 — Et voici enfin venir les temps quasi homériques où un réalisateur et son auteur combineront quelque combinatoire afin d'épuiser le spectateur qui n'en peut plus et attendra la suite impossible de cette entreprise de mystification immortalisante !

12 — Le grand Ulysse empêchera tous les spectateurs d'aller boire une grosse Mol[38] quand cela leur ferait du bien pour faire passer toutes ses aventures de Charybde en Scylla et dans la Mer des Ténèbres (Peu me chaut, je ne bois que la Labatt 50 — quand ce n'est pas la 59[39]...)

13 — Et les enfants des Directeurs de la CBC[40], qu'ils aillent se mettre nus sous les draps rugueux et propres de leurs parents, tandis qu'Ulysse, naviguant mais paqueté, hurlera des imprécations émerveillantes pour les adultes, mais hermétiques pour les petits monstres !

14 — Maudit Ulysse, avec un peu plus de gasoline, il partirait à la conquête du Canada et frapperait les sombres banquises blanches et briserait la quille de son navire !

H.

17 mars 70

Fin (fine)

15 — Ulysse, déboussolé, charrie et fait naufrage à tort et à travers — incapable de retrouver Ithaque dans la mer des Ténèbres !

16 — Abominable : il échoue et, après un recyclage en règle, devient animateur de... jeu télévisé en vertu des échanges culturels entre le Québec et l'Achaïe !

17 — Ulysse meurt dans un lit d'hôpital à cause d'une erreur de diagnostic.

Le 18 mars 1970

(virgo likewise…)[41]

18 — Ulysse est un chouchou en or : il est merveilleuse-
ment indiqué comme héros (anti-héros), sens,
direction, non-sens, escale, caboting service illi-
mité…

19 — Avec lui, on veut faire comme Pico della Mirandolla ou le vicéen Vico[42] (ou Ciano…) : soit produire à froid une distance télégénique mystificanautique et démythifiargée[43]…

20 — D'île en île, le cher monstre errera dans un vide
tubulaire affriolant ; inutile d'avertir à l'avance
l'association internationale des tricoteuses (pénélope wise-like…) ou les caboteurs du golfe sta-
tionnés dans la région de Rimouski (cf : R.
Fournier).

21 — Si je ne tiens pas là mon hostie de petit personnage
cabotin, je ne tiendrai jamais un personnage dans
ma sainte main trouée. Tout coule-t-il ? Alors ma
main n'est qu'une trame — sorte de passoire per-
fectionnée comme une sainte vierge pour que
l'eau bénite en dégouline à jamais ! Vraiment ?
Trou, je deviendrais comme un jumbo trou — trou
fabulatoire et déclaratoire que rien, jamais, ne
remplira ! ! !

H.

19 mars 70

(Sopraperfetta ma come ?)[44]

22 — Technique : ne pas centrer sur ULYSSE une action qui, de fait, semble trop émaner de lui ; dé-
centrer sur Télémaque cherchant Ulysse ou sur
Pénélope l'attendant.

23 — titre de travail :
« Que faire ? »... (Lénine)
ou : « Chickesaw »...
ou : « Nowhere... »

24 — Après il faut tuer Ulysse, le faire baver, le couler
en haute mer, lui faire avaler l'onde polluée du lac
Chickesaw ou du lac Saint-Louis, l'intoxiquer, le
griser malgré lui, lui infuser une armée d'affreux
petits infusoires invisibles (avant Galilée) ; la
guerre bactériologique m'a toujours séduit ! Et si
d'autres supplices (voir Sup...) lui rendaient la vie
plus intolérable encore, je ne me gênerais pas
pour les lui fournir. Le grand Gianbattista Vico
aurait-il, dans ses tiroirs morbides, quelques petites
inventions névrogènes, quelques cercles vicieux
dont il n'aurait pas eu le temps, de son vivant, de
se servir ? C'est un domaine à prospecter assurément.

Vicieusement vôtre,

F. CIANO (Pico Wise...)
(Pico della Mirandolla like...)[45]

20 mars 1970

Point de fuite

DDD[46]

Tu connais Billie Joe[47] ? ? ? La divine, la seule, la déidéi-
déifolle, la vraie merveilleuse calicette que l'on doit chanter tous les matins, à l'aube, avec les paroles de l'ode —
chant ultraïque en forme de vase fundimentaliste de mélancolie. La mélancolie, comme tu sais, est la spécialité
du grand F. Ciano et de ton tout dévoué ! Après, les
autres, loin derrière nous, tentent d'éprouver cette parcelle
de tristesse qui leur manquera toujours pour qu'ils
soient achevés, finis ! Pour le moment, ils se perdent dans
la brume des indiscernables identités de Leibniz[48] ; ils
achoppent dans le sombre delta du fleuve Marde — le
grand Mississipi qui charrie trois cent quarante tonnes de
marde à la minute dans les eaux doucereuses du golfe du
Mexique. La tonne est une mesure qui me fascine ; je ne
sais trop pourquoi… Mais quand je songe à ces trois cent
quarante tonnes de marde à la minute, j'éprouve une sorte
d'état crépusculaire dans lequel j'entrevois, dans mon for
intérieur, des immensités abyssales de marde. Rien n'a
autant que la surmarde ce caractère funéraire ; d'aucuns
égyptologues affirment que les pyramides sont faites de
marde pétrifiée, puis carbonisée savamment par les
Pharaons ! Et Dieu sait que les Pharaons avaient autre
chose à faire ; ils devaient d'abord gagner du temps pour
semer les Achéens dans les coups de vent d'Alexandrie et
de Lesbos (très sucrée, cette dernière…). Les Achéens, en
fin de compte, ont essaimé dans toute la région ; à force
de sodomiser les mouches[49], ils en ont tiré un profit imprévisible. Les Égyptiens, mordus de blé, ont reçu des
nuages de mouches érogènes. Et voilà, ils se sont fait

enterrer dans la superbe marde bleu ciel de leur horizon du nord (encore un delta : celui du Nil ! ach...).

H. A. (Ci. d'origi.)

Trou, 9 avril 1970

Point de fuite

Mon cher Louis-Georges,

Reçois quelques onces de papier débordantes de mes élucubrations porphyriques...

Amitiés,

Hubert[50]

PROJET (post mortem Amlödi)[51]

Le 10 avril 1970 (hostie)[52]

(disputationnes)… vs Robertalo

— message : nil
— aperture de l'œuvre : 9.5 (grand angulaire)
— pourquoi tuer Amlödi ?
— Pourquoi épargner Polonius ? (un Polonais, sans doute…)
— pourquoi empêcher Ophélie de se suicider dans l'Avon ?…
— pourquoi Claudius (Fenngon…) ne souillerait-il pas la couche de son frère le Roi du Danemark[53] ?…
— Ô hostie, ô green river pourquoi ne pas couler imperturbablement dans mes veines souillées ?
— Ô commotion, ô mort hamletienne, ô superbe désastre, ô strophe et catastrophe[54] !…
— Ô toi, LGC, que ne pourfends-tu l'espace smogé qui te sépare du vieux Polonius (G.R.) ?…
— Étouffé par le smog, je meurs doucement, sans mot dire, sans blasphémer !
— La vie, comme je le disais l'autre jour, est une débandade affreuse, débilitante, humiliante… Être ou ne pas écrire… ? Voilà la question…
— Tant pis pour les sous-doués de Shakespeare, les marcels dubéins qui se shakent à mort sans que nul jus ne vienne les récompenser…
— Ce sont les Southampton[55] de l'affaire…
— Une sorte de vomissure m'étreint et m'égorge…

H. A. de F. Ciano

Chère Hostie crémeuse,

(re : Feliciano)

J'ai enfin trouvé le titre du téléthéâtre — désigné jusqu'à maintenant sous le « nomen » de MAK[56]. De plus, je me suis tué à modifier ledit texte d'après tes suggestions.

Franchement, tu as été génial quand tu m'as donné l'idée des œuvres scientifiques de Gerson et aussi de son dédoublement (Gerson, de Garlande, de Meung, Mak)[57].

Pour procéder plus nettement, j'ai exécuté mes corrections et mes insertions en constituant une seule copie du texte sacral — laquelle copie unique et princeps je te remets,

Félicianesquement et bérurièrement[58] tien,

H.

En ce 10 août 1970
(littérature annale...)

De retour le onze avril[1]
(1967)

Quand j'ai reçu ta lettre, j'étais en train de lire un roman de Mickey Spillane[2]. Comme j'avais interrompu cette lecture à deux reprises, j'avais une grande difficulté à suivre l'histoire. Je ne savais plus ce que faisait le personnage Gardner, ni pourquoi il traînait toujours sur lui une photo d'un cadavre. Je peux te l'avouer : je lisais pour tuer le temps. Désormais, je ne suis plus intéressé à tuer le temps.

Tu sembles ne rien savoir de ce qui est arrivé au cours de l'hiver. Tu as peut-être tout oublié à cause d'une étrange amnésie lacunaire : mon nom, mon travail, notre appartement, le tourne-disque marron... Moi, je n'oublie pas cet hiver vécu sans toi, ces longs mois neigeux que j'ai passés loin de toi[3]. Quand tu es partie, la première neige venait tout juste de tomber sur Montréal. Elle encombrait les trottoirs, rendait indiscernables les maisons et formait de grandes nappes blêmes au cœur de la ville.

Le soir même de ton départ — en revenant de Dorval —, j'ai roulé sans but dans les rues désertes et glissantes ; à chaque dérapage, j'avais le sentiment de partir à jamais. La Mustang se métamorphosait en nef

147

déboussolée ; j'ai roulé très longtemps — sans avoir un accident, sans même un accrochage. Conduite dangereuse, je sais... Cela est punissable par la loi ; mais, ce soir-là, même la loi était devenue fantômale, comme la ville ou comme cette montagne sacrée que nous avons tant de fois parcourue. Cette blancheur m'impressionnait beaucoup. Il me souvient d'en avoir ressenti une certaine angoisse.

Tu croiras peut-être, mon amour, que j'exagère encore et que je me complais à établir des corrélations entre ton départ et mes états d'âme. Tu imagines que je combine mes souvenirs pour qu'ils paraissent préparer ce qui a suivi cette précipitation première de blancheur cérusienne.

Pourtant, tu dois me croire : il n'en est rien. Mais ce soir-là — celui de ton départ —, je dérapais à fendre l'âme sur cette neige blafarde, je perdais le contrôle de moi-même chaque fois que la Mustang glissait doucement dans le néant du souvenir. Et l'hiver n'a pas cessé de couvrir Montréal d'une armure fondante ; et, déjà, me voici à la veille d'un printemps d'ivoire brûlé...

Il fallait bien que tu l'apprennes, mon amour, que j'ai tenté à deux reprises de m'enlever la vie au cours de cet hiver ténébreux[4].

Oui, c'est la vérité ; je t'en fais part sans passion, sans amertume, sans insondable mélancolie... Déçu d'avoir raté ces deux premières tentatives, je suis conscient de mon échec ! Maintenant, je m'ennuie, je m'éteins sous la glace, je finis...

As-tu changé, mon amour, depuis novembre dernier ? Portes-tu les cheveux longs comme avant ? As-tu vieilli depuis que je t'ai quittée ? Comment te sens-tu après toute cette neige sous laquelle je suis maintenant enseveli ? J'imagine qu'une jeune femme de vingt-cinq ans a d'autres souvenirs de voyage que les cartes postales décolorées que j'ai épinglées sur les murs de notre appartement ?

Tu as rencontré des femmes... ou des hommes ; peut-être, tu as rencontré un autre et... celui-là t'a semblé plus séduisant, plus beau, plus « libérateur » que moi... En disant cela, je comprends que pour se libérer de quelqu'un, il suffit de le tromper... Dans ce cas, tu as eu raison de t'envoler vers Amsterdam pour distancier ma noirceur ; et tu as eu raison de rendre notre liaison plus relative encore, pareille à d'autres liaisons, égale à toute liaison amoureuse, comparable à tant d'amours néfastes...

Mais il n'en est rien : je n'exagère pas, je me laisse aller, mon amour, je me laisse dériver... Un peu comme je conduisais la Mustang en cette soirée de novembre dernier. Je suis désemparé, envahi par des pensées noires. J'ai beau me répéter que mon imagination déraille, que j'ai tort de te faire de pareilles confidences, j'ai l'intuition que ce flot de tristesse nous submerge tous deux et me confine à la désolation totale. Je vois encore les rues enneigées que je parcourais sans raison et comme si ce déplacement pouvait magiquement compenser ta perte ; mais, ce soir-là, j'avais déjà l'envie sédimentaire, confuse de la mort.

Pendant que j'expérimentais ma solitude discordante au volant de la Mustang, toi, tu volais déjà en DC-8 au-dessus de l'Atlantique nord ; quelques heures plus tard, cet avion allait se poser en douceur sur la piste verglacée de Schipol — après quelques manœuvres lentes au-dessus des plaines immobiles du Zuidersee. À cet instant, j'allais me trouver dans notre appartement, lisant un Simenon — *L'Affaire Nahour*[5] — qui se passe dans un Paris couvert de neige (ce qui est assez rare...) et, aussi, dans la ville même d'Amsterdam, où tu te trouvais alors... Je me suis endormi aux petites heures du jour, tenant dans mes mains cette parcelle de réalité qui, mystérieusement, te rejoignait.

Le lendemain, mon hiver irréversible commençait. J'ai fait comme si de rien n'était et, vers onze heures, je me suis rendu au bureau de l'agence, Place Ville-Marie[6] ; je me suis acquitté tant bien que mal de mon travail. À l'heure supposée du déjeuner, je suis allé à la pharmacie du rez-de-chaussée. J'ai demandé du « phénobarbital »... Le pharmacien m'a dit avec un sourire jusqu'aux oreilles que ce produit ne pouvait être dispensé que sur une ordonnance. J'ai quitté l'immeuble, dépité, en me disant que j'allais réfléchir ailleurs...

Il me fallait à tout prix une ordonnance et des renseignements précis spécifiant la marque de commerce et le dosage voulu ; de plus, je devais me pourvoir de certaines connaissances sommaires concernant les divers composés barbituriques.

Toujours préoccupé de cette drogue, je me suis rendu — le lendemain ou le surlendemain — à la librairie médicale de l'Université McGill... J'ai alors inventorié les rayonnages couverts de livres de pharmacologie. J'étais comme devant l'océan ayant cherché un ruisseau : débordé, submergé, émerveillé... Je fis mon choix et je quittai la librairie avec deux livres sous le bras : d'abord, le *Précis de Thérapeutique et de Pharmacologie*[7], puis le *Vademecum International*[8] (répertoire des produits mis en vente sur le marché).

Le soir, une fois seul avec mes fantômes, je me suis mis à lire mes livres : au diable, Mickey Spillane... J'avais mieux à lire : ce superlivre (le *Vademecum*) qui contient les recettes les plus affriolantes qui existent actuellement ! L'appétit, le tonus, la dépression..., tout cela peut être remplacé par quelques grammes de médicaments savamment administrés. La vie peut même, selon ce livre des philtres, s'abolir, à condition qu'on sache de quelle façon procéder pour ce faire... Je brûlais avec cette tonne de renseignements pertinents ; mais, il me restait toujours le problème de l'ordonnance... Comment en obtenir une ? Ou, plutôt, comment forger une ordonnance qui ne soit pas un passeport pour la prison ? Difficulté majeure...

*   *
*

Son nom se trouvait dans l'annuaire : Olivier J. R., médecin interniste ; je composai son numéro, la secrétaire me demanda quelle heure me convenait pour un rendez-vous — en spécifiant que la date ne serait que trente jours plus tard étant donné que le Docteur était très occupé. Je lui répliquai avec une audace qui m'étonne encore :

— C'est urgent...

— Vous souffrez de quoi ? me dit la secrétaire.

— D'un ulcère au duodénum...

— Comment le savez-vous ?

— Voici : j'ai consulté plusieurs médecins… et l'on m'a conseillé fortement de m'adresser au Docteur R…

— Demain matin à onze heures, me proposa-t-elle, devant cet argument aussi percutant… Cela vous convient ?

— Bien sûr, lui dis-je…

* *

*

Je passai au moins quarante-cinq minutes dans la salle d'attente devant la même secrétaire qui m'avait parlé la veille au téléphone. Les revues disposées sur une petite table pour les patients me servirent tout ce temps pour m'inventer un schéma de conversation-souvenir avec cet ami que je n'avais pas revu depuis longtemps…

Il fit son apparition dans l'encadrure de la porte et la secrétaire prononça mon nom ; je levai mes yeux sombres vers cet ami souriant. Il me fit entrer dans son bureau capitonné…

Après un échange désordonné de souvenirs de collège et d'université, je pris une grande respiration et, m'adressant à Olivier J. R., je lui dis carrément que je n'arrivais plus à dormir. Il a éclaté de rire, mais moi je me morfondais dans le fauteuil réservé à ses patients…

— Tu sors trop, mon vieux… dit-il le sourire aux lèvres.

À ce moment-là, son intercom clignota ; Olivier leva le combiné.

— Qu'y a-t-il ? demanda-t-il à sa secrétaire…

(J'avais espéré qu'une circonstance semblable se produisît…)

— Une seconde, j'ai une formule à signer ; tu comprends, les médecins sont quasiment des fonctionnaires…

Il se leva, se rendit dans le hall ayant pris soin de refermer sa porte. Je repérai aussitôt, sur son appui-main, le bloc d'ordonnances avec son en-tête[9] ; je détachai rapidement un certain nombre de feuilles que je mis aussitôt dans la poche intérieure gauche de ma veste. Je tremblais, j'étais en nage…

— Alors, raconte, me dit Olivier en rentrant… Elle t'a trompé ?

Trouvant son humour aussi irrésistible que moi je le trouvais offensant, cela n'est pas allé plus loin ; tous deux, nous avons gardé le silence. Olivier prit son stylo et avant d'écrire sur son bloc à ordonnance, il leva la tête vers moi…

— Bon, tu souhaiterais quelque barbiturique pour t'endormir ?

— Oui, dis-je.

— D'accord, voici un produit assez fort pour assommer un cheval… (Il détacha l'ordonnance et me la tendit)

— Merci, merci… (J'étais sans doute ému…)

— J'ai marqué « non repetatur » au bas… parce que ce produit peut engendrer une certaine accoutumance ; si vraiment, après une dizaine de nuits, tu dors aussi difficilement, tu viendras me voir…

Je pliai l'ordonnance sans même y distinguer le « non repetatur » — formule que je connaissais depuis deux jours environ. L'intercom clignota une autre fois ; Olivier, ennuyé, souleva encore le combiné, mais je n'écoutais plus, j'étais déjà bien loin... Après la communication, Olivier me fit part des récriminations de sa femme qui — à son dire — ne le voyait quasiment plus...

— Je travaille trop, me confia-t-il en se prenant le front, j'aurais peut-être besoin de vacances, mais tu comprends... c'est finalement ma femme qui va prendre des vacances en Europe... Tiens, encore récemment, elle s'est rendue dans les îles grecques...

Moi, secrètement, je te voyais dans les rues de Bréda et de La Haye ; j'imaginais ta promenade à Scheveningen, tes visites au Maurithuis... Je ne savais plus au juste où tu te trouvais en Europe : au Hoek van Holland, dans l'île volante de Vlieland, dans la banlieue océane de Leiden à Kalwijk aan Zee...

Je me trouvai dans la rue froide ; le ciel était bas, sombre ; les nuages assombris volaient en rase-mottes, annonciateurs d'une autre tempête de neige. Que la neige vienne embellir ce paysage de mort où je roulais en Mustang, tandis que toi tu circulais dans les vastes espaces célestes des peintres hollandais[10]...

* *

*

De retour à notre appartement, j'ai analysé l'ordonnance obtenue par ma tricherie : douze capsules d'amobarbital sodique. Nullement préoccupé de disposer d'un nombre non répétable de capsules, je me suis exercé à imiter l'écriture d'Olivier — sur du papier ordinaire. J'avais pris dix feuilles à en-tête officiel du Docteur Olivier J. R. ; il ne fallait pas gaspiller ce précieux papier. J'ai mis peut-être deux ou trois heures à réussir quatre ordonnances coup sur coup. Je me suis endormi sur ma réussite.

Il me fallut quelques jours pour accumuler, avec mes fausses ordonnances, une dose quoad vitam[11]. Mais je ne me contentai pas de la dose quoad vitam indiquée dans le *Vademecum* ; je continuai à accumuler les petits cylindres bleu ciel avec sur chacun une inscription de trois lettres (SK&F). Je passais des nuits blanches parce que je ne voulais pas entamer mon précieux stock de torpilles sodiques.

Quelques jours se sont écoulés de la sorte, des jours étranges, car, possédant mes réserves de mort, je me trouvais sûr de moi et presque en harmonie avec la vie. Je savais que j'allais mourir et j'aurais été perturbé, à ce moment-là, de recevoir une lettre de toi, mon amour, tellement je m'approchais de la fin de toute vie...

* *
*

Quand j'ai reçu ta lettre du seize novembre, cela n'a pas instauré la disharmonie que j'avais maintenant conjurée. Après avoir lu ta lettre, je voulais encore en finir de la vie et utiliser, un soir, la quantité surprenante de capsules d'amobarbital sodique. Tu m'avais écrit hâtivement (cela se voyait à l'écriture) de l'hôtel Amstel, mais avec le cachet postal d'Utrecht : tu l'avais donc postée de cette ville... Que faisais-tu à Utrecht ? Comment t'étais-tu rendue d'Amsterdam dans cette petite ville où fut signé le traité qui ratifia la conquête du Canada français[12] ? Signe de la mort d'une nation, Utrecht devenait signe prémonitoire de ma propre mort... As-tu fait le voyage en compagnie de quelqu'un... d'un collègue européen — comme tu as accoutumé de désigner les hommes rencontrés en route ? Les décorateurs ensembliers sont-ils nombreux à Utrecht ? Ou, peut-être, devrais-je te demander s'ils sont aimables et charmants ? Je t'ai imaginée voyageant dans l'automobile d'un collègue décorateur, prenant un déjeuner en route et passant peut-être la nuit à Utrecht. Lassé de me remémorer tant de souvenirs de toi, de ton charme, de ta beauté, de ton corps chaud dans mes bras..., j'ai déchiré ta lettre pour mettre un terme à mon désespoir.

* *
*

Le vingt-huit novembre, je n'avais plus rien reçu de toi. Les jours avaient une amplitude de plus en plus courte, les nuits me paraissaient toujours plus blanches, toujours plus longues ; elles défilaient presque sans interruption... et j'étais épuisé. Cette insomnie récurrente m'avait privé de mon tonus. J'étais détruit, sans espoir, sans même la volonté d'organiser ce qui me restait à vivre...

Pour moi, la nuit sans fin allait commencer, cette nuit unique et finale, l'ultime... J'étais enfin décidé à arrêter arbitrairement ma longue hésitation, à mettre un point final à notre histoire désordonnée ; décidé, aussi, à ne pas dépendre ainsi de tes intermittences qui n'avaient été cruelles que dans la mesure où j'en avais souffert...

Ce jour-là, j'ai fait quelques appels téléphoniques pour me décommander et j'ai passé mon temps à mettre de l'ordre dans l'appartement. Le soir venu, j'ai pris un bain très chaud abondamment parfumé par la bouteille de Seaqua que j'avais déversée. Je suis resté longtemps dans cette eau bénéfique. Après, j'ai enfilé mon tricot de bain orange brûlée, et j'ai mis quelques disques sur notre tourne-disque : Ray Charles, Feliciano[13], Nana Mouskouri. J'étais affalé dans notre divan écarlate, un verre de Chivas Regal à la main, presque nu, fasciné par le vide total qui m'attendait. J'ai remis plusieurs fois Nana Mouskouri. Et, me décidant enfin, j'ai avalé mes petits cylindres bleu ciel, quatre à la fois, en m'aidant de grandes gorgées de Chivas Regal. Je me suis servi à nouveau du scotch pour terminer aisément l'absorption de mes capsules. J'ai déposé la bouteille, presque vide, sur la moquette, juste à côté du divan. Assez lucide encore, j'ai ouvert la radio (sans quitter ma position), afin de ne pas alerter les voisins par la respiration stertoreuse qui, selon mes sources médicales, se manifesterait à l'instant où je sombrerais dans le coma...

Franchement, je n'étais pas triste, mais impressionné comme celui qui part pour un long, oui un très long voyage. Je pensais à toi, mais si peu, si faiblement... Toi, tu évoluais loin, dans une brume funéraire[14]. J'apercevais encore les riches coloris de tes robes et de tes déshabillés, je te voyais, fantômale, entrer dans l'appartement, en sortir au ralenti... et à jamais, dans une perspective en miroir à l'infini... Plus je glissais dans ma fête comateuse, moins tu me regardais... ou plutôt : moins j'avais conscience de toi... Je ne donnais prise ni à la mélancolie, ni à la peur ; en fait, j'étais recouvert par la solennité de ma solitude. Puis, après, l'oblitération s'est démultipliée jusqu'à me rendre mortuaire sans que je sois mort... et m'a fait basculer dans un néant total...

Tu me diras, mais comment fais-tu pour m'écrire cette lettre d'outre-tombe ?...

Voici : J'ai échoué ! Cette tentative de suicide[15] ne m'a procuré que les séquelles d'un coma qui a duré quelques heures : j'étais détérioré. Cet échec — s'il n'y avait d'autres signes accablants — suffirait à me démontrer ma faiblesse — cette infirmité diffuse que nulle science ne peut qualifier et qui me conditionne à tout gâcher, sans cesse, sans répit, sans aucune exception !

*   *

*

Je me suis retrouvé encore vivant — si l'on peut dire — dans une salle blanche du Royal Victoria[16], encerclé par tout un réseau de sérums en perfusion qui me clouaient au lit et doublement encerclé par un contingent d'infirmières. Je sentais mes lèvres gelées et sèches ; et je me rappelle que, de temps en temps, une des infirmières badigeonnait mes lèvres avec un liquide anti-herpétique.

Dehors, il neigeait comme le soir de ton départ : les gros flocons blancs descendaient lentement, me faisant prendre conscience que de les voir tomber silencieusement constituait une preuve irréfutable que j'étais encore affreusement vivant. Le retour à la conscience mieux articulée se fit douloureusement et prit, à mon gré, une infinité de temps. Ce seuil de conscience retrouvé, je recommençai à t'imaginer aux Pays-Bas ou quelque part en Europe. Y a-t-il de la neige en Hollande ? Devais-tu porter des bottes de daim, celles que nous avions achetées ensemble peu de jours avant ton départ ?

J'éprouve soudain une grande fatigue : ces pensées qui me reviennent en désordre me ramènent aussi à mon point mort...

*   *
*

L'ironie du sort a voulu que ton télégramme de Bruges soit l'instrument de ton intervention tardive (et involontaire...) sur mon corps intoxiqué. Le message a dû m'être adressé par téléphone, d'abord. Mais je n'ai pas entendu la sonnerie du téléphone et, en toute simplicité, la Western Union a livré le message écrit à domicile. Le concierge, qui n'a pas accès aux boîtes postales de notre immeuble, a pensé que son devoir lui imposait de me livrer lui-même l'enveloppe en question... On ne laisse pas attendre un télégramme ; on imagine immanquablement que c'est urgent. Les gens ne sont pas habitués aux télégrammes anodins : BON ANNIVERSAIRE[17]. TEMPÉRATURE MAGNIFIQUE. BAISERS... Pourtant, ce sont les mots mêmes contenus dans ce télégramme de Bruges...

Le concierge a sans doute frappé plusieurs fois à notre porte, sans comprendre que je sois absent et que la radio continue de diffuser je ne sais quelle musique[18]... Intrigué, il a tout bonnement ouvert la porte de notre appartement avec son passe afin de déposer le télégramme sur la table Louis XV sous le miroir de l'entrée. La suite est facile à reconstituer : de l'entrée, il s'est aperçu de ma

présence, de mon visage de mort, etc. Et il s'est affolé :
il a téléphoné à la Police de Montréal qui, sans doute à
une allure folle, m'a transporté à la salle d'urgence du
Royal Victoria. Je suis resté plusieurs jours sous une tente
d'oxygène. J'ai même subi une trachéotomie ; il s'agit, je
te le dis au cas où ce terme te paraîtrait incompréhensible,
d'une incision de la trachée, suivie de la mise en place
d'une canule trachéale.

Je dois tout te dire, mon amour, je suis vivant, j'ai
donc été guéri. Tout ce qui me reste est une immense
cicatrice à la gorge et une faiblesse générale. Et toi, pendant qu'à Montréal je survivais tant bien que mal, tu continuais ton périple en Europe. Tu as visité d'autres villes,
Bruxelles, Charleroi, Amiens, Lille, Roubaix, Paris…
Bruges n'a été qu'une ville-étape où tu as peut-être dîné
avec un inconnu, mais on quitte Bruges quand on s'est
rendu en Europe pour visiter tout le continent ; et Dieu
sait que Bruges est un endroit privilégié, un sanctuaire
amoureux, une forteresse qui a cédé un peu de terre solide
à l'envahissante mer du Nord ; je reste attaché à cette ville
à moitié morte d'où tu t'es envolée sans émotion. Moi,
par contre, je suis resté à Bruges, emmuré dans ses vieux
appontements friables, car c'est de là que tu m'as souhaité
par télégramme bon anniversaire…

*   *
*

Cet hiver est interminable. Je ne sais plus combien de
tempêtes de neige j'ai observées des fenêtres de l'hôpital.
Puis, vers le quinze décembre, un médecin a décidé que

je devais retourner à domicile et que j'étais, si l'on peut dire, guéri… C'est vite dit ! Guéri d'avoir voulu mourir, est-ce seulement possible ? Quand les ambulanciers m'ont installé à l'appartement, je me suis vu dans un miroir : j'ai cru que j'allais défaillir, je me suis étendu par précaution sur le divan où j'avais, en novembre, quasiment agonisé. Rien n'avait changé depuis ; mais une mince pellicule de poussière recouvrait nos meubles, tes photos, le ciel noir et bas annonçait la neige, une fois de plus. Je me sentais comme un revenant ; je flottais dans mon pantalon et j'avais un teint cadavérique. Les nuits blanches ont commencé leur défilé de mort ; je n'avais plus, alors, ma provision d'amobarbital bleu-suicide. Et j'avais gaspillé toutes mes ordonnances en blanc… Je ne dormais pas ; je regardais le plafond ou la neige floconneuse qui s'amoncelait sur notre balcon. Je te voyais à Rome ou à Civita-Vecchia ou dans les faubourgs de Vérone, toute préoccupée de vivre intensément ton séjour en Europe.

Sur mon agenda, je savais que le onze avril tu reviendrais à Montréal à bord du Maasdam… Si j'allais, ce jour-là, t'accueillir au quai de la Holland-America Line[19], je serais ému, trop ému, incapable de te raconter ce que j'ai fait en novembre et, depuis, ma dégénération. Bien sûr, tu me sauterais au cou et tu parlerais de toutes ces merveilles dont les ruines fascinantes de Bruges, les thermes de Caracalla, les arcs de triomphe de Rome : ceux de Tibère, de Constantin, de Trajan…, etc. Et j'aurais, pendant ton monologue euphorique, la gorge nouée — si je puis dire…

C'est pour cette raison et toutes sortes de raisons voisines de la lâcheté, que je t'écris, mon amour, cette lettre que je vais bientôt finir et adresser à Amsterdam — ville où tu prendras le Maasdam — afin que tu puisses la lire pendant la traversée. De cette façon, tu sauras que j'ai raté ma première tentative en novembre...

Tu as compris que si je dis « première », c'est qu'il y en aura une deuxième...

* *

*

Ne sens-tu pas que ma main tremble, que mon écriture se dilate anormalement ? C'est que je vacille déjà... Les espaces entre chaque mot, mon amour, ne sont que des symboles cumulatifs de ce néant qui me gagne... Dix minutes encore de lucidité..., mais je suis déjà différent : mon esprit est entamé, ma main erre, l'appartement éclairé de chaque point s'assombrit sous mon regard. La neige qui tombe, je la vois à peine ; mais elle ressemble à une encre opaque... J'ai froid mon amour. Il neige étrangement en moi et pour la dernière fois. Je ne bougerai plus dans quelques secondes quand je ne serai plus. Hélas, je ne serai pas au quai le onze avril, car, après ces derniers mots, je vais ramper jusqu'au bain rempli depuis quarante-cinq minutes et dans lequel, j'espère, on me trouvera noyé... avant ce onze avril[20] !

FIN

NOTES

Exergue

1. La citation de Pythagore provient de l'ouvrage d'Édouard CHAIGNET, *Pythagore et la philosophie pythagoricienne* (Bruxelles, « Culture et civilisation », 1968, 2 tomes), p. 154. La mention figure dans les « Notes de lectures 71 (ha) », f. 6.

La métaphore « écrire sur l'eau » est un cliché de la littérature antique que l'on rencontre de Sophocle à saint Augustin (Jean GRANAROLO, *L'Œuvre de Catulle. Aspects religieux, éthiques et stylistiques*, Paris, Les Belles Lettres, 1967, p. 267 ; ouvrage lu par Aquin).

Préface

1. L'épyllion est un terme grec qui désigne une petite pièce en vers : « œuvre *fugitive* des Anciens : l'épyllion » (« Notes de lectures 1970 ha », f. 19). Ce terme provient de l'ouvrage de Jean GRANAROLO, *L'Œuvre de Catulle. Aspects religieux, éthiques et stylistiques* (Paris, Les Belles Lettres, 1967), mais la référence à la page 324 permet de vérifier qu'il n'y est pas défini, ni là, ni ailleurs dans le livre. L'épyllion, une « audacieuse tentative pour transposer en poésie les procédés de composition de la peinture » (p. 112), désigne de petites épopées au centre du Livre de Catulle. Plus généralement, Granarolo situe Catulle dans la veine ancienne de la parodie, avec ses allégories figées et ses formules stéréotypées auxquelles il insuffle une expression dramatique. Granarolo parle de « marqueterie structurale » (p. 114) et de « l'envergure du génie assimilateur et recréateur de Catulle » (p. 139). L'adjectif « bachique » montre le renchérissement opéré par Aquin à partir de sa lecture de Granarolo.

2. L'expression provient peut-être de l'essai d'Eugenio D'ORS, *Du baroque* (Paris, Gallimard, 1968) qui commence ainsi : « Ce livre est un roman, un roman autobiographique : aventure d'un homme qui s'éprend lentement d'une idée. » (P. 7 ; cité dans « Courrier 1972 ha n° 1 », f. 54)

3. « Je m'avance masqué. » (DESCARTES, *Cogitationes privatæ*)

4. Philosophe néo-platonicien (234 – vers 310) qui joua un rôle considérable à la fin de l'Antiquité et durant tout le Moyen Âge. Son œuvre est en grande partie disparue, mais on connaît sa critique du christianisme. Commentateur d'Homère et d'Aristote (son introduction au premier livre des écrits d'Aristote a été transmise par divers commentateurs, notamment Averroès - voir « Lettres à Louis-Georges Carrier »). Plusieurs études ont été publiées à Paris en 1971.

Dans *La Résurrection d'Homère. Au temps des héros* (Paris, Grasset, 1930), Victor BÉRARD mentionne que Porphyre contribua à la décadence des études homériques (p. 21). Dans *L'Odyssée d'Homère* (1954), il consacre de longues pages à la vulgate homérique. Ces deux ouvrages figurent dans les lectures d'Aquin en 1970.

5. Épithète figurée et péjorative de la langue familière au Québec, qui signifie parvenu, d'une élégance fausse et superficielle, voyante. Voir *Dictionnaire québécois d'aujourd'hui* (Éd. Robert, 1992).

6. Dans l'hexamètre antique, une voyelle longue équivaut à deux voyelles brèves ; la place des voyelles est fixée d'avance (Voir Victor BÉRARD, *La Résurrection d'Homère, op. cit.*, 1930, p. 116, souligné et recopié par Aquin dans ses « Notes de lectures H 69+70 »). Jean GRANAROLO consacre un développement à ce qu'il appelle « la chaîne vocalique » chez Catulle (*L'Œuvre de Catulle, op. cit.*, p. 266 ; référence dans les notes d'Aquin), montrant que la virtuosité formelle cache une mélancolie profonde.

7. Le titre exact de cette chanson très populaire en 1970 est « Ordinaire ».

Pour un possible rapprochement entre le couple Robert Charlebois-Louise Forestier et Robert Bernatchez-Christine Forestier, voir « Plan de *L'Antiphonaire* », note 10.

8. Extrait de la chanson chantée par Charlebois. *Cf.* la citation de Pythagore, relevée par Aquin : « Je vais chanter pour ceux qui peuvent comprendre ; fermez les portes, profanes » dans Edmond CHAIGNET, *op. cit.*, p. 145 (« Notes de lectures 71 (ha) », f. 6).

9. Auteur de *De Natura Rerum*, ce poète et philosophe romain

(v. 98 – 55 av. J.-C.) inspira les penseurs jusqu'à l'époque romaine. Dans ses notes de lecture de 1970 et de 1971, Aquin relève des citations de Lucrèce rapportées par Robert LENOBLE dans son *Histoire de l'idée de nature* (Paris, Albin Michel, 1969). Aquin se réfère aussi à Jérôme CARCOPINO, *Virgile et les origines d'Ostie* (Paris, PUF, 1968) et à Albert GRENIER, *Le Génie romain dans la religion, la pensée et l'art* (Paris, Albin Michel, s.d.).

10. Dans les « Notes de lectures 71 (ha) », Aquin écrit : « Miracle de Cybèle : le rebroussement du Tibre. » Et il cite : « Chez les Romains, le rebroussement des fleuves, et du Tibre en particulier, passait pour le miracle type. » (CARCOPINO, *Virgile et les origines d'Ostie, op. cit.*, p. 389 ; Aquin, f. 8)

11. Cybèle connut un culte florissant à Alexandrie, puis à Rome. Dans ses « Notes de lectures 71 (ha) », Aquin relève plusieurs citations concernant Cybèle, déesse grecque de la terre et mère des dieux, du livre de Carcopino, en particulier l'importance que Virgile accorde à Cybèle dans son épopée. Voir aussi J. CARCOPINO, *Aspects mystiques de la Rome païenne* (Paris, L'Artisan du livre, 1942) et J. GRANAROLO, *L'Œuvre de Catulle. Aspects religieux, éthiques et stylistiques* (*op. cit.*), ouvrages lus par Aquin.

12. Terme d'injure, de mépris, fréquemment utilisé dans la langue orale et familière au Québec. Voir *Dictionnaire québécois d'aujourd'hui* (Éd. Robert, 1992). Dans une entrevue de Jean Basile avec Aquin, celui-ci se déclare « absolument horrifié par l'enseignement » et confie que ses « contacts avec la jeunesse ont été souvent décevants » (« Hubert Aquin publie des œuvres "mêlées" », *Le Devoir*, 23 janvier 1971, p. 11).

13. Vs (versus) : anglicisme qui signifie « face à ».

14. « ... c'est mon but (secret) : ahurir tellement le lecteur qu'il en devienne fou. Mais mon but ne sera pas atteint, par la raison que le lecteur ne me lira pas ; il se sera endormi dès le commencement. » (FLAUBERT, *Extraits de la correspondance ou Préface à la vie d'écrivain*, présentation et choix de Geneviève Bollème, Paris, Seuil, 1963, p. 283, lu et souligné par Aquin)

« *Écrivain, faute d'être banquier* »

1. Cette interview de Jean Bouthillette a été publiée dans *Perspectives (Dimanche-Matin)*, nᵒ 41, 14 octobre 1967, accompagnée de photos de Guy Fournier.

Les guillemets du titre, extrait de l'interview, indiquent qu'Hubert Aquin s'approprie ces mots. Sur la question des opinions politiques d'Aquin, on consultera une lettre ouverte adressée par Aquin au journal *La Presse*, parue sous le titre « Un ancien officier du RIN regrette sa disparition », 5 novembre 1968, p. 4.

2. Hubert Aquin rentre d'Europe, après sa tentative d'émigration en Suisse, en mars 1967. À partir de septembre, il enseigne au collège Sainte-Marie. Entre ces deux dates, pigiste, sans emploi fixe, il a occupé cette fonction qui ne laisse pas de trace dans ses archives. Le Centre culturel du Vieux-Montréal a été fondé par Jacques Languirand.

3. Allusion aux déclarations d'Aquin qui justifient le titre de l'interview. Voir à ce propos « Profession : écrivain ».

4. Dans l'interview qu'il accorde à Marcel Godin après la parution de *Point de fuite*, Aquin déclare : « [...] j'attends que la société me demande d'écrire, de façon très précise. [...] je considère que l'offre et la demande, c'est une loi » (*Horizons*, Radio-Canada, 28 janvier 1971).

5. Front de libération du Québec, fondé en 1963 à Montréal, afin d'obtenir l'indépendance du Québec par la révolution.

6. Ainsi présentée, l'histoire est quelque peu simplifiée. Les avocats d'Aquin obtinrent en effet du juge Claude Wagner qu'il soit transféré de la prison Parthenais à l'aile psychiatrique grillagée de l'Institut Prévost. Aquin fut libéré sous un fort cautionnement trois mois plus tard. Aquin est resté exactement deux mois et une semaine à l'Institut Prévost. Voir *Itinéraires d'Hubert Aquin* par Guylaine MASSOUTRE, Montréal, « Bibliothèque québécoise », 1992.

7. Le roman fut écrit en partie seulement lors de l'internement.

8. Aquin demande à Pierre Tisseyre, son éditeur, de ne pas

publier son roman avant la tenue de son procès. Déposé en janvier 1965 au Cercle du Livre de France, corrigé en mars, la sortie a lieu le 2 novembre. Le livre connaît un succès retentissant. Par ailleurs, l'instruction du procès suit son cours durant l'année, mais les auditions en Cour sont fréquemment reportées ; le procès commence vraiment en novembre 1965 et le jugement d'acquittement est prononcé en mars 1966.

9. Le Rassemblement pour l'indépendance nationale (RIN) fut créé en 1960. Dans l'interview « Quebec Now » de *Midday Magazine*, Aquin affirme qu'il est devenu membre du RIN dès 1960. En février 1962, il donne sa première conférence au RIN. À l'automne suivant, le RIN se transforme en parti politique.

10. Le 3 mars 1963, lors d'un congrès spécial du RIN, Hubert Aquin s'écrie : « La révolution est un acte d'amour et de création. » Cité par Louis Fournier, *F.L.Q. Histoire d'un mouvement clandestin*, Montréal, Québec-Amérique, 1982 p. 37.

11. Allusion aux bombes déposées par le FLQ à Montréal à partir de mars 1963, jusqu'à la disparition du mouvement, à l'automne 1972.

12. « [...] je demeure odieusement pris d'existence et nullement enclin à rédiger mon acte de décès par politesse envers les apôtres d'une cause supérieure. Je persévère ; je me crampone à une entreprise d'existence et je persiste à croire que cette volonté de continuer ne peut être que positive et normale. » (Aquin, *La Presse*, « Un ancien officier du RIN regrette sa disparition », 5 novembre 1968, p. 4) Aquin fait référence à la dissolution du RIN.

13. Cette phrase a une curieuse résonance à l'époque où Aquin compose *Point de fuite*, puisque se déroule la « crise d'octobre », opération d'enlèvement de diplomates par le FLQ, suivie de l'occupation du Québec par l'armée. On y opposera l'article de jeunesse « Éloge de l'impatience », *Le Quartier latin*, 18 novembre 1949, dans l'édition critique des *Mélanges littéraires* d'Hubert Aquin (vol. I) par Claude Lamy, *op. cit.*

14. Comparer avec l'entretien d'Aquin avec Michelle MAILLÉ : « Écrivez-vous spontanément ? — Pas du tout. J'écris toujours après avoir établi un plan, l'avoir mûrement réfléchi et ana-

lysé. Je me mets alors à rédiger. J'écris d'un trait, tous les jours, pendant tant d'heures et durant une longue période. » (*L'Interdit*, mars 1973)

15. Allusion au débat sur le joual. Voir Aquin, « Le joual refuge », *Maintenant*, mars 1974, nᵒ 134, repris dans les *Mélanges littéraires* d'Hubert Aquin, vol. II, *op. cit.*.

16. Terme anglais qui signifie « retombée ». Il s'utilise pour désigner la chute de la tension dramatique dans une intrigue, après un moment particulièrement fort.

17. Première occurrence du terme, qui donne son titre au recueil.

18. Rappel de la formule célèbre de Rimbaud : « Je est un Autre. » Dans une interview à Radio-Canada, le 19 janvier 1971, Aquin déclare : « Je ne saurais transcender mes propres contradictions jusqu'à les concilier une fois pour toutes. J'ai d'abord considéré que l'écrivain doit être engagé, enraciné, puis que l'écrivain, c'est quelqu'un d'autre que moi, puis que c'est un producteur de textes. » (*Carnets Arts et lettres*)

19. « Je suis semblable à l'ombre,/ je fuis qui me poursuis,/ je suis qui me fuit... » (D'Urfé, extrait de Jean Rousset. *La Littérature de l'âge baroque*, p. 35 ; Aquin, « Hamlet (1970) Notes de lectures », f. 56). Citation reprise dans *Neige noire*.

« En toute chose, on est plus ardent à la poursuite qu'à la jouissance. » (Shakespeare, *Le Marchand de Venise* ; *ibid.*, f. 45)

L'Alexandrine

1. Nouvelle inédite en 1971.

2. « ... Rappelez-vous vos épiphanies sur papier vert de forme ovale, spéculations insondables, exemplaires à envoyer en cas de mort à toutes les grandes bibliothèques du monde, y compris l'Alexandrine. » (James Joyce, *Ulysses*, cité par Eco dans *L'Œuvre ouverte*, Paris, Seuil, 1965, p. 205, repris par Aquin dans ses notes de cours, dossier « Pour le cours 224. Notes de cours », f. 33) Cité aussi dans l'ouvrage de William T. Noon (voir note 7).

3. Giovanni Battista Pirelli (1848-1932) fut le fondateur

d'une société italienne de pneus et de produits dérivés du caout-
chouc. Aquin suggère une amitié complice des personnages autour
de l'automobile.

Toutefois, la clé de ce nom est sans doute André Sperelli,
personnage principal de *L'Enfant de volupté* (1889) de Gabriele
D'ANNUNZIO, dont celui-ci écrit : « C'est le roman de la lutte d'une
monstrueuse Chimère esthético-aphrodisiaque contre le fantôme
palpitant de la Vie dans l'âme d'un homme. » Voir aussi « De retour
le onze avril », note 4.

4. Levasseur est aussi le nom d'un personnage de *Double
sens* (policier enquêteur), téléthéâtre d'Aquin.

5. George Eastman (1854-1932), industriel fondateur de la
maison Kodak, réalisa les premières plaques photographiques au
gélatino-bromure d'argent. Établi à Rochester, il donne son nom à
l'International Museum of Photography de la George Eastman
House.

6. State University of New York at Buffalo. Hubert Aquin y
a séjourné en mars 1968, à l'occasion d'un colloque dont il était
l'invité d'honneur et dans lequel il a prononcé une conférence (voir
les *Mélanges littéraires* d'Hubert AQUIN, vol. I, édition critique par
Claude Lamy, *op. cit.*). À cette occasion, il a visité la Lockwood
Memorial Library, qui contient quelque 20 000 pages de manuscrits
et de lettres de James Joyce.

7. « … une épiphanie n'est qu'un prélèvement de la réalité
vécue… James Joyce a enregistré ce qu'il a entendu dans la bouche
des gens, d'inconnus souvent : ses dialogues spontanés, impromptus
n'ont pas encore fait l'objet d'un arrangement esthétique : ils sont
présentés tels quels… dans leur crudité, leur absurdité, leur dispa-
rité, leur non-sens réel. […] Ces épiphanies constituaient, pour JJ,
une sorte de réservoir inépuisé de drôleries et d'humour maca-
bre… » (Aquin, « Point de fuite 1970. Notes de cours », f. 241.)
William T. NOON, s.j., consacre un chapitre entier aux épiphanies dans son étude *Joyce and Aquinas* (Yale University Press,
1957) ; ce terme religieux, qui signifie étymologiquement apparition, est lié chez Joyce au symbolisme de la lumière et à la jouissance esthétique.

Point de fuite

8. S'agit-il de Thomas Scott ? Cet aventurier irlandais fut capturé à plusieurs reprises par les Indiens Métis, jugé en Cour martiale au Manitoba et exécuté en 1870, devenant alors un martyr pour les protestants anglophones, surtout en Ontario. Ou bien du capitaine Robert Scott, l'explorateur qui se rendit au pôle Sud ? « Vêtu comme le capitaine Scott » semble être une expression figurée pour désigner une tenue hivernale particulièrement efficace ou colorée, singulièrement inactuelle.

9. Les travaux de Giambattista Vico (1668-1744) sur la philosophie de l'histoire ont connu un grand retentissement, notamment chez Hegel. Aquin fait ici référence à la conception circulaire des structures du monde et aux récurrences de l'histoire chez Vico (principes de sa « Scienza nuova »). Ce dernier a donné une grande importance à la métaphore, apte à donner du sens à ce qui n'en a pas. Joyce s'intéressa beaucoup à l'œuvre de Vico qui, comme le rapporte Michel Butor, fut à l'origine de *Finnegan's Wake* ; voir BUTOR, *Essais sur les modernes* (Paris, Éd. de Minuit, 1960) et l'« Introduction ».

10. Nora est la femme de Joyce ; Lucia, leur fille.

11. L'adjectif habituellement dérivé du nom propre Vico est « vichien,ne » ; Aquin y fond l'adjectif « vicieux,se ». Le mot « vicus » figure dans le premier paragraphe de *Finnegan's Wake* de Joyce (rapporté par Michel BUTOR, voir note 9).

12. Italo SVEVO (1861-1928, pseud. d'Ettore Schmitz, romancier) a entretenu une brève correspondance avec Joyce. Voir *Écrits intimes, essais et lettres*, Paris, NRF-Gallimard, 1973, notamment sa conférence « Ulysse à Trieste ».

13. « Superparfaite ». Voir « Lettres à Louis-Georges Carrier », 17 mars 70.

14. Néologisme composé du préfixe iatro-, qui signifie « médecin », et d'un dérivé fantaisiste de l'adjectif « chimique » (sur le modèle de l'adjectif « faux », dérivé « falsifier »). La fin du texte comporte un bon nombre de néologismes : bigélulée, monosyllabée, aporique, dérobement, cristallisateur. Le verbe « transverbérer » figure dans le *Dictionnaire de la langue française* de Littré.

15. Métaphore qui rappelle que les Cours supérieures de

justice sont présidées par des juges nommés par le Gouverneur général, représentant de la Couronne.

16. Jeu de mots entre la beauté qui dérape et la Belle au Bois Dormant. Eco écrit, à propos de *Finnegan's Wake* : « Mais la définition la plus complète de l'œuvre — qui est d'ailleurs comme *slipping beauty* par association de l'idée de lapsus avec le conte de la Belle au Bois Dormant et le délire onirique — se trouve dans la fameuse lettre illisible. Lettre illisible, parce que précisément on peut l'interpréter selon une multitude de sens, tout comme le livre lui-même et l'univers dont le livre — dont la lettre — est l'image... » (Cité dans « Point de fuite 1970 15 - Notes de cours », f. 170)

Un Canadien errant

1. L'article fut d'abord publié dans *Le Magazine Maclean*, vol. VII, nº 4, avril 1967 et partiellement publié dans *Le Jura libre*, 24 et 31 mai 1967. Le dactylogramme est déposé dans les archives de l'ÉDAQ. Pour les relations d'Aquin avec la Suisse, on consultera le dossier d'Henri-Dominique Paratte dans le *Bulletin de l'ÉDAQ*, nº 4, mai 1985, p. 9-34.

2. Allusion à la création de « l'Organisation spéciale » en octobre 1963 et à la « prise de maquis » d'Hubert Aquin en juin 1964. Il s'engageait ainsi dans une voie de soutien au F.L.Q. Il est arrêté en juillet 1964 et accusé de vol, de recel et de possession d'une arme offensive.

3. En décembre 1965, la cause est entendue et le procès terminé ; le juge Trahan prononce officiellement l'acquittement le 4 mars 1966.

4. Film tourné en février et mars 1966, d'après un scénario d'Aquin, lui-même inspiré par un scénario de Jean-Charles Tachella.

5. Il a reçu plusieurs commandes de textes pour Radio-Canada ; il fait de la traduction, rédige des articles et travaille à un film dans le cadre d'Expo 67. Voir *Itinéraires d'Hubert Aquin* par Guylaine MASSOUTRE, *op. cit.*

6. Voir note 3.

7. Aquin possédait de nombreux livres sur la Suisse dans sa bibliothèque et avait effectué auparavant plusieurs voyages dans ce pays. Il avait lu plusieurs ouvrages de Ramuz, d'Amiel, de Dürenmatt et de Benjamin Constant.

8. RACINE, *Phèdre*, IV, 2, vers 112.

9. Aquin a conservé dans sa bibliothèque Guy HÉRAUD et Roland BÉGUELIN, *Europe-Jura* (Lausanne, 1965) et Marcel REGAMEY, Philibert MURET et André MANUEL, *La Création d'un canton du Jura*, Lausanne, Cahiers de la Renaissance Vaudoise, 1957.

Selon Andrée Yanacopoulo, il se serait défait à Montréal de certains documents se rapportant à la question jurassienne lors de leur départ pour Genève.

10. Néologisme.

11. Sigle anglais qui désigne la Gendarmerie Royale du Canada.

12. Au cours de l'automne 1961, Aquin effectue divers déplacements en Suisse, en France, en Belgique et en Afrique ; en juin 1962, il rencontre notamment le journaliste Charles-Henri Favrod à Lausanne, qu'il interviewe pour le film « À l'heure de la décolonisation » de l'ONF. Il passe d'autre part trois jours avec Georges Simenon, qui le reçoit à Échandens (Aquin tourne des images qui sont aujourd'hui perdues).

13. Franck Jotterand est alors rédacteur en chef de *La Gazette de Lausanne*. Il est étonnant qu'Hubert Aquin ne mentionne pas Bertil Galland, rencontré à Ouchy en 1966, qui a écrit un compte rendu de *Prochain épisode* dans *La Feuille d'avis de Lausanne* et qui publie un extrait de *Trou de mémoire* dans la revue qu'il dirige (*Écriture*, 3, 1967).

14. *Trou de mémoire*, rédigé partiellement en Suisse.

15. Pour l'importance du château, et de la Suisse en général, au plan romanesque, voir l'édition critique de *Prochain épisode* d'Hubert AQUIN par Jacques Allard, à paraître dans Bibliothèque québécoise.

16. « En ce qui concerne la prétendue expulsion dont aurait

été l'objet M. Aquin, nous tenons à préciser, sans vouloir entrer dans les détails, qu'il s'agit en réalité d'un refus d'autorisation de séjour fondé strictement et uniquement sur des motifs de police des étrangers (surpopulation étrangère). Étant donné que M. Aquin ne remplissait pas alors les conditions de mise à l'octroi d'une autorisation de séjour de longue durée, il lui a été imparti un délai pour quitter la Suisse puisqu'il s'y était établi avant d'en recevoir l'autorisation formelle. Il est d'ailleurs à noter qu'il a quitté notre pays le 17.12.1966 alors qu'un délai au 15.1.1967 lui avait été imparti. Vu ce qui précède, il est faux de dire que la mesure d'expulsion a été levée en juillet 1967, notre décision dite "d'approbation avec délai de départ de Suisse" ayant été exécutée par le départ volontaire anticipé de M. Aquin. » (Correspondance en date du 20 juillet 1983, émanant de la Police fédérale des Étrangers, déposée à l'ÉDAQ par Henri-Dominique Paratte)

17. Voir note 14.

18. Poète romantique (1827-1879) qui, à la suite de quelques voyages en Europe, quitta définitivement le Québec pour s'installer en France, après une série de difficultés financières et littéraires.

Profession : écrivain

1. Article publié dans *Parti pris*, I, 4, janvier 1964 ; repris dans *Presqu'Amérique* en 1971. Hubert Aquin est directeur de la revue *Liberté* au moment où un numéro consacré à l'indépendance du Québec est programmé ; Aquin a toutefois démissionné de ce poste en octobre 1962. Il s'agit d'un texte très important dans le parcours intellectuel d'Aquin : il contribua grandement à sa renommée. La question du statut social et de la fonction de l'écrivain a beaucoup préoccupé Aquin. Voir l'édition critique des *Mélanges littéraires* d'Hubert AQUIN par Jacinthe Martel (vol. II). Voir aussi la conférence à Drummondville sur le statut d'écrivain, donnée le 5 mars 1970, dans les *Mélanges littéraires* d'Hubert AQUIN par Claude Lamy (vol. I).

2. Bloom, le héros d'*Ulysse* de Joyce, est juif.

3. La phrase vient de la correspondance de Flaubert. « Écrire

me tue » (*Extraits de la correspondance ou Préface à la vie d'écrivain*, présentation et choix de Geneviève Bollème, Paris, Seuil, 1963, p. 114 ; AQUIN, « Notes de lectures H69+70 ») ; « Quel chien de métier » (*ibid.*, p. 104 ; Aquin, f. 7.4) ; « Ce livre me tue » (*ibid.*, p. 114 ; Aquin, f. 7.4) ; « ...écrire m'embête ! » (*ibid.*, p. 181 ; Aquin, f. 7.8) ; « ... la littérature m'embête » (*ibid.*, p. 195 ; Aquin, f. 7.5).

4. Au début de 1963, Aquin se détourne de *Liberté* pour se rapprocher de la revue *Parti pris*, proche du Parti socialiste du Québec.

5. Ce texte comporte de nombreux néologismes : névrotiles, tropiquante, céphalomane, hongritude, ethnifiante, survalorise, insignification, indésirée, inimportante, inchoisie, indésirée, incohère, cohérentielle, transcendantaliste, multibilingues, motuante, avortable, euphémisation, juridico-plate, matriloquace, motuelle, pénélopent, duverné, dénaturalisation, sublimale, microsuisse, débalance.

6. La tâche de lieutenant-gouverneur combine les principes monarchique et fédéral au sein des gouvernements provinciaux. Il bénéficie de pouvoirs discrétionnaires qui, même formels, n'en sont pas moins réels auprès des assemblées et des politiques provinciales.

7. À propos des variantes, thème récurrent de l'œuvre aquinienne, voir la Présentation et la préface d'Aquin.

8. Sur la question de la révolution, voir notamment l'article publié par Aquin dans *L'Indépendance* : « Je suis membre du RIN, et j'ai décidé de le rester indéfiniment, sans démissionner, sans douter, sans jamais renoncer à faire l'indépendance de mon pays. Le RIN n'est pas le ciel ni la sainte Église ; mais ce n'est pas non plus un centre de loisirs. Le RIN est un parti et, à ce titre, ne prétend pas à l'angélisme, ni à la sagesse mystique. Il est critiquable, contestable peut-être ; il est surtout composé d'hommes qui veulent la révolution. Ces hommes sont mes compatriotes, mes frères ; et je suis heureux de la solidarité profonde qui nous unit. » (Février 1964, vol. 2, nᵒ 2, p. 6)

9. En 1961, Aquin travaille à une série de films intitulés « Civilisation française » pour l'Office national du film ; pour le second film, « À l'heure de la décolonisation », Aquin réalise des

interviews avec Albert Memmi, J.-P. Dannaud, Jean Lacouture, Messali Hadj, Paul Ricœur, Octave Mannoni, Olympe Bhêly-Quénum. Il lit notamment *Psychologie de la colonisation* (Paris, Seuil, 1950) d'Octave MANNONI, Léopold Sédar Senghor, Aimé Césaire (Voir *Journal* d'Hubert AQUIN et *Itinéraires d'Hubert Aquin*). Il se rend en Afrique en novembre 1961. En octobre 1962, Aquin lit *Portrait du colonisé et du colonisateur* d'Albert MEMMI (Paris, Buchet-Chastel, 1962 ; l'ouvrage a paru en 1955 aux éditions Correâ, à Paris).

10. Dans l'édition originale : sphynx.

11. Néologisme formé à partir de « mouvoir » et de « mot ». Voir aussi « motuelle », *infra*.

12. Sur l'association des « fleurs de style » et de la mort, voici comment Aquin cite et commente Joyce : « Le peuple le plus ancien. Errant de par la terre, de captivité en captivité, multipliant, mourant et partout naissant… » HA : ce passage, plein de poésie, démontre la culture de Bloom. Et tout au long du livre, son esprit ne cesse de pousser des fleurs de style et des images qui évoquent l'orient, la Palestine, la mer Rouge, Moïse, le moyen-orient… » (« Point de fuite 1970 ». « Notes de cours », f. 127)

13 : « Pourquoi publier, par l'abominable temps qui court ? Est-ce pour gagner de l'argent ? Quelle dérision ! Comme si l'argent était la récompense du travail, et pouvait l'être ! […] comment estimer l'effort ? Reste donc la valeur commerciale de l'œuvre. Il faudrait pour cela supprimer tout intermédiaire entre le producteur et l'acheteur et quand même cette question en soi est insoluble, car j'écris (je parle d'un auteur qui se respecte) non pour le lecteur d'aujourd'hui, mais pour tous les lecteurs qui pourront se présenter, tant que la langue vivra. Ma marchandise ne peut donc être consommée maintenant, car elle n'est pas faite exclusivement pour mes contemporains. Mon service reste donc indéfini, et par conséquent impayable. » (FLAUBERT, *Extraits de la correspondance* […], *op. cit.*, p. 255, lu et souligné par Aquin)

Le cadavre d'une émission

1. Ce texte a été publié dans *Voix et images du pays*, vol. 3, 1970, 281.

2. Voir dans « L'Alexandrine », les « inepties poussiéreuses » de Skeffington.

3. *24 heures de trop* a été diffusé aux « Beaux Dimanches » de Radio-Canada le 9 mars, puis en reprise le 15 mars 1969. Ce téléthéâtre est réalisé par Louis-Georges Carrier ; il met en vedette Jean Duceppe et Marjolaine Hébert.

4. Écrivain latin né en Espagne (env. 560-636) dont l'œuvre connut un immense rayonnement durant le Moyen Âge. L'encyclopédie d'Isidore de Séville (*Etymologiæ*) comporte vingt livres, dont les trois premiers sont consacrés à la littérature et à la rhétorique ; un article concerne la « fabula », c'est-à-dire la fable, partie de la poésie, mais l'expression « fabula modulata » n'y figure pas. Celle-ci désigne une pièce musicale. En 1971, Aquin sous-titre *Œdipe recommencé* par « chantefable », traduction littérale de « fabula modulata », le terme français désignant un récit en prose et en vers (chanté) dans la littérature du Moyen Âge. Dans un dossier intitulé « Remarques relatives à Double Sens », Aquin relève une citation concernant la chantefable extraite de G. COHEN, H. FOCILLON et H. PIRENNE, *Histoire du Moyen Âge. La Civilisation en Occident du XIᵉ au milieu de XVᵉ siècle* (Paris, PUF, 1933, tome VIII, p. 319-320) ; transcription datée du 5 août 1971.

Toutefois, l'expression d'Aquin semble provenir des *Écrits sur le théâtre* (Paris, L'Arche, 1963) de Bertold Brecht (« Petit organon sur le théâtre »), chapitre dans lequel il est question de la « fable » dans ses rapports au spectateur, à l'acteur, à la musique.

5. *Optima cursus dactyli* : l'expression est grammaticalement incorrecte (il y a ellipse d'un nom féminin) ; l'expression signifie « la meilleure forme de cadence dactylique » : Aquin désigne là un rythme bien connu de la poésie latine, qui concerne l'accentuation et le rythme des cinq dernières syllabes d'une phrase, en vers ou en prose (trois brèves suivies de deux longues). Cette clausule poétique latine ne se limite pas à la poésie. *Motus rationabiles* : « mouve-

ments mesurés, réguliers ». *Causa decoris* : « à cause du décor » ou
« pour le décor ».

Éloge des États-Unis

1. La première occurrence professionnelle du sport chez
Aquin date de 1960, de sa collaboration avec Roland Barthes, dans
le cadre de l'Office national du film, pour un documentaire intitulé
« Le sport dans le monde ». Le projet est achevé en 1961 et diffusé
à Radio-Canada le 1er juin 1961 sous le titre « Le sport et les hommes ». Entre 1960 et 1962, Aquin conçoit le projet de fonder une
compagnie de courses automobiles (voir *Itinéraires d'Hubert
Aquin*). Lui-même est épris de vitesse. En 1961 naît le projet de
« L'homme-vite », film dirigé par Aquin et réalisé dans des conditions qui contribueront au renvoi d'Hubert Aquin de l'ONF.

2. Néologisme qui provient de la fusion de délinquance et
déliquescence.

3. Les indications de vitesse sont données en milles.

4. *Apocalypse*, 3, 16.

5. Dans un dossier intitulé « *Ulysse* de James Joyce. Notes de
cours et de lectures », Aquin écrit : « Je ne m'intéresse à la vitesse
que si elle est représentée par le découpage d'une émission dramatique ou si elle correspond à la vitesse existentielle que je peux
parfois atteindre quand mon esprit et tout mon être sont impliqués
dans un processus d'accélération qui modifie profondément l'ensemble de ce que je perçois... Rien ne me semble plus rapide,
aujourd'hui, que des fulgurations intimes qui conditionnent une définition nouvelle (ou toujours renouvelée) de mon élan personnel
dans le monde. J'aime follement certains ralentissements de l'existence qu'emplissent les virtualités de ce qui suivra ou de ce qui est
passé et se rappelle doucement, réitérativement, à ma mémoire. Je
me rappelle une anecdote : Stirling Moss, grand coureur automobile,
décrivait les fractions de secondes précédant l'accident (à partir de
l'instant où il avait eu conscience de perdre contrôle de son auto)
comme se déroulant avec une lenteur solennelle... Et pourtant, cet
homme arrivait dans les virages dangereux ayant dépassé tous ses

rivaux, mais (parfois) l'excès de son dérapage l'introduisait dans une perception infiniment ralentie du temps... Paradoxe... » (« Cours du 5 janvier 1970 », f. 14)

Nos cousins de France

1. La rencontre a été enregistrée le 12 décembre 1966 par Martine De Barcy, réalisée et diffusée sur les ondes de Radio-Canada le 15 décembre 1966 ; l'émission s'intitule « Paris et la littérature canadienne ». Outre les personnalités citées par Aquin, se trouvaient présents le journaliste Mathieu Galley et le critique Pierre-Henri Simon. Hubert Aquin, de même que Marie-Claire Blais, s'y montre peu prolixe. Le texte d'Aquin a été publié sous le titre « La francité. Nos cousins de France » dans *Liberté*, IX, 1, (49), janvier-février 1967.

2. L'Institut France-Canada, qui relève de l'Ambassade du Canada à Paris, organisait ce déjeuner en l'honneur de Marie-Claire Blais, qui venait de recevoir le Prix Médicis pour son roman *Une saison dans la vie d'Emmanuel*, Paris, Grasset.

3. Société protectrice canadienne des animaux.

4. Marie-Claire Blais (1939-), romancière ; Jean-Basile Bezroudnoff, dit Jean Basile (1932-1992, né à Paris), journaliste et romancier ; Naïm Kattan (1928-), écrivain, journaliste, haut fonctionnaire du gouvernement fédéral ; Jean Chapdelaine (1914-), Délégué général du Québec à Paris ; Jean Vallerand (1915-1994) succède à ce dernier en 1966.

5. Jules Léger (1913-1978), ambassadeur à Paris ; Pierre Trottier (1925-), diplomate, poète et essayiste.

6. André Chamson (1900-1983), écrivain régionaliste et haut fonctionnaire, académicien depuis 1956 et directeur général des Archives de France depuis 1969, qui présidait le débat ; l'enregistrement des discours rend bien l'effet comique souligné par Aquin plus bas.

7. Ancienne dénomination géographique régionale d'un département, aujourd'hui appelé Loire-Atlantique.

8. « Nos cousins de France » : expression familière, à connotation parfois ironique, qui rappelle l'histoire du peuple québécois

fondateur. L'expression est attestée dans Bélisle (DGLFC). « des barges de » : expression populaire qui désigne une grande quantité. « s'enfarger » : trébucher ; fig. s'embrouiller, s'empêtrer (*Dictionnaire québécois d'aujourd'hui*). « brailler » : fam. pleurer bruyamment (*ibid.*). « faire un fou de soi » : faire rire de soi (*ibid.*).

9. Sithu U-Thant : né en Thaïlande, homme politique, secrétaire général des Nations-Unies de 1961 à 1971.

10. Écrivain et éditeur, né en 1933, directeur littéraire de la maison Grasset. Éditeur de Marie-Claire Blais et de Jean Basile notamment, il a publié plusieurs articles sur la littérature québécoise en 1966.

11. Premier président du RIN et auteur d'un plaidoyer célèbre, *Pourquoi je suis séparatiste* (1961).

12. Allusion à l'affaire Aquin de 1964.

13. Allusion au phénomène de colonisation au Québec. « Viet-congs » était la dénomination donnée aux communistes, membres du Front national de libération du Vietnam du Sud.

Auto critique

1. Ce texte est lié au travail d'Aquin avec Roland Barthes en 1960, lors de la réalisation du film documentaire *Le Sport dans le monde*, à l'Office national du film. Aquin a lu *Mythologies* (Paris, Seuil, 1957) de Roland Barthes en mai 1960. (Voir note 1 de « Éloge des États-Unis »)

2. L'expression se trouve dans Molière.

3. « Se surimpressionne », « super-squalo », « agoniques » sont des néologismes.

Jules César

1. Projet de théâtre présenté à Paul Blouin. Deux tapuscrits sont conservés dans les archives d'Aquin. L'un (3 f.) comporte des ratures manuscrites et dactylographiées. L'autre (4 f.) n'est pas raturé. Le texte est intégralement reproduit dans *Point de fuite*, hormis la mention FIN qui figure dans le tapuscrit.

2. On attendrait ici un emploi féminin de cet adjectif substantivé.

3. Anglicisme.

4. Paul Toupin est notamment l'auteur de *Brutus ; pièce en trois actes et un épilogue*, Montréal, Librairie Saint-Joseph, 1952 ; voir aussi *Brutus, Le Mensonge, Chacun son amour*, Montréal, Cercle du Livre de France, 1961.

La scène du lit

1. Texte inédit en 1971. Le titre et le scénario proviennent de Bertold Brecht, *Écrits sur le théâtre* (Paris, L'Arche, 1963), chapitre « Invention poétique et métier ». Voir aussi note 5.

2. José Feliciano, chanteur aveugle très connu mais vite oublié, reprit des chansons célèbres.

Felice Feliciano, dit l'Antiquaire, fut un archéologue et poète italien du XVe siècle. On connaît surtout son travail d'imprimeur ; on sait aussi qu'il consacra sa vie et sa fortune à la recherche du patrimoine (Voir *Nouvelle biographie générale* et *Dictionnaire des dictionnaires* de Paul GUÉRIN). Voir l'édition critique de *L'Antiphonaire* d'Hubert AQUIN par Gilles Thérien, *op. cit.*.

Ioanne Bernardo Feliciano est le traducteur et commentateur de l'*Éthique à Nicomaque* d'Aristote.

Le comte auquel Aquin associe parfois ce nom est sans doute Galleazzo Ciano, comte de Cortellazzo (1903-1944), gendre de Mussolini. Initiateur de l'axe Rome-Berlin, il fut condamné à mort pour n'avoir pas cautionné la politique fasciste à partir de 1939. Son journal fut publié en 1945. Jeu de mots possible avec le titre de « marquis » de Sade.

3. « Personne », dans *L'Odyssée*, est le nom que se donne Ulysse, par ruse, pour échapper au cyclope. « La scène du lit » est le onzième texte de *Point de fuite* ; l'épisode du cyclope est le douzième dans le découpage de *L'Odyssée*, selon la table de Stuart Gilbert dans *James Joyce's Ulysses*, *op. cit.* (on notera toutefois que la technique privilégiée par Joyce dans son douzième chapitre est le grossissement, technique utilisée par Aquin dans ce chapitre onze).

4. Le véritable numéro de téléphone d'Hubert Aquin était 688-3495.

5. Titre complet figurant sur le tapuscrit : « Faites-le vous-même. Smash (dramorama) ». Le dossier comprend des notes datées de novembre 1967, avril et août 1968. Le tapuscrit est présenté conjointement par Aquin et par Louis-Georges Carrier. Il s'agit d'une création collective, dirigée par un auteur et un réalisateur, « un concours d'imagination » auquel participe le spectateur et « un spectacle total ». Les deux auteurs imaginent une série dont l'histoire est composée au fur et à mesure par les volontaires participants. On remarque que la troisième version est postérieure à la seconde. Le projet n'a pas été réalisé.

Voir aussi la composition propre au jazz (« jam-session »), notamment décrite par Eco (*L'Œuvre ouverte, op. cit.*, p. 152).

6. Titre exact : *On ne badine pas avec l'amour* (Alfred de Musset).

7. Aquin avait lu le roman *Justine* (1791) de Sade — nous ne pouvons dire s'il s'agissait de *Justine, ou Les malheurs de la vertu* ou de *La Nouvelle Justine* (1800). Il connaissait aussi l'*Histoire de Juliette, ou Les prospérités du vice* (1801). La métaphore des « roses de Sodome » se trouve dans *Justine* ; Aquin fait allusion à la sodomie à plusieurs reprises dans *Point de fuite*. Par ailleurs, le motif de la rose, fréquent depuis les XIIe et XIIIe siècles, est associé à la poésie amoureuse. Voir aussi Borges, « le Teinturier masqué : Hakim de Merv » dans *Histoire de l'infamie, histoire de l'éternité* (Monaco, Éd. du Rocher, 1951, trad. par Roger Caillois, p. 61), où il est question du manuscrit arabe, *La Négation de la rose,* et du livre du Prophète, *La Rose obscure* ou *Rose cachée*.

8. Allusion à Gottfried Wilhelm Leibniz, né à Leipzig (1646-1716). Aquin possédait ses *Nouveaux essais sur l'entendement humain* (exemplaire de 1966) dans sa bibliothèque ; il fait référence ici aux « deux labyrinthes de l'esprit humain », tels que les définit Leibniz : la continuité et la liberté (double principe) prennent naissance dans l'infini, principe invariant et fondamental. Par ailleurs, Aquin fait allusion à l'ordre des Rose-Croix, confrérie alchimiste secrète à laquelle Leibniz était affilié : leur symbole est la rose à

cinq pétales au centre d'une croix. Voir aussi « Lettres à Louis-Georges Carrier », 9 avril 1970.

Henry Ernest Sigerist est l'auteur très connu de *A History of Medicine*, 2 vols., New York, 1951. Dans le tome II, Sigerist consacre le premier chapitre à la médecine archaïque en Grèce ; il traduit lui-même de brefs passages de *L'Iliade* et de *L'Odyssée* aux fins de sa démonstration.

9. Voir, annoté par Aquin, le chapitre d'Umberto Eco, « Ouverture, information, communication », dans *L'Œuvre ouverte* : « La tonalité crée une polarité à laquelle toute la composition est soumise, sauf en de courts moments ; les crises sont là pour pallier à l'inertie auditive, en la ramenant au pôle d'attraction. » (p. 105)

10. Allusion au livre d'Eco, *L'Œuvre ouverte* ; plus particulièrement : « Les poétiques *contemporaines* [...] placent le plaisir esthétique moins dans la reconnaissance finale d'une forme que dans la saisie du processus continuellement "ouvert" qui permet de découvrir en une forme toujours de nouveaux profils et de nouvelles possibilités. » (Eco, p. 99, cité par Aquin, « Point de fuite 1970. Notes de cours », f. 183) Dans le même dossier, à propos du baroque : « JEAN ROUSSET 232 : [...] il en résulte la collaboration demandée au spectateur qu'on invite à être en quelque sorte acteur, et qu'on introduit dans le mouvement d'une œuvre qui paraît se faire en même temps qu'il la connaît... » (f. 177)

11. Ce paragraphe, ainsi que la date qui suit, se trouve dans un dossier intitulé « *Ulysse* de James Joyce. Notes de cours et de lectures », f. 16. Il est précédé de la mention « La sc du lit (suite) » ; la date est précédée de la mention « H. Aquin ». Le tout est dactylographié (double au carbone de l'original).

12. Voir « L'Alexandrine ».

13. Néologisme comme verbe pronominal. À rapprocher du titre antérieur à « La scène du lit ».

14. Italo Svevo a correspondu avec Joyce notamment.

Table tournante

    1. Ce texte a été publié dans *Voix et images*, 2ᵉ trimestre 1969, vol. 2, numéro dirigé par Renald Bérubé.

    2. Pour l'importance de la forme, voir U. Eco, *L'Œuvre ouverte*, Paris, Seuil, 1965, p. 308, texte copié par Aquin : dossier « Point de fuite 1970. Notes de cours », f. 168.

Un drôle de souvenir...

    1. Texte inédit lors de la publication dans *Point de fuite*.

    2. Personnage principal de *Trou de mémoire*. Le Père Magnant est à l'origine des premières anamorphoses. Par ailleurs, James Clarence Magnan est le dernier barde celtique, selon *Essais critiques*, James Joyce, « L'Irlande, île des saints et des sages », cité par Aquin (« James Joyce (JCF et HA) Notes de cours », f. 59). J. C. Mangan est un pseudonyme de James Joyce.

    3. Rachel Ruskin ; narratrice et personnage central de *Trou de mémoire*.

Plan partiel de L'Antiphonaire

    1. Le tapuscrit intitulé « Plan de *L'Antiphonaire* » conservé à l'ÉDAQ comprend 17 f. ; le papier provient du collège Sainte-Marie. Les feuillets sont numérotés 24, 25, 26, 44, 45, 47, 48, 49, 50, 51, 52, 53, 54, 55, 56, 57, 60. Il recoupe en partie le « plan » publié ici : les paragraphes XV à XXII sont communs. Le tapuscrit de l'ÉDAQ ne comprend pas les paragraphes I à XIV et il contient d'autres paragraphes, dans un grand désordre et selon un assemblage manifestement lacunaire, numérotés jusqu'à XLIII.

    Ce « Plan » est à rapprocher du document intitulé « La mort de l'écrivain » (67 f.), dans lequel il s'insère. Voir l'édition critique de *L'Antiphonaire* d'Hubert Aquin par Gilles Thérien, *op. cit.*, p. LXII-LXIII et appendice III, p. 431 sq..

    2. FB : F[lash] B[ack]. Rapprocher Jeanne de Justine et de Juliette chez Sade.

Point de fuite

Un des personnages principaux du récit de Truman Capote *De sang-froid* (trad. Gallimard, 1966) se nomme Herbert William Clutter (il est la victime d'un meurtre, objet du récit). Dans sa conférence du 5 mars 1970 à Drummondville, Aquin juge ce roman « de loin le meilleur, le plus fabuleux, le plus énorme, le plus fracassant des romans publiés depuis une dizaine d'années ! » (*Mélanges littéraires* d'Hubert AQUIN, vol. I, *op. cit.*)

3. Hubert Aquin et Andrée Yanacopoulo se sont rendus en Californie en juin 1969. La documentation demeure trop lacunaire pour renvoyer à un éventuel voyage précédent.

4. « Juliette parcourt et dévaste la France, la Savoie, l'Italie jusqu'à Naples. » Barthes (*Sade, Fourier, Loyola*, Paris, Seuil, 1971). Voir aussi *Tel Quel*, « La pensée de Sade », n° 28, hiver 1967. Allusion au roman de Sade, *Histoire de Juliette*.

5. Voir « La scène du lit. Projet TV », note 2.

6. Auteur imaginaire. Peut-être Abraham MOLES, *Théorie de l'information et perception artistique* (Paris, Flammarion, 1958). Ce nom peut aussi être dérivé de celui de P. Schaeffer, qui publia avec A. MOLES, *À la recherche d'une musique concrète* (Paris, Seuil, 1952).

7. Toute cette phrase reprend des notions développées dans *L'Œuvre ouverte* d'Umberto ECO ; continuum einsteinien (p. 33, chapitre I), stimuli (p. 70 sq), redondance (p. 77) ; Eco considère davantage l'improbabilité que l'imprévisibilité, et il consacre un chapitre au « hasard ». La notion d'imprévisible se trouve dans l'ouvrage cité de Moles, p. 27, p. 82 ; Eco semble avoir lui-même construit ses développements à partir de ce livre.

8. Itinéraire familier à Aquin durant ses années d'étude.

9. Auteur vraisemblablement fictif.

10. Les chanteurs Robert Charlebois et Louise Forestier ont produit ensemble plusieurs disques de variétés. Voir la Préface de *Point de fuite*. Le lien avec la préface est cependant incertain. Christine Forestier s'est d'abord prénommée Jeanne.

Suzanne Bernatchez a d'abord reçu le prénom de Louise.

11. En raison de l'importance que revêt d'Annunzio dans l'œuvre d'Aquin, il faut mentionner que, d'une liaison, d'Annunzio

eut une fille prénommée Renata ; celle-ci écrivit un essai sur son père, mais en dépit de leurs bonnes relations, il n'autorisa pas sa publication. Elle a joué pour lui le rôle de secrétaire à la fin de sa vie. Dans la section VII, Renata se prénomme Jeanne, comme la femme de William Forestier. Dans *L'Antiphonaire*, Belmisseri est changé en Belmissieri.

12. Marco Antonio Zimara est l'éditeur de *Aristotelis opera cum Averrois commentariis : venetiis, apud junctas*, 1562-1574, reproduit par Francfurt, Minerva, 1962. Voir aussi « Préface » de *Point de fuite*, note 4.

13. On pourra rapprocher ce prénom de la couverture de *Point de fuite*, en remarquant qu'il est précisément l'auteur du manuscrit.

14. Ce nom est celui d'un personnage de Sade.

Après L'Antiphonaire

1. Voir l'introduction, « Genèse de Point de fuite ».

Temps mort

1. « La scène du lit, Projet TV», note 2.

Lettres à Louis-Georges Carrier

1. Lettres inédites, effectivement envoyées à Louis-Georges Carrier, ami d'Aquin, lors du séjour de celui-ci à Paris comme étudiant boursier. Contrairement aux mentions de dates dans le sous-titre, les premières lettres datent de 1951.

2. Aquin commence alors une seconde année d'études à Paris.

3. *Malatesta* (1948) de Montherlant ; *Partage de midi* (1906) de Claudel ; *Le Diable et le Bon Dieu* (1951) de Sartre.

4. Ces deux titres sont probablement erronés ; ils n'ont pu être vérifiés.

5. Durant les vacances de Noël, Aquin s'est rendu en Allemagne avec quelques amis.

6. « Je ne sais rien de plus précieux que les heures d'amitié, de conversation, d'échange ; et voilà pourquoi Paris ne peut avoir pour moi la signification qu'évoque à distance le simple mot de Montréal. Une ville c'est un réseau d'amitiés, de sympathies, de conversations sur des coins de rue, dans certains restaurants. Ici je me plonge dans un livre, dans un travail, pour ne pas penser à toutes ces présences qui manquent. » (Lettre d'Aquin à Marcel Blouin, le 11 janvier 1952)

7. Cette lettre est sous l'influence stylistique de Julien Gracq. Voir l'édition critique du *Journal* d'Hubert AQUIN par Bernard Beugnot, *op. cit.*, p. 119.

8. *Les Rédempteurs*, soumis dans le courant de l'année à des éditeurs parisiens qui le refusent.

9. Il se rend en Italie avec Michelle Lasnier en juillet 1952, puis seul en Grèce en août. Pour ses impressions de voyage en Grèce, se reporter à l'édition critique du *Journal* d'Hubert AQUIN par Bernard Beugnot, *op. cit.*, pp. 127-130.

10. Voir « La scène du lit », note 2.

11. Allusion au jeu surréaliste du cadavre exquis, qui consistait à associer des mots au hasard et à observer le sens ainsi créé.

12. Allusion à *Trou de mémoire*.

13. Néologisme pour rotatif, ou rotateur, ou rotatoire.

14. De Paracelse, voir plus loin, note 27.

15. Dans son dossier « Point de fuite 1970. Notes de cours », Aquin oppose baroque et surréalisme. Aquin est frappé par le détachement de l'artiste par rapport à la société, lors de sa lecture de Breton : « La révolution préconisée par A. Breton s'apparente singulièrement à un mythe éthéré et a-social de l'artiste. (...) Cela ressemble singulièrement à une volonté (mais le mot est bien fort) d'anarchisme béat. » (f. 93)

« Cacozélique » vient du grec *cacos* : mauvais ; le terme est utilisé au XVIIe siècle.

Le surréalisme dont il est question ici concerne l'association de l'Afrique et du Québec via l'Italie (voir l'introduction). Le

« génie chevelu » ne peut être que Louis-Georges Carrier, réalisateur à Radio-Canada.

16. Allusion probable à *Neige noire*.

17. « La tâche que je me suis fixée, techniquement, d'écrire un livre de 18 points de vue différents en autant de styles, tous apparemment inconnus ou inaperçus de mes confrères, ainsi que la nature de la légende que j'ai choisie (L'ODYSSÉE), cela a de quoi débalancer l'équilibre mental de n'importe qui... » (James Joyce, lettre du 24 juin 1921, copié par Aquin dans Point de fuite 1970. Notes de cours, f. 148). L'allusion concerne *Point de fuite*.

18. *Odyssée*, chant VI.

19. « Fin vers laquelle on tend ». Voir aussi « L'Alexandrine ».

20. Alexander POPE, *The Odyssey of Homer*, London, J. Walker, 1818.

21. Dans ses notes de cours, Aquin relève « Personne n'est quelqu'un ; un seul homme immortel *est* tous les hommes... J'ai été Homère, un temps ; et bientôt, je serai personne — ou alors (ce qui revient au même) : je deviendrai tout le monde en mourant ». (« L'immortel » de Borges cité par Anna-Maria BARRENECHEA, *The Labyrinth Maker*, The Gotham Library, New York University Press, 1965, p. 99 ; Aquin, « James Joyce (JCF et HA) Notes de cours », f. 23).

22. Néologisme dérivé de Feliciano ; plus loin, « médiévaleux », autre néologisme.

23. « La Bêtise publique me submerge. Depuis 1870, je suis devenu patriote. En voyant crever mon pays, je sens que je l'aimais. [...] La Bourgeoisie est tellement ahurie qu'elle n'a même plus l'instinct de se défendre ; et ce qui lui succèdera, sera pire. J'ai la tristesse qu'avaient les patriciens romains au IVe siècle. Je sens monter du fond du sol une irrémédiable Barbarie... J'espère être crevé avant qu'elle n'ait tout emporté. [...] J'ai toujours tâché de vivre dans une tour d'ivoire ; mais une marée de merde en bat les murs, à la faire crouler. » (Flaubert, *Extraits de la correspondance* [...], *op. cit.*, p. 254, lu par Aquin)

24. La « Mer des Ténèbres » ne figure pas dans l'épisode

des voyages d'Ulysse qui suit la rencontre avec Circé, selon la traduction de Victor Bérard ; mais cet épisode raconte la traversée des Enfers : dans son ouvrage *Les Navigations d'Ulysse* (vol. *Nausicaa et le retour d'Ulysse*, Paris, Colin, nouvelle éd. 1971), Bérard parle de « la mer des ombres ». Dans les trois lettres suivantes, Aquin reprend l'expression, avec des variantes dans les majuscules.

25. « L'homme est un malade qui se fuit lui-même » (Lucrèce), lu par Aquin dans LENOBLE, *Esquisse d'une histoire de l'idée de nature*, et recopié dans « Hamlet (1970). Notes de lectures », f. 12. Voir aussi note 26.

26. « ... *la fausseté de la perspective.* Toute œuvre d'art doit avoir un point, un sommet, faire la pyramide, ou bien la lumière doit frapper sur un point de la boule. Or rien de tout cela dans la vie. Mais l'Art n'est pas dans la Nature ! » (FLAUBERT, *op. cit.*, p. 288, lu et souligné par Aquin)

La valeur documentaire des *Vite* fait de Vasari le père spirituel du maniérisme, dans lequel l'autobiographie, soigneusement mise en scène, joue un rôle important. Sade, dans *Histoire de Juliette* (Paris, Pauvert, 1987, tome 9, p. 17-18), raconte que Vasari surprit Cosme Ier de Médicis en situation d'inceste avec sa fille et qu'il se sauva de Florence, craignant pour sa vie.

27. Médecin suisse (1493-1541) qui joua un rôle considérable dans l'histoire de la médecine. Son intérêt pour l'alchimie est notoire. Son apport au monde scientifique moderne est discuté, mais son œuvre volumineuse a fait l'objet de nombreux articles, en particulier durant les années cinquante et soixante.

28. « Je suis seul, abandonné à la vague, et dans la brume du soir je vois fuir les rives où je voudrais aborder. » (Charles Ferdinand Ramuz, cité par Aquin dans « Hamlet (1970). Notes de lectures », f. 37)

« Il me semble que je vais m'embarquer pour un très grand voyage, vers des régions inconnues, et que je n'en reviendrai pas. » (FLAUBERT, *op. cit.*, p. 261 ; Aquin, « Notes de lectures H 69+70 »)

La « mer infinie » est l'expression d'Homère ; elle est le lieu d'errance des Achéens. Aquin relève la formule, rappelée par

Victor Bérard dans *La Résurrection d'Homère* (Aquin, « Notes de lectures H 69-70 »).

29. Oxymoron qui associe la vierge et la putain. Peut se rapporter à Nausicaa.

30. Plus connu sous le nom d'Averroès dans la tradition latine. Philosophe de l'Islam dans l'Occident arabe (1126-1198), commentateur d'Aristote, il a tenté de restaurer la pensée de ce dernier. A.-J. Festugière s'est notamment intéressé à cette œuvre (Aquin lisait son livre sur Socrate en 1952) ; E. Renan, Henri Corbin ont écrit des ouvrages sur Averroès. Voir la préface de *Point de fuite*, note 4. La citation d'Averroès apparaît dans la nouvelle de Borges intitulée « L'immortel », dans *L'Aleph* (1949, trad. Paris, Gallimard, 1967, p. 31). Voir aussi, dans le même ouvrage, « La Quête d'Averroès », p. 117-129.

31. Allusion au départ d'Ulysse de chez les Phéaciens (et non à son arrivée, comme le laisse entendre Aquin) : « ...De cette grande écharpe, il voila ses beaux traits : devant les Phéaciens, il eût rougi des pleurs qui gonflaient ses paupières ; mais, à chaque repos de l'aède divin, il essuyait ses pleurs [...] » (traduction de Victor Bérard). Suit un passage interpolé selon Bérard : « À toute l'assistance, il sut cacher ses larmes : le seul Alkinoos s'en douta, puis les vit, — ils siégeaient côte à côte, — et l'entendit lourdement sangloter. » (Homère, *L'Odyssée*, Paris, Les Belles Lettres, 1963, tome II, chant VIII)

32. Nausicaa n'était pas une nymphe, au sens strict du terme ; c'est Calypso la nymphe dans le texte d'Homère (elle garda Ulysse auprès d'elle durant sept années). Aquin retient l'association de Lolita et du papillon, ou nymphe, chez Nabokov (Point de fuite 1970. Notes de cours) ; ce qui suggère l'association de Nausicaa et de Lolita chez Aquin.

33. Ptolémée est l'auteur d'une *Vie d'Aristote* qui a fait couler beaucoup d'encre. De cet auteur inconnu nous sont parvenues neuf versions de ce texte, dérivées d'une même source mais rédigées par des auteurs très différents (IXe siècle environ) ; d'où le terme « vulgate ». Cependant, le pluriel de Ptolémée se rapporte plus couramment à la dynastie hellénistique des rois d'Égypte.

Point de fuite

Le terme « Vulgate » (*vulgata editio*) est le plus souvent employé pour désigner la traduction latine de la Bible due à saint Jérôme ; parmi les traductions des Livres saints, c'est celle que l'Église reconnaît comme faisant autorité.

34. Le guide des *Instructions nautiques* désigne tout ouvrage géographique qui guide les marins. Ces guides sont toujours des compilations de données apportées par des documents qui les précèdent. Aquin s'intéresse aux remarques linguistiques qui s'y rapportent dans le livre déjà cité de Victor Bérard.

35. « Les Hellènes d'autrefois donnaient le nom d'*epos* au genre de poésie que notre Moyen Âge appela *chanson de geste* et que la Renaissance nous a dressés à dénommer *épopée*. » (Victor Bérard, *Le Drame épique*, Paris, Grasset, 1930 ; Aquin, « *Ulysse* de James Joyce. Notes de cours et de lectures », f. 26)

36. Néologisme dérivé de Marco Girolamo Vida (1485-1566) qui inspira Milton dans son *Paradis perdu*.

37. « Vierge superparfaite ». Voir « L'Alexandrine ».

38. Marque de bière : Molson (abréviation familière).

39. Deux références à des marques de bière dans cette phrase.

40. Abréviation anglaise de Radio-Canada. Plus loin, « paqueté » : saoul.

41. « Encore la vierge ».

42. Voir « L'Alexandrine », note 8.

43. Télégénique : néologisme composé de télévisuel et de la racine grecque *genos*, qui signifie naissance, origine. Mystificanautique : mystification et nautique. Démythifiargée : démythifier et viarge, juron.

44. « Superparfaite, et comment ? ».

45. Le jeu aquinien avec les pseudonymes italiens provient d'une conférence donnée et publiée par Joyce en Italie (1907) sous le nom de Giacomo Clarenzio Mangan, lu par Aquin dans les *Essais critiques* de Joyce.

46. Abréviation de la formule latine consacrée « Dat Donat Dedicat » qui suivait les dédicaces. Voir aussi la variante (bs) des « Lettres à Louis-Georges Carrier ».

47. Billie Holliday, célèbre chanteuse de jazz et de blues américaine.

48. Voir « La scène du lit 1ʳᵉ version », note 8. La suite de la phrase est inspirée de Borges : « Le Mississippi est un fleuve aux larges épaules. [...] C'est un fleuve aux eaux mulâtres. Plus de 400 millions de tonnes de boue insultent annuellement le golfe du Mexique où il les déverse. Une telle masse de résidus anciens et vulnérables a formé un delta où les gigantesques cyprès des marais vivent des dépouilles d'un continent en perpétuelle dissolution, où les labyrinthes de boue, de poissons morts et de joncs reculent les frontières et assurent la paix de ce fétide empire. » (*Histoire universelle de l'infamie* [...], *op. cit.*, p. 15)

49. La locution figurée « enculage de mouches » signifie « minutie excessive, absurde ». Voir « La scène du lit, 1ʳᵉ version », note 7.

50. Lettre non datée, qui fait suite à un document (voir en appendice) du 22 mars 1970 à propos de ce projet.

51. Amlodi désigne Hamlet ; Robertalo désigne Gérard Robert, aussi convoqué, plus loin, par ses initiales G. R. En mars 1970, Aquin travaille à traduire et à adapter *Hamlet*, la pièce de Shakespeare, pour un téléthéâtre de Radio-Canada. Le projet n'aboutira pas, mais Aquin utilisera le matériau de ses recherches un an plus tard, dans son travail sur Œdipe. Voir l'édition critique d'*Œdipe* d'Hubert Aquin à paraître dans Bibliothèque québécoise.

52. Dans un dossier intitulé « Hamlet - Notes projets », Aquin porte la mention suivante : « Sainte Hostie de Laval, 30.III.70 ».

53. « Ainsi Fengon (Claudius) ayant gagné secrètement des hommes se rua un jour sur son frère — lequel il tua traîtreusement... Et, juste avant de commettre ce massacre, il avait incestueusement souillé la couche de son frère... » (Belleforest, 1582, cité par Aquin dans « Hamlet (1970) Notes de lectures », f. 18)

54. Parodie du titre d'un ouvrage poétique de François HERTEL, *Strophes et catastrophes*, Montréal, Éd. de l'Arbre, 1943. Voir aussi « Ô Virgile, ô poète, ô mon maître divin ! » (Victor Hugo, Aquin, « Hamlet (1970) Notes de lectures », f. 71, lu par Aquin dans JONES, *Hamlet et Œdipe*, Paris, NRF, 1967)

55. Le comte de Southampton (1573-1624) donna son nom à une île située entre le bassin Foxe et la baie d'Hudson. Dans le dossier « Hamlet (1970) Notes de lectures », on lit : « QUESTIONS : - Shakespeare a-t-il fait l'expédition d'Amérique ? (Le comte Southampton, son ami, en a fait partie…) » (Aquin, f. 55).

56. Allusion au téléthéâtre *Double sens*, qui sera enregistré en septembre 1971 et diffusé le 30 janvier 1972, dans une réalisation de Louis-Georges Carrier.

57. Noms utilisés par Aquin dans *Double sens*. Gerson est un nom qui renvoie à plusieurs personnes. Il pourrait s'agir de Jean Le Charlier dit Jean de Gerson (1363-1429), théologien et prédicateur mystique, dont on voit mal le rapport au texte d'Aquin. Ou bien de Gersonide, alias Lévi Ben Gerson (1288-1344), mathématicien, astronome, médecin, théologien et philosophe, commentateur d'Averroès et de la Bible, dont les travaux se sont imposés aux milieux des penseurs tant juifs que chrétiens ; Gersonide a en outre inventé un instrument astronomique qui fut longtemps utilisé par les navigateurs. Mais Gerson est aussi le nom d'un commentateur d'Aristote ; il a été lui-même commenté par Averroès. Voir aussi la préface de *Point de fuite*, note 4. Pour Jean de Garlande, voir Jean de Ghellinck, *L'Essor de la littérature latine au XIIe siècle* (Paris-Bruxelles, Desclées de Brouwer, 1955), ouvrage cité par Aquin (« Notes de lectures - 1970 ha », f. 7). Aquin fait-il d'autre part référence à Jean de Meun (ou de Meung), traducteur et poète moralisant du XIIIe siècle, qui écrivit notamment un second *Roman de la rose* ?

58. Bérurier, personnage des romans de San-Antonio.

De retour le 11 avril

1. Ce texte a été commandé en avril 1966 à Hubert Aquin, par Radio-Canada, dans le cadre d'un échange avec des auteurs canadiens-anglais. Le texte aurait été écrit auparavant. C'est une nouvelle étroitement liée à *Trou de mémoire*. Le tapuscrit de Radio-Canada porte la date du 8 janvier 1968. La nouvelle a été lue par Jean-Louis Roux sur les ondes de Radio-Canada, à l'émission

« Nouvelles inédites », le 11 août 1968. Voir la version de ce texte en appendice IV. La nouvelle qui figure dans *Point de fuite* a été notablement réécrite.

Dans le compte rendu de *Liberté* (mars-avril 1969, n° 62) où ont été publiées les douze nouvelles lues à Radio-Canada, Naïm Kattan écrit : « Chez Hubert Aquin, c'est la liquéfaction du personnage par des événements dont la suite échappe à toute logique. Le mystère qui en résulte est celui de l'existence elle-même. » (*Canadian Literature*, n° 43, hiver 1970, p. 78) Jacques Ferron écrit quant à lui : « Hubert Aquin est un étrange prosateur ; il fuit le sujet et fait des ronds à la périphérie. Pour se suivre sur cette trajectoire, il pratique ce qu'on appelait autrefois l'amplification littéraire. Sa nouvelle décrit une tentative de suicide qui ratera, c'est entendu dès le début ; la raison de ce suicide est éludée […] Sur ce deuxième procédé de rhétorique, la nouvelle prend fin brillamment, comme il est convenu de dire à propos d'Aquin. Pourtant, celle de Jean Basile, tout aussi déconcertante, m'a semblé d'un jeu supérieur. » (*Le Petit Journal*, semaine du 31 août 1969, p. 75)

La date du titre n'a jamais été commentée par Aquin. On observe que quatre des « Lettres à Louis-Georges Carrier » datent du mois d'avril. Dans ses notes de cours, Aquin écrit à plusieurs reprises que le 16 juin 1904, date à laquelle se situe tout le roman *Ulysse* de Joyce, correspond à la première promenade de Joyce avec Nora, sa femme. D'autre part, le roman *Le Bruit et la Fureur* de Faulkner, auteur qu'Hubert Aquin admire aussi, se situe en avril 1928. Enfin, on remarque que *Trou de mémoire*, rédigé partiellement à la même époque que cette nouvelle, a paru en librairie en avril 1968.

Cependant, si on se rapporte au calendrier de 1966, on s'aperçoit que le 11 avril tombe un lundi... de Pâques. Le thème de la résurrection, après une mort cruelle, est au cœur de la nouvelle. Ce procédé est emprunté à Faulkner : « La datation nous révèle une volonté de complexité formelle maximale — soit : une présentation narrative chargée d'une puissance de mystification sans mesure... Faulkner nous donne une clé, quand même, pour cette datation : il s'agit de la semaine de Pâques... du moins pour ce qui se situe en

1928... Mais pour la volonté de rendre complexe et même difficile à déchiffrer ce roman, il ne nous suggère aucun système référentiel explicatif... Tout est drapé, dans ce roman ; tout est voilé, assombri par la nuit du texte — véritable encre de chine qui inonde sournoisement la texture des éléments romanesques... Le lecteur doit s'habituer à cette nuit qui enveloppe tous les personnages et à cette ombre dans laquelle semblent se dessiner leurs évocations, leurs souvenirs, leurs propos... » (Aquin, à propos du roman de Faulkner *Le Bruit et la Fureur*, « Point de fuite 1970. Notes de cours », f. 196) Voir aussi l'introduction.

2. Mickey SPILLANE, *Le Cri du Sioux* (Paris, 1960) ?

3. Ce texte correspond aux retrouvailles avec Pénélope dans *L'Odyssée*, selon le tableau de Stuart Gilbert. Dans *Ulysse* de Joyce, c'est un monologue qui se passe la nuit, au lit, entre Stephen et Molly Bloom.

4. Cette nouvelle doit être rapprochée des « Sables mouvants » (1953) et de « L'Invention de la mort » (1959). Voir le *Journal*, durant l'année 1953, et la note 15. Le personnage féminin — anonyme — rappelle Hélène des « Sables mouvants », dont le modèle est sans doute Helena de *L'Enfant de volupté* de D'ANNUNZIO. Voir « L'Alexandrine », note 2. Voir *Le Triomphe de la mort* de Gabriele D'ANNUNZIO (1890, 1894 dans sa forme définitive), dans lequel le suicide est un leitmotiv.

5. Le titre exact du roman de Simenon, dont Aquin était un grand lecteur, est *Maigret et l'affaire Nahour* (Presses de la Cité, 1967).

6. Aquin n'a jamais travaillé dans ce centre des affaires de Montréal.

7. Aquin possède un exemplaire de 1963 du traité de René Hazard.

8. Aquin possède un exemplaire de 1965.

9. Aquin a été arrêté pour falsification d'ordonnance en juillet 1972.

10. Aquin s'est rendu à plusieurs reprises en Hollande durant ses années d'études en Europe ; il y a visité maints musées (en 1951, 1952, 1954...).

11. « Pour la vie » ; une dose « quoad vitam » : « suffisante pour la vie », c'est-à-dire jusqu'à la mort. Voir *Trou de mémoire*, en particulier le « deuxième cahier (roman III) » dans l'édition critique préparée par Janet Paterson et Marilyn Randall, *op. cit.*, p. 304 sq.

12. Aquin avait d'abord pensé à Bréda, ville où fut signé, en 1667, un traité de paix entre les Anglais et les Hollandais, auquel est liée notamment l'histoire de l'Acadie. Le traité d'Utrecht, conclu le 11 avril 1713 entre l'Angleterre et la France, prévoit que la France cède à l'Angleterre les territoires entourant la Baie d'Hudson, Terre-Neuve et l'Acadie (en partie).

13. Dans la version précédente de cette nouvelle, Aquin mentionne Duke Ellington et non Feliciano. Voir appendice IV et « La Scène du lit. Projet TV », note 2.

14. « Je n'aime que les funérailles… / C'est là où solitaire et sombre / Je vais seul avec mon ombre… » (Agrippa d'Aubigné, extrait de Jean ROUSSET, *La Littérature de l'âge baroque*, p. 107 ; Aquin, « Hamlet (1970) - Notes de lectures », f. 57)

15. Voir *Journal* d'Hubert AQUIN, 1966 : un bref paragraphe porte sur le suicide inéluctable ; voir la brève nouvelle « Rendez-vous à Paris », dans *Le Quartier latin*, 16 février 1951, reprise dans l'édition critique des nouvelles d'Hubert Aquin à paraître dans Bibliothèque québécoise : le terme « suicide » y apparaît pour la première fois dans un texte aquinien de fiction ; voir note 4.

16. Hôpital montréalais où Aquin effectua un séjour, en mars et avril 1963, à la suite d'un grave accident d'automobile.

17. Aquin est né un 24 octobre.

18. Voir la préface de *Point de fuite*, note 14.

19. Souvenir des voyages de jeunesse d'Aquin.

20. La fin imaginée par Aquin est différente dans la version qui figure en appendice : c'est cette dernière qu'il met à exécution en mars 1971.

APPENDICES

Appendice I
Notes de cours

Nous présentons quelques extraits des notes de cours d'Hubert Aquin. Il existe plusieurs dossiers consacrés aux notes de cours ; ils se recoupent partiellement, Aquin reproduisant au carbone jusqu'à quatre fois ses feuillets dactylographiés. Nous choisissons le dossier le plus complet et le plus pertinent pour la lecture de *Point de fuite*. L'ordre à l'intérieur de ce dossier, intitulé « Point de fuite 1970 15 - CBA. Notes de cours », a été respecté. Il comprend 241 feuillets.

Ce cours sur le baroque, donné à l'Université du Québec à Montréal en 1969-1970, est construit à partir d'un autre cours, consacré à l'esthétique du roman, qu'il dispensa au collège Sainte-Marie un an auparavant. Dans ce volumineux dossier de travail, il règne un certain désordre dans la suite des feuillets. On peut toutefois penser qu'ils y ont été disposés par séquences.

Les feuillets portent une double numérotation dactylographiée, l'une en chiffres romains (correspondant à une section), l'autre en chiffres arabes (correspondant à chaque feuillet). Nous l'indiquons au début de chaque extrait, constitué par un feuillet ou par un ensemble de feuillets consécutifs (ex. : XV 179-181). Nous mentionnons en outre la numérotation de l'ÉDAQ correspondant à l'ordre des feuillets dans ces deux dossiers (ex. : f. 3-5). Il y a donc eu au moins trois classements opérés par Aquin ; il n'a pas chiffré le dernier, le plus susceptible de concerner *Point de fuite*. En définitive, l'ordre de ces feuillets importe moins que l'esthétique qui s'y forme et qui concerne directement l'essai de 1971.

Majuscules, minuscules et soulignements originaux sont respectés. La ponctuation est souvent déficiente ou lacunaire ; nous limitons à trois les points de suspension et à un seul emploi les deux points. Les coupures sont indiquées par les signes d'usage […] ; nous signalons entre accolades { } les passages manuscrits ou la présence d'un feuillet intercalé dans une séquence ; entre crochets figurent les mots incomplets et les mots manuscrits dont la lecture est incertaine ou ils signalent la présence d'un mot illisible. Les mots biffés n'ont pas été reproduits.

Les feuillets manuscrits présentent une écriture très large et déformée, difficilement déchiffrable. Aquin écrivait généralement à la machine ; on note qu'il utilisait une large marge blanche, restée vierge, sauf rares exceptions ; Certaines phrases, manifestement rédigées à la hâte, sont incomplètes ou grammaticalement incorrectes. Aquin ne les a pas destinées à la publication. Seule l'orthographe est normalisée dans cet appendice.

Il n'est pas certain qu'Aquin se soit servi de ce dossier tel quel. Son titre semble indiquer qu'Aquin associait ces feuillets à *Point de fuite*. En l'état actuel, ni la constitution du dossier ni les passages manuscrits ne peuvent être datés. Un feuillet manuscrit intercalé porte la date manuscrite du 29.I.72.

3) CONTINUATION DE FAULKNER (*Le Bruit et la Fureur*)

QUELQUES REMARQUES COMPLÉMENTAIRES :

1) (selon C. AIKEN) Faulkner procède par <u>immersion</u> du lecteur... procédé très ambitieux qui consiste à noyer ni plus ni moins son lecteur : ce dernier (nous...) peut réagir, se débattre, bref nager et éviter la noyade... Dans l'autre cas, le lecteur se laisse glisser au fond ; il se laisse immerger dans les eaux faulknériennes... et, alors, il est emporté par un courant puissant... qui le laisse pantelant sur le rivage après qu'il a refermé la dernière page du livre...

2) dans ce cas, le lecteur qui a expérimenté cette immersion peut se demander, après, à quoi répondent toutes les obscurités, tous les voiles qui — en cours de lecture — l'ont empêché de comprendre clairement ou globalement le roman qu'il lisait... Et la question est valide : y a-t-il une raison aux innombrables procédés d'obscuration utilisés par Faulkner ? Il y en a une qui semble avoir été bien consciente chez Faulkner : sa volonté d'inculquer à son roman (à ses romans) une forme inachevée, fluide, en mouvement...

3) De plus, il semble y avoir eu chez Faulkner une constante et obsédante préoccupation de la forme... Et il ne
faut peut-être pas négliger qu'un tel souci formel lui a
conféré — aux yeux de tous — une originalité fracas-
sante...

4) Cette obsession formelle n'a jamais été aussi spectacu-
laire que dans *Le Bruit et la Fureur* et *Absalon !
absalon !*... À son sujet, on a parlé d'« hypertrophie formelle »...

5) La complexité de *Le Bruit et la Fureur* est telle qu'on
a pu dire, de ce roman, qu'il est un roman de spécialiste
... Un chef-d'œuvre, a-t-on dit aussi : et je suis bien prêt
à endosser cette opinion...

6) Comment qualifier le style de Faulkner ? (Selon
Warren Beck) On pourrait dire que sa manière un peu
emphatique, légèrement démodée, sciemment confusionnelle... peut sembler une régression de la technique romanesque... en ce sens que l'auteur utilise les procédés
vétustes de la narration (non sans une pointe de dédain),
mais comme pour envoûter le lecteur, l'injecter de débris
mêlés d'un univers obsédant, le surdoser de mots, de tour-
nures, de paraphrases, de symboles, d'images... tandis
que, selon une autre tradition, la langue employée par les
romanciers est rapide, concise, efficace, dramatique,
économiquement utilisée...

7) Expressionnisme de Faulkner ... son côté baroque :
    composition par tableaux (taches)

réitérations nombreuses
incidences nombreuses
surcharge stylistique
accumulation d'épithètes (voir FLAUBERT)
exclamations
leitmotive
mots-charnières
mots recherchés, bizarres
discontinuité narrative
phraséologie compliquée
art maniéré
ornementation copieuse du style
goût marqué pour les turpitudes et le tragique
parenté de Faulkner avec Conrad et Joyce
procédés contrapuntiques
points de vue multiples
dislocations temporelles (ou : du récit)

EN CONCLUSION
— destruction de la chronologie
— distorsion de l'intrigue ainsi reconstituée par débris ;
— sensation que tout cet univers s'écroule, que la vie ne vaut rien, que la société du sud est finie ;
— sensation que cette dégradation est décrite avec ivresse par le romancier, gorgé de tant de catastrophes ;
— complexité incroyable injectée à l'image floue de ce désastre : remémoration continuelle, répétitive, itérative d'un passé funèbre...
— à cet égard, *Le Bruit et la Fureur* résume bien cette opération mnémonique incessante et circulaire : il s'agit de la grand-mère qu'une petite fille voit sur son lit de

mort, puis de tout ce qui encercle dans le temps ou l'espace le corps de la défunte...

— BORGES a écrit *Les Ruines circulaires* : cela résume bien — symboliquement — le monde faulknérien ; ce sont des ruines circulaires dont on ne sort pas et qu'on arpente inlassablement...

CECI DIT, — n'appelons pas cela le mot de la fin — je laisse FAULKNER non sans un désir pervers de revenir — quand je serai complètement sophistiqué — aux sombres préméditations de Stupen et aux pages enluminées d'*Absalon*...

* *
*

XIII   *166-167*   *f. 8-9*

[...]

HA : [...] ce qui manque à Graham Greene (ou Mauriac), c'est une puissance, une ampleur, une violence, une multiplication des procédés et une quantité de techniques de compositions qu'on trouve chez Faulkner, chez Joyce, chez Nabokov, chez Proust, chez Miller, chez Céline — bref : chez ces écrivains qu'on commence par qualifier de byzantins et qu'on finit par qualifier de fabuleux, baroques, inépuisables, mystifiants... ;

HA : Et je pourrais rallonger cette liste d'écrivains dont l'expressionnisme et les procédés sont frappants — et qui, par cela même, s'éloignent des écrivains soucieux de concision, de précision, de langage net, de composition efficace... (Greene, Mauriac, etc. et ce serait Huysmans, Rabelais, Claudel, Rimbaud, Péguy (sans ordre), Dostoïevski (limite), Théodore Dreiser (*An American Tragedy*), Henry James (un autre Américain), Balzac (limite) — sûrement pas : Stendhal ! —, Borges et qui encore ? ... Hermann Broch... Flaubert... Chose certaine, ces derniers — ceux dont les procédés s'apparentent aux procédés d'un art multiforme, décadent — manifestent une force, une puissance, une vitalité incontestables — ou du moins incontestée indéfiniment, reconnues, admises, et c'est cela qui leur a conféré leur célébrité et leur importance.

Cette propension (qu'ils partagent) aux raffinements stylistiques semble les confiner à la déliquescence stérilisante ou incommunicable ; pourtant c'est le contraire qui s'est produit et qui — selon moi — continue de se produire. Ils demeurent, dans notre sphère culturelle, les grands producteurs d'émotions et de mystifications - les grands écrivains, c'est-à-dire : ceux dont les livres ne sont jamais explicables selon un dessein simple ou d'après une structure sociale quelconque... Leurs œuvres ne sont pas les reflets de leur société ou de leur moi, mais d'abord et avant tout des entreprises complexes de destruction, puis de ré-agencement des éléments du réel... Leurs œuvres ne sont pas des réductions simplificatrices du réel, mais des agencements nouveaux de ce même réel... Leurs œuvres ne sont pas des reflets, elles sont constitutives et génératrices d'une réalité nouvelle et libre.

[...]

* *
*

BORGES (dans le *Prologue à l'édition de 1954*)

« J'appellerais <u>baroque</u> le style qui épuise délibérément... toutes les possibilités, et qui frôle sa propre
caricature. C'est en vain qu'Andrew Lang voulut
imiter vers les années 1880 l'*Odyssée* de Pope ;
l'œuvre était déjà à elle-même sa propre parodie et
le parodiste ne put rien ajouter à cette exagération...
Pour ma part, j'appellerai <u>baroque</u> l'étape finale de
tout art lorsqu'il exhibe et dilapide ses moyens... Le
titre excessif de ces pages proclame dès l'abord,
leur nature baroque... Elles (ces pages) sont le jeu
irresponsable d'un timide qui n'a pas eu le courage
d'écrire des contes et qui s'est diverti à falsifier ou
à altérer (parfois sans excuse esthétique) les histoires des autres...

... Les Maîtres du Grand Véhicule enseignent que
la vacuité est l'essentiel de l'univers. Ils ont
pleinement raison en ce qui concerne cette infime
part d'univers qu'est ce livre. Il est peuplé de pirates
et de potences et le mot <u>infamie</u> éclate dans le titre.
Pourtant, sous ces clameurs, il n'y a rien, rien
d'autre qu'une apparence, une <u>pure surface d'ima-
ges</u> ; et, par là-même, il se peut que le livre
plaise... » p. 11-12

[...]

* *

*

HA — Borges parle des <u>Kenningar</u>, comme Nabokov parle des diverses œuvres de Sébastien Knight (écrivain fictif).

Toutefois Borges fait de multiples allusions à des œuvres réelles, vérifiables, mélangeant ainsi des références fictives à des références vraies, des hypothèses fantaisistes à des hypothèses vraisemblables. Sa technique englobe le tout dans un récit en formes d'études — avec citation + force références + bibliographie.

HA L'effet produit sur le lecteur est une sorte de mystification accompagnée d'une incroyable leçon d'érudition...

Il fait l'inventaire des théories cycliques de l'histoire (p. 165-169) dans *Le Temps circulaire*

- Nietzsche
- Platon
- B. Russell
- Hésiode
- Héraclite
- Sénèque
- Chrysippe

— Virgile
— Shelley
— Condorcet ([histoire] décimale !)
— Bacon
— Spengler
— Vico (vrai *cf* : Joyce)
— Marc-Aurèle

de ce dernier, il cite quelques phrases énigmatiques qui lui permettent de finir son récit (en forme d'étude) en beauté !

Borges fait inlassablement des variations personnelles à partir d'autres histoires (réelles ou fictives), établissant ainsi nettement la nature propre et originale de son entreprise et s'accordant, par le fait même, les libertés qu'il veut bien prendre ou (si l'on veut) sa propre marge de variabilité.

Son obsession des *Mille et une nuits* revient comme un leitmotiv dans tous ses écrits. Ce sont parfois quelque interprétation aberrante, quelque petit détail [ingénu]. Et — avec tous ces matériaux — il construit ses nouvelles, histoires, fictions, poèmes, etc.

HA. À cet égard, son œuvre est unique dans la litt[érature] occidentale. Seul Nabokov a été comparé à Borges à cet égard — Les deux sont baroques. Patricia Merivale (in *The Flaunting of Artifice in W. Nabokov and J. L. Borges*, Wisconsin U. Press, Madison [W], 1967) va jusqu'à comparer Nab[okov] + B[orges] à Robbe-Grillet. « La victime de [Wallas] (*Les Gommes*), écrit-elle, comme celle d'Œdipe, est son père ; tandis que, selon le schème borgien (ou borgiaque), la victime est le moi ou son double : de toute façon, pour B[orges] comme pour R[obbe-] G[rillet], la solution se trouve dans la violence et par la disparition vers le centre d'un labyrinthe. » p. 211.

P. Merivale préconise qu'on désigne son univers fictif non pas comme « un monde de fantômes », mais plutôt comme « des abstractions ».

Il désigne lui-même ses écrits comme étant « des notes à propos de livres imaginaires » *Prologue à la forme de la* […] - p. 12.

« Pour Borges, selon Patricia Merivale, le monde est en forme de livre » p. 221.

HA. Elle compare ses histoires à des fragments de manuscrits. Borges dit lui-même que « Ce sont des images, incomplètes, mais pas nécessairement fausses ».
HA — Euphémisme

« Le monde de Borges, écrit P. Merivale, est un labyrinthe qui, transcrit en roman policier, devient le Livre total (comme chez Mallarmé) et le livre total peut contenir l'explication exhaustive de la réalité. » p. 222.

Dans *La Biblioteca total*, B[orges] parle de cette « vaste bibliothèque contradictoire dont les […] verticaux de livres sont interchangeables ».

B « La préciosité est une folie [furieuse] de l'esprit aca-
démique » Borges *H[istoire] de l'É[ternité]*

[] « <u>imitatio</u> » des anciens : —> p. 209 {manquante}

R. Caillois « ...la part de la tradition dans l'ouvrage de
Borges et celle de son apport personnel. On sait que ce
dernier peut être considérable : presque total ».

HA : Somme toute. C'est l'envers de H. Miller dont les
écrits en forme de roman ne sont en vérité que des fragments discontinus d'autobiographie.
Je me sens plus à l'aise avec Borges.

[...]

*   *
*

VIII   *108-112*   *f. 71-75*

Le problème de la difficulté interne des œuvres baroques
en littérature :
    EX : J. Joyce
    FAULKNER
    Nabokov
    Proust
    GIDE
    Robbe-Grillet
    etc.

Dans tous les cas, ces auteurs ont produit des œuvres en multipliant les réseaux de relations internes de signification et en accroissant la complexité de leur composition.

POURQUOI cette difficulté interne à quoi correspond une difficulté d'approche ? Y a-t-il un sens à cela ? Ou bien : est-ce une pure fortuité ?

RÉPONSES SUGGÉRÉES (COURS 224 LUNDI MIDI) :

1) la volonté de détruire la narration traditionnelle du roman ;

2) dans le but d'impliquer le lecteur par une lecture rendue — plus difficile, plus active ;

3) la littérature arrive maintenant (depuis Joyce) à une phase non figurative et, comme la peinture mais avec un certain décalage, elle produit des œuvres à même des éléments nouveaux et agencés de façon nouvelle — et cette expression nouvelle (cette forme) n'est plus définissable comme une forme nécessairement logique et nécessairement significative.

4) en conséquence, on peut sans doute considérer que l'ouverture de l'œuvre (son ambiguïté, son champ de possibles interprétations) exige ou détermine une structure interne plus complexe, plus difficile à discerner. En fait, les œuvres ne se définissent plus comme des objets sollicitant, de la part du lecteur, une attitude d'identification ou de simple admiration ou rejet — soit : une attitude qu'on peut qualifier d'extérieure

213

complètement à l'œuvre consommée. Au contraire, ce qui est proposé au lecteur, c'est d'entrer dans le jeu de l'œuvre nouvelle - baroque et ouverte...

5) La lecture n'est plus linéaire, ni simple, ni unitaire ; elle correspond plutôt à une multiplication des opérations mentales accomplies par un auteur créant une œuvre ouverte...

6) La lecture d'une œuvre rendue difficile ne peut que s'ajuster à cette caractéristique... elle est une opération intense d'attention, de déchiffrement, de participation active aux divers niveaux possibles auxquels le lecteur peut — personnellement — se situer et fonctionner...

AUTRES REMARQUES RE : ŒUVRE COMPORTANT UNE DIFFICULTÉ INTERNE...

1) un défi est lancé au compositeur ou à l'auteur d'aujourd'hui : il doit tenter de composer une œuvre élaborée selon des préceptes ou des lois complexes, d'après un schéma structurel parfois simple mais dont l'utilisation est très savante, multiforme, génératrice d'une surmultiplication des interprétations.

2) EXEMPLES :
— FAULKNER (*LE BRUIT ET LA FUREUR*) : L'auteur prend le premier chapitre et le place délibérément à la fin du livre. Ce chapitre devient donc le dernier.

— *ABSALON ! ABSALON !* (FAULKNER) :
Livre dont le livre de référence est une légende
biblique. Complications multiples dans le style
et la composition. De plus, 2 personnages portent le même nom : Quentin...

EXEMPLES (suite...)

— *ULYSSE* (J. JOYCE) : l'ouvrage est construit comme une variante (moderne : 1904) de
L'ODYSSÉE d'Homère. Les références dans le
temps et dans l'espace sont nombreuses, apparemment inépuisables à l'intérieur du roman
dont l'intrigue, simple par ailleurs, ne fait que
raconter l'épopée dérisoire de Léopold Bloom,
un juif irlandais, dans la ville de Dublin de
8 heures du matin jusqu'à 2 heures de la nuit...
etc.

— *À LA RECHERCHE DU TEMPS PERDU*
(PROUST). Le roman, dont l'écriture est très
complexe, engendre une complexité bien plus
grande dans la mesure où il est élaboré avec un
point de référence dans le temps qui est *la
COMÉDIE HUMAINE* de BALZAC. Les correspondances entre le roman de PROUST et son
double antérieur sont multipliées : il s'agit d'un
milieu qui est le même — mais dégradé — que
celui décrit par BALZAC dans *la COMÉDIE
HUMAINE*. L'intrigue proustienne se situe, en
grande partie, dans le quartier même où les créa-
tures balzaciennes se déplaçaient : le quartier
Saint-Germain à Paris. De plus, il existe des

correspondances entre le baron de Charlus et Vautrin, le premier se voulant une sorte de double du second et son pareil en cela qu'il considère que Vautrin était comme lui épris des beaux jeunes hommes... Le livre de Proust fournit alors une variante — en certains cas, révélatrices — de *la COMÉDIE HUMAINE.* Je crois que cette interprétation de Vautrin comme étant un Charlus balzacien a permis à des critiques et des lecteurs modernes de relire Balzac en y trouvant de nombreuses indications appuyant cette thèse.

EXEMPLES (suite...)

— *PALE FIRE* (NABOKOV) : un auteur étudie le manuscrit supposément apocryphe (en réalité : fictif) d'un certain auteur et cela, tout en faisant des recherches biographiques à propos de cet auteur. Ici, le système opératoire est un poème (fictif) dont le narrateur-auteur exploite les possibilités en engendrant, à partir de ce poème, une intrigue qui s'y rattache et la vie de ses personnages.

REMARQUES ET CONCLUSIONS :

1) Dans tous ces exemples, on peut dire que l'auteur a établi un écart entre son ouvrage et une autre histoire située dans le passé. Et cet écart étant établi, l'auteur a multiplié les opérations mentales de références, de correspondan-

ces, d'analogies, de rappels, d'évocation et d'adaptation ; il a, pour ainsi dire, édifié son roman sur un nombre très grand de variantes ou d'interprétations possibles — il a prospecté plus ou moins systématiquement ce champ de possibles tout en laissant, du même coup, toute une série de possibles au lecteur virtuel. L'écart intrigue-variante ancienne est plus ou moins grand, plus ou moins générateur de possibilités de correspondances et de contrepoints, plus ou moins riches... Mais, chose certaine, les auteurs que nous venons de mentionner ont construit leurs romans en forme d'œuvres ouvertes qui, par définition, permettent une prospection très vaste à la lecture et à la capacité ou au goût d'interprétation du lecteur.

2) Donc ; œuvres ouvertes : œuvres baroques... et complexité maximum, difficulté maximum, difficultés internes et donc : difficultés de lecture et d'appropriation...

3) EN CONCLUSION, il faut considérer que cette complexité interne fait partie de l'œuvre baroque, qu'elle est inhérente à l'œuvre baroque en littérature dont l'ouverture ou l'ambiguïté engendre forcément ce type de construction stratifiée, complexe, pluridimensionnelle et multiforme... Dès lors, aussi bien admettre d'emblée que le caractère baroque d'une œuvre littéraire confère à cette œuvre tout un réseau de polarisations internes inextricablement reliées l'une à l'autre et toute une série de constellations de

liens entre des éléments romanesques, lesquels liens ne sont pas nécessairement logiques ou nécessaires...

4) L'œuvre ouverte est composée avec un coefficient de déformation correspondant à ses possibilités d'expressionnisme. La forme élue de l'art littéraire baroque est de grandes dimensions ; de plus, elle est construite de façon centrifuge, les directions multiples conduisant vers un extérieur périphérique spatio-temporel qui n'est jamais réductible au système opératoire de l'œuvre. Rappelons l'expression d'Umberto Eco : « un minimum d'organisation avec un maximum de désordre ». C'est la définition qu'il donne de l'œuvre ouverte dont il dit qu'on ne saurait trouver meilleur exemple que dans une œuvre baroque...

* *
*

IV　　　　　　　*49-58*　　　　　*f. 77-86*

9e caractéristique de l'art baroque (W 132)

« La façade ne s'articule pas »... « Le grand style (le baroque) exige qu'on limite le plus possible la division »... La façade doit être d'un seul tenant ; « et c'est précisément là que réside le défaut d'articulation »...

Ici, il convient de se rappeler ce que Wolfflin disait de la nécessité pour le baroque d'avoir recours à l'homogénéité formelle, voire même — comme il le dit lui-même — à l'« unité absolue »…

IL IMporte aussi de retenir ce qu'il écrit (W 134) : l'effet de masse et de mouvement est le principe du style baroque… Le baroque rejette toute la force sur un seul point, éclate en ce point avec la plus grande démesure, cependant que les autres parties restent étouffées et sans vie… ET IL TERMINE EN DISANT (134) : « …le corps tout entier est entraîné dans l'élan du mouvement ».

HA : Je crois qu'il importe de faire la remarque suivante : notre façon de procéder nous permet (éventuellement) de mettre à l'écart ce que Wolfflin considère comme des caractéristiques du baroque — étant donné que son étude est principalement une étude d'histoire de l'art et que sa notion de baroque émane de l'architecture et de la sculpture romaine de 1520 à 1630 environ. Nous ne sommes pas empêtrés dans son système, ni forcément encombrés par des notions qu'il juge fondamentales à la définition du baroque. Si nous utilisons le point de départ de ce livre de Wolfflin, cela ne nous interdit pas de différer de ses opinions puisque notre point de vue est complètement différent et que notre attitude mentale (en 1968-69) bénéficie d'un certain nombre de notions nouvelles qui n'existaient pas en 1880. Nous cherchons des critères différentiels nous permettant d'aller plus loin dans le temps (et ailleurs, dans le domaine artistique) que Wolfflin. Dès lors, il importe de nous dégager des notions qu'il énonce lorsque ces notions (à l'examen) se révèlent soit entachées

d'une subjectivité propre à Wolfflin, soit d'un conditionnement culturel qui n'est plus le nôtre. Je préconise donc
que vous développiez cette attitude critique qui n'a rien
de négatif ou de stérilisant... Quand on parle de critères
différentiels, cela implique une certaine distanciation
(comme on dit au théâtre) de notre part...

En fin de compte, notre but est plus simple, moins ambitieux que celui de Wolfflin : nous ne cherchons pas des
facteurs déterminants et nécessaires... nous cherchons à
nous approcher un peu plus ou plus adéquatement d'une
catégorie esthétique que nous désignons comme l'art baroque... Nous ne pouvons avancer dans cette direction
que par un effort de pensée vers un accroissement de
nuance, de précision, de critique... Quand je dis : « effort
de pensée », je veux dire nettement que notre démarche
(en esthétique) sur un inventaire numéroté de la réalité
baroque... Chacun de vous, au terme de cette entreprise
(le cours), devrait se sentir mieux équipé pour réfléchir par
lui-même sur des sujets semblables... pour fonctionner,
plus efficacement, à l'égard de la réalité artistique qui,
comme vous le savez déjà, est l'objet de l'esthétique...

<u>10e catégorie de l'art baroque</u> : l'inachèvement (W 149)
Forme mouvementée veut dire forme inachevée, œuvre
tournée vers un extérieur qui est l'infini ou l'indéfini,
l'ailleurs... En termes formels, cela veut dire que l'œuvre
apparemment inachevée — œuvre ouverte, si l'on préfère
— est, par définition, toujours et indéfiniment extensi-
ble... Elle pourrait se prolonger selon de multiples sché-
mas, se développer indéfiniment...

L'inachèvement n'est qu'une apparence extérieure ou superficielle ; en vérité, il vaut mieux parler d'ouverture de l'œuvre baroque... la forme close ressemblant nettement à l'œuvre classique...

11ᵉ caractéristique de l'art baroque (W 154)
« Le trait significatif du nouvel art (est) l'orgie d'espace et de lumière »...

HA : Ce que Wolfflin appelle « l'orgie d'espace et de lumière » se rapporte à la démesure de l'art baroque (son aspect colossal) et à l'éclairage savant et dramatique que les artistes baroques ont inventé et mis au point par toute une série de puits de lumière, de fenestration nouvelle et par l'utilisation des plans obliques en architecture... L'éclairage (dans l'art baroque) fait partie de l'édifice autant que les pans de murs, autant que les voûtes ou les façades...

12ᵉ caractéristique de l'art baroque (W 160) : la dissonance... Dans l'art baroque, la dissonance est recherchée comme telle...

Ce terme — dans l'ouvrage de Wolfflin — est une trouvaille (du moins en 1880), car, à cette époque, la dissonance n'était pas recherchée comme telle en musique... Depuis, comme on le sait, la musique cherche et trouve des accords nouveaux dans la dissonance... Les anciennes harmonies ont été remplacées par de nouvelles qui ressemblent singulièrement à des dissonances... Les musiciens modernes (Serge Garand) en sont à calculer les intervalles entre chaque son au centième de seconde... Ces intervalles ainsi mesurés constituent une ponctuation musicale inusitée, très variable — ponctuation qui accélère le déroulement des séquences musicales...

En littérature, n'y a-t-il pas l'équivalent de cette dissonance voulue... Par exemple, l'écriture dans les romans de Robbe-Grillet apparaît comme une façon de compter les distances entre le narrateur et les objets... La distance (refroidissante) ressemble singulièrement aux intervalles que les musiciens calculent au centième de seconde... L'écriture de R[obbe-]Grillet se meut spatialement, engendrant (pour le lecteur) des espaces précis (voire : obsédants de précision...), des espaces soigneusement mesurés et décrits — des espaces sans déroulement temporel... des espaces hors du temps... Triomphe de la dissonance que cet art trop mesuré qui élimine — avec une suprême désinvolture — la dimension temporelle — la loi implacable du temps... Or, le temps — on n'en sort pas... — est le véhicule primordial de toute vie humaine : c'est le vécu le plus riche... c'est l'historicité, mais aussi la durée moyenne de la vie... Il n'y a pas d'expérience hors du temps, pas de vie qui échappe au temps...

Notons (au passage) que le vécu temporel a toujours constitué un piège pour les romanciers... en cela qu'ils ont mis du temps... et qu'il a fallu beaucoup d'imagination pour utiliser le temps autrement que selon la loi de succession... Oui, il a fallu que des années et des décades [...] passent et que les grands romanciers investissent leur imagination à fond perdu, pour qu'enfin on puisse aménager le temps fictif en dehors de la structure narrative qui, longtemps, s'est imposée comme étant propre au récit... En fait, cette structure narrative était héritée des contes épiques ou des récits légendaires d'une humanité primitive... On peut dire que Joyce (avec *ULYSSE*, 1912) inaugure une révolution formelle dans le roman. Il a posé la première bombe sous les piliers équidistants de l'univers romanesque ; et depuis, le roman n'a pas cessé de se transformer formellement, de se libérer de l'empreinte formelle de la structure narrative... Le roman s'est mis soudain et depuis à prendre des formes plus belles, plus souples aussi... Et en 1968 (69), on peut dire — sans risque de se tromper — que le roman continue de se transformer sous l'effet (lointain, mais incontestable) de l'influence de Joyce...

Joyce, assurément — à mes yeux, est un grand artiste baroque ; il est aussi baroque que le Bernin lui-même, aussi capable de construire une œuvre colossale (ULYSSE, JOYCE) que les analystes ou les spécialistes n'ont pas encore épuisée... capable d'inventer une structure romanesque qui ne copie pas (platement) la succession du temps humain... laquelle succession avait marqué au fer rouge tous les romanciers qui l'ont précédé... et même des romanciers qui sont nos contemporains...

VOILÀ, le super roman qu'on peut (sans se tromper) placer au rang des grandes réalisations de l'art baroque. (LIVRE DE POCHE 1435-36-37) 704 pages d'une incroyable densité de vie, d'une vitalité bouleversante, écrites avec le sens de la minutie et de la démesure qui carac-

térise Joyce : en 1922, (j'avais dit : 1912... mes excuses !)
cette œuvre fumante et envoûtante est publiée. Par après,
le romancier entreprend FINNEGAN'S WAKE (17 ans de
labeur) qui sera publié en 1939... En 1941, Joyce meurt.
Mais il n'est pas plus facile d'oublier cet auteur incroyable que s'il s'agissait d'Homère... N'a-t-il pas d'ailleurs
quelque ressemblance avec le poète grec dont il s'est inspiré (non pas en le plagiant) mais comme pour lui rendre
hommage et l'égaler ?... Joyce, aveugle (ou presque), est
mort juste avant que son Irlande natale ne débouche, sur
le plan historique et international — en accédant à l'indépendance nationale après quatre siècles d'occupation par
les Anglais...

Mais Joyce s'est exilé en 1912 — sans jamais remettre les
pieds sur son sol tragique, il est mort sans savoir que son
pays accédait enfin (mais trop tard...) à une indépendance
nationale si tragiquement méritée... Colonisé au suprême
degré, Joyce a écrit ses livres en anglais (la langue des
conquérants !)... mais, à lire ou à tenter de lire
FINNEGAN'S WAKE, on croirait que sa dernière entreprise littéraire est chargée de toute la rancœur accumulée
par ses compatriotes (en quatre siècles) contre cette langue qui, imposée d'abord, est devenue courante... L'anglais est demeuré (à un niveau sans doute inconscient ! ! !) la langue que Joyce utilisait en la rejetant du
tréfonds de son être... Et il la rejeta avec une violence
inouïe... presque perfide... On pourrait croire qu'il s'est
vengé efficacement de cette langue étrangère qui, même
devenue maternelle, lui répugnait toujours : mais il écrivait en anglais... Et, au cours de sa vie, on peut constater

que plus le temps passait... plus Joyce machinait de dégénérer cette langue que l'histoire lui avait imposée. Il en fit une langue contaminée, pourrie, profiteuse, une langue de conquérant : il s'ingénia, dans *FINNEGAN'S WAKE*, à trouver des racines latines, grecques, italiennes à tous les mots de cette langue... Il s'est vengé (pourrait-on dire) de l'imposition de cette langue en la déformant, en la déracinant... car l'anglais de Joyce est une langue détruite, désintégrée, soumise de l'intérieur aux pires inventions : néologismes, barbarismes, mots absurdes, outrageusement croisés, insensés, mots éclatés, langue non pas morte mais violemment distordue, abâtardie, contaminée, langue sans autre histoire que celle des autres langues... On ne peut pas imaginer mieux que Joyce n'a fait de désarticuler une langue, en lui enlevant toute spécificité, toute noblesse... Il était pris avec l'anglais... Il n'a pas pardonné cette conquête : il s'en est vengé en dénaturant de façon géniale cette langue shakespearienne que (dans son for intérieur) il a identifiée, sans doute, à l'occupation outrageante de son pays par des troupes de Sa Majesté... Sa façon d'être agressif s'est portée sur cette langue — pourtant belle — qu'il a utilisée de façon blasphématoire, sans égard, sans pitié... Sa vengeance ultime (voire : posthume) c'est d'être le plus puissant, le plus grand, le plus célèbre écrivain de toute la littérature anglophone...

Si jamais un romancier a érigé la dissonance en chef-d'œuvre systématique, c'est bien cet Irlandais nourri par quatre siècles de violence contenue, par toute une tradition de contestation qu'il n'a jamais fait porter dans le domaine politique... Toute cette violence s'est incorporée à la littérature anglaise — pernicieusement, presque... Il s'est introduit dans une littérature nationale (dans une langue nationale) pour la saboter génialement...

AU PASSAGE : (W 164-165) Selon W, les formes évoluent de façon autonome sans subir d'influence extérieure (historique)...

Ce passage est à rapprocher des théories de Focillon selon qui la vie et l'évolution des formes artistiques obéissent à des lois propres...

HA : je ne suis pas d'accord avec ce genre de théorie qui constitue la forme en une entité extra-historique, non soumise à l'usure du temps, aux vicissitudes de toute entreprise qui s'inscrit dans l'histoire... Ces fameuses formes (hypertrophiées et autonomes — bref : déconnectées de leur temps) me semblent suspectes : voilà précisément une notion que je m'empresse de dénoncer — ou plutôt : de contester...

Même sur le plan biologique (W 164 en bas), l'être semble — selon W — mourir selon des lois qui lui sont propres... En vérité, c'est le contraire, l'existant biologique meurt d'après des lois qui sont celles du milieu où il a fleuri (l'écologie, science du milieu ambiant) est là pour étayer ce que je vous affirme...

AU PASSAGE (IDEM — W 168-169) . W tente de réfuter les théories « écologiques »... et il finit (p. 169) de choisir entre 2 hypothèses irrecevables...

ute, je ne suis pas en position utile de lecteur :
la distance minimum favorable à l'acte de per-
a perspective qui me reste est une annulation de
pective. Cet aveu n'est pas pertinent à l'exposé
 et continuerai sans doute de faire tous les lun-
..

oyce] à Zurich (1915-1919)
roses étaient toutes rouges,
es lierres étaient tout noirs.
re, pour peu que tu te bouges,
aissaient tous mes désespoirs.
                    (Verlaine)
nes] J[oyce], ces vers de Verlaine représentaient
on même...
s récitait à haute voix...

                *   *
                   *

                6f.   *116*

Tandis que j'écris ces mots en rouge « cinabre »,
e me branche (comme tous les dimanches
matin) au canal 12 pour voir les émissions
parmi les plus spectaculaires que je connaisse
— celles qui proviennent sur bandes magnéto-
scopiques de Turin et de Milan, les deux grands
centres de la RAI... Voilà de la télévision proprement jouissante : le découpage est audacieux,
les décors sont en miroir et en trompe-l'œil, le

OU BIEN : déterminisme total du milieu
OU BIEN : autonomie complète de tout existant...

Il n'est pas besoin d'invoquer saint Thomas d'Aquin pour comprendre que la vérité a des chances de se trouver dans un juste milieu entre le déterminisme total et la totale déconnection des existants...

Sa pensée — sur ce point — court à une vision simpliste du monde vivant et de la vie des formes...

13e caractéristique du baroque : l'effet spécifique de l'art baroque le sublime (W 190)
(et W 191 et 194)

Le sublime — expression de W[olfflin] — est en effet coïncide [*sic*] avec tout ce que Wolfflin a tenté de circonscrire ou de décrire au titre des réactions du spectateur à l'art baroque... Ses expressions sont nettes à ce sujet : « se fondre dans l'Infini », « naufrage voluptueux »... et ainsi de suite. Au terme de cette analyse, Wolfflin arrive (p. 196) à comparer l'effet du baroque à celui qui est ressenti et éprouvé par les auditeurs-spectateurs de Wagner...

14e caractéristique de l'art baroque : l'eau, tout ce qui coule, jaillit, tombe en cascades comme l'eau...
(W 324-339)
L'eau est analysée dans ces pages comme un élément fondamental et très significatif de l'art baroque : fontai-

nes, cascades, pièces d'eau, et toutes les possibilités qu'offrait alors l'eau pompée puis rejaillie par divers procédés semble caractériser le baroque... Il termine son livre sur cet élément qu'il traite — on le croirait — à la fin, mais sans lui conférer pour autant une sorte de primauté de signification... Le livre de Wolfflin n'a rien de baroque, en cela que sa pensée ne dramatise pas le réel qu'elle présente, non plus qu'elle se modèle à cet art baroque qu'elle prétend expliquer : elle n'est ni hantée par le baroque, ni soumise à une tension pathétique qui produirait quelque effet sur le lecteur... Rien de plus classique (analogiquement) que ce livre de Wolfflin qui découpe le baroque d'après une proportionnalité toute classique et selon un ordre formel qui n'a rien de la fougue et du discontinu du baroque... Bref, on ne peut dire de Wolfflin que sa pensée a été emportée, en cours de route, par une frénésie baroquiste... Il semble pourtant qu'elle ait résisté à cet emportement « pathologique » et on pourrait croire, d'après ce livre, que Wolfflin n'a pas cessé — en l'écrivant — d'osciller entre son goût marqué et officiel pour l'Art classique de la Renaissance... et son inclinaison inavouable pour le baroque... Cette ambivalence semble se faire jour sous le voile des mots à la fois péjoratifs et des épithètes admiratives... et cela, tout au long du livre...

[...]

*   *

*

A - I   *[manu*

Considérations liminales :

— La vision du Baroque sel
rue limitée à une période h
romaine : la notion de Rousse
point de vue. Avec D'Ors,
encore plus dynamique — u
ouverte) et plus ambitieuse. S
Baroque orsien — constitue
connaissance, une notion beau
plus manipulable. Nous somm
à un niveau de connaissance
à notre objet d'études, soit : l
siècle.

[...]

*

*

Suite de l'aveu de HA...

    je dois admettre que je
l'immensité joycienne, couver
et m'enlacent, enduit d'une so
agit en profondeur et me dét
moi ; mon être se pulvérise ler
lier des périodes de Joyce, ébl
d'admiration devant le fracas

Somme t
j'ai perdu
ception. L
toute pers
que je fai
dis matin

J[ames] J
    Les
    Et l
    Chè
    Ren

Selon J[a
la perfect
    Il l

5)

genre de télévision qui me paraît être en étroite conformité avec les meilleurs « shows » qui nous viennent des États-Unis... Les gros plans s'accumulent, la discontinuité et l'artificialité sont ostentatoires, pourtant bien réglées. Je me permets de croire que J. Joyce, Italien d'adoption, aurait apprécié ces émissions de TV « mosaïquées », du moins il nous est permis de l'imaginer puisque cela est invérifiable à jamais.

6) *ULYSSE* est un roman « mosaïqué », dont la définition floue permet aux lecteurs une participation d'autant plus intense... Participation chaude aux œuvres froides. Voilà la clé...

7) Sommeil et rêve (à propos de Molly monologuant) : Henri Ey, *La Conscience*, PUF, Paris, 1968, p. 75-76-77.

[...]

* *
*

VII   *95-97*   *f. 125-127*

[...]

T. S. ELIOT à propos de la multiplicité des styles dans *ULYSSE* parle d' « anti-style »...

Mais J[ames] Joyce n'est pas tellement opposé au style que préoccupé de le situer à un niveau supérieur... Il serait plus juste de parler de méta-style... Avec *ULYSSE*, la maxime voulant que « le style c'est l'homme » ne tient pas ; en fait, on peut dire que le style est plus ou autre chose que le style à qui il peut conférer des allures multiples... En fait, le style est transcendé par la composition globale qui intègre chaque style dans chaque case du roman, dans chaque chapitre et qui prédomine incontestablement ce qu'on a accoutumé [de] style (soit : celui de l'écriture)... La forme, donc, prime tout : le contenu, l'écriture, les styles : c'est cette configuration globale du roman qui tient le plus la puissance d'imagination et la richesse symbolique de l'auteur...

La meilleure invention formelle d'*ULYSSE* : le monologue intérieur... ou plutôt : l'utilisation qu'il fait du monologue intérieur... (avant J[ames] J[oyce], deux auteurs — au moins — ont utilisé le procédé du monologue intérieur : Henry James et Édouard Dujardin).
...

Contrepoint mystique dans ce roman :
1) contrepoint   homérique   (ST[ephen] : Télémaque ; B[loom] : Ulysse)
2) contrepoint post-homérique
   STEPHEN : Icarus, Hamlet, Lucifer (fils)
   BLOOM : opposé de Stephen, Hamlet (père)

Ce contrepoint fondamental dans *ULYSSE* permet à Joyce de procéder à des oppositions entre la légende et la réalité, entre l'histoire grecque et l'histoire irlandaise... etc. Mais aussi cela permet tout un jeu de variantes... Si ULYSSE (DANS *L'ODYSSÉE*) est un guerrier, BLOOM est, pour sa part, est [*sic*] un homme pacifique mais un homme dont l'esprit n'est pas domptable, ni domesticable… Cette propriété de l'esprit de Bloom équivaut aux victoires du héros homérique…

Dans DANTE (Canto 26) ULYSSE exprime, dans cette variante inédite, sa volonté irréductible d'apprendre, d'expérimenter, d'approfondir la vie…

On peut dire que Joyce a gardé à BLOOM (son ULYSSE moderne) cette volonté de tout savoir, cette insatiable curiosité pour tous les aspects de la réalité…

Mais pourquoi Joyce a-t-il choisi de construire son roman d'après un modèle épique ancien ? Selon EZRA POUND, Joyce n'a procédé ainsi qu'afin de donner une structure (quelle qu'elle soit) à un roman qui — sans cela — serait sans charpente, informe, dépourvu de toute consistance…

HA : Je pense que Joyce n'a pas utilisé HOMÈRE à seule fin de donner un peu de solidité à une histoire déficiente… Le contrepoint mythique a d'autres fonctions ou d'autres significations que cette seule volonté de structuration…

Il a ainsi multiplié les significations incluses dans son roman, constituant ainsi, à l'intérieur de son ouvrage, un perpétuel redoublement et aussi une sorte de retour en arrière implicite mais continuel… BLOOM n'est pas un héros dépourvu d'intérêt : c'est un juif irlandais, légèrement excentrique… Mais son nom même (BLOOM) veut aussi dire : fleur… Et Bloom est « cultivé » comme une fleur, mais aussi : il s'épanouit à la manière d'une fleur en rayons concentriques s'élargissant toujours dans le temps et dans l'espace... (Son nom d'emprunt à la poste : Henry Fleury — traduction de Bloom...)

P. 57, BLOOM évoque l'Orient dont vient son peuple... « Une terre stérile, un désert. Lac volcanique, mer morte, ni poissons, ni plantes marines, profondes en la terre. Nul vent ne soulèverait ces vagues de plomb, ses eaux chargées de vapeurs empoisonnées... Les villes de la plaine, Sodome, Gomorrhe, Edom. Tous les noms morts. Une mer morte dans une terre morte... Le peuple le plus ancien. Errant de par la terre, de captivité en captivité, multipliant, mourant et partout naissant... »

HA : ce passage, plein de poésie, démontre la culture de BLOOM. Et tout le long du livre, son esprit ne cesse de pousser des fleurs de style et des images qui évoquent l'Orient, la Palestine, la Mer Rouge, Moïse, le Moyen-Orient...

*   *
*

IX   *112-c-V*   *f. 133*

HA : Pour moi, cette totalité dont parle Broch n'a rien à voir avec la somme des connaissances à un moment donné de l'histoire. La littérature ne procède pas selon les méthodes de la connaissance scientifique. Elle produit une image, un symbole, une forme mythique ou légendaire qui est proposée, par sa propre publication, à la conscience des lecteurs, des hommes... Il convient de distinguer <u>production d'une image totalisante</u> (art-littérature) de <u>perception scientifique d'une totalité</u>...

Si on assigne à la littérature une fonction de connaissance (d'abord), cela revient à lui conférer un rôle qu'elle ne peut remplir adéquatement, ni même convenablement... Mais s'il s'agit — en littérature — de viser à la production d'une image totalisante du réel, on sera plus en mesure d'évaluer telle ou telle production au moins d'après cette fonction de totalisation formelle... ce qui nous conduit à conférer une valeur plus grande à certaines grandes à certaines œuvres [*sic*] qui épuisent cette fonction totalisante : *ULYSSE, À LA RECHERCHE DU TEMPS PERDU, LA COMÉDIE HUMAINE, LES ROMANS DE FAULKNER*... et, par conséquent, d'établir des critères de valeurs à l'intérieur du champ artistique...

* *
*

X   *118*   *f. 158*

PRÉLIMINAIRES À LA LECTURE DE LOLITA

— La préface est un premier dédoublement (fictif) de l'auteur ;
— paradoxalement, la vérité du roman s'y trouve non seulement confirmée, mais affirmée avec même des références précises (supposément) aux journaux américains de 1952 ;

— de plus, le style employé dans la préface est ampoulé, volontairement tordu ;

— l'ouvrage s'y trouve disculpé de toute éventuelle accusation d'obscénité… non seulement : le préfacier (fictif) réussit à justifier la présence de certains éléments « aphrodisiaques » (comme il dit) en affirmant qu'ils sont absolument nécessaires à l'élaboration de l'intrigue — donc (implicitement) à l'élaboration de son roman ;

— page 7, en bas, il affirme que « l'épithète choquante n'est bien souvent qu'un synonyme d'insolite et que tout chef-d'œuvre authentique implique de facto une création originale, dont la nature même entraîne toujours un effet plus ou moins violent de surprise »

— selon moi, une esthétique laconique se trouve ainsi exprimée — laquelle a pour but de valoriser ou de reconnaître l'audace de l'intrigue et de lui conférer le statut d'une audace formelle

— page 8, le préfacier dit que LOLITA est un document très valable (intéressant en psychiatrie) et ne peut être assimilable à une entreprise strictement littéraire-fictive…

— une dissociation se trouve opérée de façon parodique — dissociation entre l'auteur et son produit (le livre en question), dissociation entre ce qui est vrai et ce qui est fictif, entre ce qui relève de la littérature et ce qui la transcende (tout en étant écrit et même fictif)…

— cette dissociation voulue et amenée (par la préface) ressemble singulièrement à un jeu… un

peu comme si dans le corps d'une œuvre fictive, l'auteur tentait de situer le plaisir du lecteur à un niveau supérieur à ce qui est fictif...
(Parodie : jeu... p. 30)

* *
*

RÉCAPITULATION RE : BAROQUE, JOYCE, NABO-KOV (AFIN DE PERMETTRE LA PROLONGATION DE LA LECTURE ET LA REMISE DES PRODUC-TIONS NO 1)

1) ESTHÉTIQUE : l'ESTHÉTIQUE est une optique spécifique parmi d'autres optiques scientifiques dans l'étude des œuvres d'art et de la littérature...

À l'intérieur de l'esthétique, le BAROQUE constitue une « CATÉGORIE ESTHÉTIQUE ». De cela, il importe d'être conscient... LE BAROQUE n'est pas une valeur en soi... une sorte de réalité incontestable liée à la composition de l'œuvre d'art ; c'est plutôt une certaine manière de justement composer cette œuvre de telle sorte qu'elle produise — chez son récepteur — un effet typique...

Il faut donc en conclure que le BAROQUE est une catégorie esthétique relationnelle — dans la mesure où il ne peut se définir que par rapport à un objet d'art en relation virtuelle (ou expérimentée, vécue) avec un récepteur-spectateur-lecteur...

C'est pourquoi nous nous attachons, dans l'étude de certains livres, aux aspects formels du Baroque ainsi qu'aux effets recherchés ou produits sur un lecteur donné...

Il n'y a pas d'autre unité d'étude ou de transaction, en esthétique, que les œuvres dans leur statut d'œuvres accomplies...

[...]

* *
*

XI   *131-138*   *f. 171-179*

[...]

VOIR feuille distribuée re : ŒUVRE OUVERTE ET ŒUVRE BAROQUE...

Peut-il être utile (et efficace) d'incorporer à la grille des caractéristiques du BAROQUE cette notion d'ouverture ? Si oui, il faut l'intégrer en lui conférant une capacité d'équivalence (œuvre ouverte : œuvre baroque),
id : donc, en privilégiant la caractéristique d'ouverture dans la mesure où cette caractéristique se trouve avoir une valeur définissante ou une grande capacité d'englober...
Mais — de toute façon — il importe de savoir jusqu'à

quel point nous nous engageons à privilégier cette notion d'ouverture : est-elle porteuse de valeur ?... Voilà le seuil qu'il importe de ne pas franchir, ou alors : de franchir en étant conscient que ce seuil (la notion de valeur attachée à celle d'ouverture) ne peut être franchi sans nous engager dans le seul débat esthétique qui — pour le moment — ne débouche à peu près sur rien... car, que je sache, les esthéticiens modernes ou les penseurs ne répondent pas efficacement à ce problème de la valeur en art...

[...]

Structure est un mot souvent utilisé comme ayant une sorte de perspective transcendante sur celui de forme... Ainsi, forme représente une unité de composition : une forme... et structure (souvent) est une sorte de système explicatif extra-formel...

(Pour moi : forme : unité d'analyse et de structuration)

LE STRUCTURALISME
je suis bien mauvais juge ; pour la bonne raison que je considère le « structuralisme » comme un système de pensée rigide, classique, établi sur la réduction violente de toute réalité à un système analogue à une grammaire...

« Le structuralisme est essentiellement une activité » selon Barthes (*Essais critiques*, 214)

ET p. 216 (idem) « L'activité structuraliste comporte deux opérations typiques : découpage et agencement...

Des unités posées, l'homme structural doit leur découvrir ou leur fixer des règles d'association... »

STRUCTURALISME : PERSPECTIVE SUPRA-FOR-MELLE

FORMALISME (SELON LES STRUCTURALISTES) : UNE DES LOIS DE COMBINAISONS DES UNITÉS

FORME : COMBINAISON DE QUELQUES UNITÉS, AGENCEMENT CONFIGURATIF PARTICULIER

FORME (SELON HA ET ECO ET ROUSSET) UNITÉ DE COMPOSITION ET D'ANALYSE

STRUCTURE : TYPE DE COMPOSITION INTRA-FORMELLE

DISCUSSION

BAROQUE LITTÉRAIRE (SELON ROUSSET)
CRITÈRES :
    1) instabilité (non-équilibre) ;
    2) mobilité ;
    3) vision multiple ;
    4) métamorphose ;
    5) domination du décor ;
    6) illusionnisme ;
    7) inconstance ;
    8) le thème des masques ;
    9) le héros central incertain de lui-même ;
    10) théâtralité ;
    11) ostentation...

5) domination du décor... « L'une des lois du baroque : la prolifération du décor aux dépens de la structure. La métaphore ainsi conçue, à force de se filer, en vient à dresser une véritable composition autonome derrière laquelle l'objet se trouve si bien dissimulé qu'il faut le deviner ; on se trouve en présence d'un <u>déguisement rhétorique</u> » (Rousset 186)

« Ce procédé revient à isoler un détail pris pour le tout, à le mettre violemment en lumière, puis à reporter aussitôt l'attention sur un autre élément gardé caché : ces soudaines volte-face désignent un autre trait commun à toutes ces images : <u>l'énigme</u> » (186)

AUTRE CONCLUSION... « La perfection du bien dire est de ne pas nommer les choses par leurs noms : toute la rhétorique culmine dans la métaphore, et la métaphore aboutit... à l'énigme » (187)

Jean Rousset, *La Litt*[*érature*] *de l'âge baroque en France*, Corti, 1965

AUTRES CRITÈRES DU BAROQUE LITTÉRAIRE :

12) le refus de simplifier (190) ;
13) la feinte ;
14) artifice ;
15) dissimulation - ostentation ;

« ...l'ostentation est [un] mélange instable qui peut aisément glisser à la vanité... La vanité c'est le décor à vide, c'est la façade du néant ; l'ostentation, elle, doit être cautionnée par la réalité... art subtil, qui parfois raffine la dissimulation, en se servant de la vérité même, pour tromper... » (221)

(complémentarité dissimulation-ostentation)

« le Romantisme ne pourra plus concevoir la sincérité masquée... on saisit ici combien le romantisme, à la recherche du moi profond dans la nudité primitive, peut être loin du Baroque » (227-228)

16) l'inachevé ;

(« ...paradoxe baroque : le baroque nourrit en son principe un germe d'hostilité à l'œuvre achevée : ennemi de toute forme stable, il est poussé par son démon à se dépasser toujours à et [sic] défaire sa forme au moment qu'il invente pour se porter vers une autre forme »... (231)

JEAN ROUSSET 232 : « ...une œuvre baroque est à la fois l'œuvre et la création de cette œuvre... »

(TYPIQUE AUSSI DE L'ŒUVRE OUVERTE) « il en résulte la collaboration demandée au spectateur qu'on invite à être en quelque sorte acteur, et qu'on introduit dans le mouvement d'une œuvre qui paraît se faire en même temps qu'il la connaît... » (232)

17) volubilité ;

« Je ne trouve rien de meilleur que de dire beaucoup de choses en peu de paroles... » dont : tendance à l'obscuration...

18) le trompe-l'œil ;

19) l'ouverture (HA et ECO)

« ... le baroque introduit dans la relation décor-fonction une proportion particulière qui peut aboutir à un renversement des rapports habituels : au lieu de traduire la structure, la façade se libère pour se vouer à des fonctions qui lui sont propres... Résultats annexes de ce renversement : libre jeu des motifs de la décoration, profusion, drapé, effets de surprise, illusionnisme... » ROUSSET 169

NOUVELLE ESTHÉTIQUE : Esthétique du mélange, du changement et de la luxuriance...

EN LITTÉRATURE (FR) : 1630-1640

EN ARCHITECTURE (ROME) : 1630-1620

Bernin

Borromini

ET DE NOS JOURS :

PROUST
JOYCE
NABOKOV
GOMBROWICZ
FAULKNER
CAPOTE (mort convulsée)
AQUIN
BROCH
BURROUGHS
MAILER
KÉROUAC
MILLER
brecht (BAROQUE FUNÈBRE)
IONESCO
DUCHARME
FELLINI
ORSON WELLES

STRUCTURALISME : DÉMARCHE DE COMPOSI-
TION OU D'ANALYSE SELON DES SCHÈMES
EXTRA-FORMELS

FORME : UNITÉ DE COMPOSITION (ŒUVRE)
UNITÉ D'ÉTUDE (EN ESTHÉTIQUE)
UNITÉ DE TRANSACTION (LECTURE
OU ESTHÉTIQUE)

de plus : dans la mesure où une œuvre est analysable et
décomposable, elle peut donner lieu à une structuration ou à une destructuration interne (infra-
formelle). Mais ce processus n'est qu'analogi-

quement structuraliste... Il vaut mieux — puisqu'on se situe dans l'œuvre (dans la forme) —
parler de processus de composition formelle ou
(pdv : analyse) d'analyse formelle...

Appendice II
César

Texte inédit figurant dans les dossiers d'Aquin. 3 f. dactylographiés, comportant de nombreuses ratures manuscrites et dactylographiées.

* *
*

Texte original, d'après l'histoire de César.

L'action se situe maintenant dans une capitale. Le parlement peut être reconstitué d'après nos modèles de Québec ou d'Ottawa, mais aussi tout aussi bien d'après celui du Capitole à Washington.

DÉROULEMENT

1) On entraîne César dans une salle de caucus (dans mon imagination semblable à la salle des Bills Privés à Québec). Les conjurés, au nombre de dix environ, parlent avec César. Soudain, il se trouve seul dos au mur... Casca tire César à bout portant. César est atteint, mais tente de sortir de son piège. Brutus l'attend, arme au poing, près de la porte et tire le coup mortel au cœur de César. Ce

dernier, voyant Brutus, a dit[:] « Toi aussi mon enfant ? »… César s'écroule. Les conjurés sortent par plusieurs portes subrepticement, ou bien par la galerie. Cassius demeure. Quand il voit que César est bien mort, il ouvre la porte en jouant la comédie de la découverte, et crie au secours, etc. comme s'il venait accidentellement de découvrir le corps inanimé de César tué par un inconnu.

2) Scène chez Brutus. Portia s'y trouve, mais avec une amie, ou une tierce personne qui rend la conversation malaisée. Bribes de phrases entre Portia et Brutus, très nerveux qui ne sait trop quoi faire. La tierce personne permet de situer politiquement Brutus par une conversation forcée. Le téléphone sonne. La bonne, puis Portia répondent. Effroi. Portia raccroche. Elle annonce avec émotion et en essayant de se contrôler qu'un inconnu, un maniaque peut-être, a tué César dans la salle des Bills privés… Brutus se lève, se vêt et quitte Portia qui tente en vain de le retenir puis l'exhorte à ne pas se montrer…

4) Écran de télévision « full screen ». Un annonceur donne le bulletin de nouvelles : raconte en détails la découverte du corps de César, évoque certaines accusations portées en Chambre contre la faction de Brutus et de Cassius, la réponse de Cassius, etc. puis rappelle les grandes étapes de la carrière militaire et politique de César et le fait que le meurtre a été commis juste avant la séance du Conseil pendant laquelle César était moralement sûr d'accéder au rang de Premier Ministre ou de président du conseil. À un certain moment, la caméra se dégage de

l'écran de télévision et nous montre le salon de Servilia : Brutus et Servilia qui s'y trouvent, troublés, seuls... Servilia, sous le coup du choc, raconte qu'elle a aimé César, qu'il est le seul homme... etc[.] Brutus lui demande quand elle l'a aimé, à quelle date exactement et pour combien de temps (pendant que le petit écran nous redonne toujours la vie de César), et ose faire un rapprochement entre cette date et celle de sa propre naissance. Cette scène est assez longue. Brutus boit ferme, assis devant le petit écran qui, cessant soudain d'être une rétrospective imagée de la carrière de César, devient l'instrument involontaire de flash back... Ceci n'est possible logiquement que si la conversation entre Brutus et Servilia sert de contrepoint au texte du speaker de TV et empiète un peu sur le passage du bulletin de nouvelles à l'évocation du passé...

5) FLASH BACK : une sorte de grand cocktail mondain et politique. César démagogue et séducteur va d'un groupe à l'autre... sûr de lui. Il a un mot sur tout : il est brillant, fort, magnétique. On potine un peu contre lui au passage. Puis, il s'arrête près de Servilia à qui il parle longuement et sur un autre ton. (Ils dansent ?) Après, Servilia et César s'approchent de Brutus : César met la main sur l'épaule de Brutus, affectueusement...

6) Le téléphone retentit chez Servilia. Brutus la supplie de ne pas révéler qu'il se trouve là... Servilia. Elle répond, hésite, s'emmêle... c'est Cassius. Finalement Brutus prend l'appareil. Conversation entre les deux, qui révèle leur culpabilité, leur conjuration et leur meurtre... Brutus

accepte un rendez-vous dans une maison, quelque part...
Quand il raccroche, c'est Servilia qui pose les questions :
elle veut tout savoir, supplie son fils de tout lui raconter...
et finalement obtient l'aveu terrible du meurtre. C'est à ce
moment qu'elle s'abandonne à sa peine et lui apprend que
c'est son père que Brutus a tué... Scène très importante,
où l'effroi de Servilia et le bouleversement de Brutus
donnent lieu à des accusations, à des reproches, à un
silence terrifiant, meublé seulement par l'interruption
d'une émission courante par un bulletin de nouvelles, à la
TV... Brutus et Servilia écoutent. Le speaker annonce que
l'enquête menée par la police a donné quelques indications précises quant aux meurtriers : il s'agit forcément
d'un groupe de députés, etc. Pas de noms. L'enquête se
poursuit. Marc Antoine, procureur général si l'on veut, a
pris la direction de l'enquête et a fait une déclaration...
Image de Marc Antoine à la TV : bref éloge de César,
annonce d'une enquête à fond quels que soient les individus impliqués dans cet assassinat.

7) Brutus ferme l'appareil. Il se prépare à quitter la maison de sa mère. Conversation entre la mère et le fils,
l'ancienne amoureuse et le meurtrier... Scène importante.
Brutus sort. On sent Brutus défaillir intérieurement, cha-
virer...

8) SÉQUENCE FILMÉE : Travelling avec Brutus dans
les rues... Il rase un peu les murs, il est hagard. Une
affiche électorale de César déclenche un flash back accompagné d'un monologue intérieur...

9) Long Flash back : Brutus est dans le bureau de César : César lui dit à quel point il met sa confiance en lui, qu'il veut lui confier un poste important quand il aura été nommé premier ministre… Brutus argumente faiblement en termes « républicains ». César se manifeste comme clairement autocrate : il veut gouverner parce que lui seul en ce moment peut le faire. S'il n'obtient pas les pleins pouvoirs (le premier ministériat) c'est tout le pays qui en souffrira, le peuple, l'économie, le prestige… Brutus deviendra son successeur ; César lui dit cela comme à un fils, paternellement…

10) Retour à Brutus qui s'arrête près d'un kiosque à journaux : grosses manchettes sur la mort de César, les passants parlent, il continue son chemin…

11) FLASH BACK : Reprise de la fin de la scène dans le bureau de César. César parle sur un ton confidentiel ; évoque ses succès passés, mais sans vanité ; parle à Brutus de sa mère Servilia ; dit qu'il est très seul, que le pouvoir isole et que, justement, il a besoin d'amis sûrs… Un messager (ou un téléphone) interrompt cette scène entre Brutus et César. César doit se rendre donner une conférence de presse : Brutus l'accompagne dans le corridor et lui dit qu'il serait habile de sa part (César) d'assister au caucus que Brutus doit tenir incessamment dans telle salle avec tel groupe de députés et ministres… Juste avant que la session ne recommence à la Chambre basse. Le rendez-vous est donné devant la porte de la Chambre basse pour tout à l'heure… César et Brutus se quittent. Brutus s'arrête au prochain téléphone qu'il rencontre :

conversation très brève : Cassius, dans quinze minutes, tel que prévu...

11) Retour à Brutus qui sort d'une cabine téléphonique sur la rue. Il hèle un taxi. Monte dedans. Film. On entend la radio du chauffeur qui commente la mort de César et on parle de la suspicion de meurtre qui pèse sur un groupe de parlementaires, dont Brutus...

12) FLASH BACK : À la porte de la conférence de presse, on entend la voix de César, les questions des journalistes, les rires ou les applaudissements fuser par moments. Cassius et Brutus parlent à voix basse. Cassius : c'est entendu n'est-ce pas ? (Plan précis du meurtre, de la sortie des conjurés, de la rumeur que répandra Cassius au sujet de cette mort. César a été tué par un inconnu, fanatique... Brutus lui dit : vas-y je te rejoins...

César sort de la salle, entouré de journalistes. D'autres se dépêchent vers les téléphones... La conversation reprend entre César et Brutus, mais un ton plus haut, à cause de l'entourage. Quelques questions des journalistes qui situent l'antagonisme politique. Photos des deux, puis ils s'éloignent... César et Brutus pénètrent dans la salle des Bills privés, que nous connaissons déjà ; on revit le meurtre du début, donc exactement la même action mais selon des points de vue plus rapprochés, plus émouvants peut-être. Le second coup de feu, tiré par Brutus, et la phrase de César : « Toi aussi mon enfant ? »... César tombe... cut

13) Retour à Brutus dans l'appartement de Cassius. Brutus s'effondre sur le fauteuil en disant : « Je l'ai tué... » Cassius exulte : il est content de tout, et fait un éloge dithyrambique de la république démocratique qui succédera à l'autocratie de César... Ils ont sauvé la république, c'est merveilleux. Une seule ombre : Marc Antoine qui est en train de profiter de la mort de César pour s'imposer... Cassius : pourquoi réagis-tu comme cela ? Brutus : Tu ne peux pas comprendre... et puis tout est fini ; nous ne pouvons plus rien, moi je ne peux plus vivre... Cassius tente de le remonter...

15) Retour à l'appartement de Cassius : on voit Brutus de dos ; on entend un coup de revolver. Brutus s'effondre. Scène tournée dans un miroir avec un switch pan au moment du coup de feu. Brutus tombe. Cassius accourt... On reste sur Brutus suicidé.

H. A.

mars 1962

Appendice III
Lettres à Louis-Georges Carrier

Il s'agit moins d'une lettre que d'un document de travail, inédit, qui se trouve dans un dossier intitulé « Hamlet ». Ce dossier comprend une chemise vide « Insertions pour Hamlet LGC » et deux feuillets dactylographiés, brochés et numérotés à la main 21 et 22, sans destinataire identifié.

*   *
*

22 mars 1970

<u>Hamlet</u> (90 minutes de TV)
     adaptation et traduction
       de Hubert Aquin

1) Limitation du nombre de personnages :

    Horatio
    Marcellus
    Roi

Spectre
Laertes
Ophélie
Reine
<u>Hamlet</u>
Polonius
Un comédien (qui représente les comédiens)
Fortinbras

2) On peut, en cours de route, fondre le Spectre et le Roi en un seul personnage ; les autres demeurent indispensables.

3) N'oublions [pas] l'assertion de Chambrun : « Chacun a voulu rendre avec plus d'exactitude que son devancier la pensée de Shakespeare »...

4) Autre vérité que [je] précise ici : les « devanciers » en question sont nombreux et écrasants : F.-V. Hugo, Schowb, Pourtalès, Copeau, Gide. Je m'inspirerai, pour cette représentation dramatique TV, de Copeau, de Gide et — cela va de soi — du texte même de Shakespeare, sans compter les nombreuses études faites sur Hamlet, françaises et américaines et anglaises.

5) La modernisation de Hamlet me semble un piège trop gros dans lequel je ne veux pas mettre le pied. L'époque (costumes et décors) sera donc respectée au maximum ; il se peut, dès lors, que les quelques rares contractions soient traduites en raccourcis, si bien que les personnages seront abolis — mais aucun des personnages importants

ne le sera ! J'ose croire que cette vision d'une pièce courante ne court pas le risque d'être considérée comme hérésiarque. Je veux, en quelque sorte, conférer un peu plus de puissance à ce chef-d'œuvre ; ou, peut-être, une puissance actuelle.

6) Ce projet n'est pas une entreprise de désacralisation puisque, à titre personnel, je suis un grand admirateur de Shakespeare.

7) Délai proposé pour produire le texte : vendredi le 10 avril 1970 (à condition qu'on me laisse à entendre que j'aurai un contrat de commande de texte ou une approbation du projet aps - au plus sacrant).

8) Divinement vôtre,

Hubert Aquin
H. (de Feliciano) Aquin,
ou couramment : Hubert Aquin,
Havre des Îles,
App. B-1003,
Laval, Qué.

Téléphone : 688-3495
    (m'appeler Hubert ...)

Appendice IV
De retour le 11 avril

Ce texte a été publié dans *Liberté*, mars-avril 1969, vol. 2, nº 62. Il faisait partie d'un ensemble de douze nouvelles, pour l'émission « Nouvelles inédites » de Radio-Canada. Il fut lu sur les ondes par Jean-Louis Roux le 11 août 1968.

*   *

*

Quand j'ai reçu ta lettre, j'étais en train de lire un roman de Mickey Spillane. Comme j'avais dû interrompre ma lecture à deux reprises, j'avais déjà de la difficulté à suivre l'histoire. En reprenant ce livre une troisième fois — après avoir lu ta lettre —, je ne me souvenais plus si le héros travaillait pour une sous-agence du CIA et qui était ce dénommé Gardner dont il était constamment question. Et puis, je peux bien te le dire, je lisais pour tuer le temps. Et ça ne m'intéresse même plus de tuer le temps.

Tu sembles ne rien savoir de ce qui est arrivé au cours de l'hiver. J'aimerais bien, moi aussi, pouvoir nier ce long hiver qui n'en finit plus, par sa froide agonie, de me rappeler les mois neigeux que j'ai vécus sans toi, loin de toi. Quand tu es partie, la première neige venait tout juste de tomber sur Montréal. Elle encombrait encore les trottoirs, le toit des maisons et formait des grandes nappes blêmes au cœur de la ville. Le soir même de ton départ, j'ai roulé sans but dans les rues désertes et j'ai contourné la montagne, qui se tenait comme un fantôme. Toute cette blancheur m'impressionnait beaucoup. Il me souvient d'en avoir ressenti une certaine angoisse. Peut-être, croiras-tu que j'exagère un peu et que je me complais à établir des corrélations, au passé, entre ton départ et mes états d'âme ou à combiner mes souvenirs pour qu'ils paraissent préparer ce qui a suivi cette première tempête et ton départ. Il n'en est rien, crois-moi. Mais cette neige blafarde sur Montréal, il m'est difficile de la dissoudre dans ma mémoire, autant qu'il m'est impossible de n'avoir pas traversé cette longue saison blanche, de ne pas me rendre aux approches cruelles du printemps.

Il fallait bien que tu l'apprennes ; je te le dis crûment. Et je prends même la peine de te prouver que j'existe encore, hélas, pour te faire savoir que j'ai tenté de m'enlever la vie !

Oui, c'est cela ; et je te le dis sans passion et sans grande émotion. En fait, je suis plutôt déçu d'avoir manqué mon coup et, depuis, je récapitule les erreurs qui m'ont conduit à cet échec. Mais surtout, je m'ennuie, je me laisse couler sous la glace comme le courant d'hiver…

As-tu changé, toi ? Portes-tu les cheveux longs comme avant ? As-tu vieilli de quelques mois depuis novembre ? Et comment te sens-tu après tout ce temps et loin de moi ? J'imagine qu'une femme de vingt-cinq ans a d'autres souvenirs de voyage que des cartes postales. Tu as rencontré d'autres femmes ou un homme ; tu t'es sans doute attachée à quelqu'un et libérée de moi. En disant cela, je sais bien qu'une certaine logique veut que, pour se libérer de quelqu'un, il suffit de le tromper. Sans doute cela est-il partiellement vrai. Et dans ce cas, tu as bien fait de t'envoler un jour vers l'aéroport d'Amsterdam afin de te libérer de ma noirceur et de ma tristesse et tu as bien fait de mettre fin à notre liaison en la rendant encore plus relative, pareille à d'autres, égale en importance, à toute liaison amoureuse, humaine trop humaine, comparable...

Je constate que de t'imaginer ainsi avec d'autres me plonge dans cette neige aveugle qui a recouvert Montréal en novembre dernier. Comme alors, je me sens désemparé ; j'ai beau me répéter que nul événement n'est survenu, nulle rupture entre nous, j'ai conscience que ma tristesse nous submerge et nous confine à la solitude. Je vois encore les rues enneigées de novembre que je parcourais sans raison comme si ce déplacement incessant compenserait ta perte ; mon errance me reconduit au port déserté que nous avons si souvent visité ensemble.

Le soir de ton départ, c'est là que je me suis rendu ; une mince couche de neige crissait sous les pneus, tandis que le fleuve glacé continuait de se mouvoir secrètement. Pendant que j'expérimentais ma solitude discordante, toi, tu volais en DC 8 vers l'Europe, peut-être même ton avion s'était-il posé en douceur sur la piste verglacée de Schiphol après avoir manœuvré lourdement au-dessus de la mer du Nord et des étendues immobiles du Zuiderzee. Moi, pendant ce temps, je dérapais lentement le long des quais ; je suis rentré du port en fin de soirée, j'ai pris le courrier dans notre boîte postale avant de monter à l'appartement. J'ai mis quelques disques et je me suis mis au lit sans conviction, en lisant un Simenon que tu m'avais laissé avant de partir. Si je me souviens bien, ce roman — *L'Affaire Nahour* — se passe dans un Paris couvert sous la neige (ce qui est rare) et, l'espace d'un chapitre ou deux, à Amsterdam. J'ai dû m'endormir aux petites heures du matin.

Le lendemain mon hiver commençait ; j'ai fait comme si de rien n'était et, la mort dans l'âme, je me suis rendu au trente-troisième étage, Place Ville-Marie, et je me suis acquitté tant bien que mal de mon travail de bureau. Dans le courant de la journée, je me suis rendu à la pharmacie du centre d'achats, je lui ai demandé du phénobar ! « Il faut absolument une ordonnance. » Je ne te dirai pas tous les arguments tactiques que j'ai utilisés pour lui prouver qu'il pouvait me ravitailler en toute sécurité et sans déroger à son éthique professionnelle. En quittant cette pharmacie — plutôt dépité —, je n'avais appris qu'une chose : il me fallait à tout prix une ordonnance et des renseignements plus précis quant au dosage et à la présentation des barbiturates que je voulais me procurer.

Pour ce qui est des renseignements, cela ne fut pas tellement difficile ; je me suis rendu à la Librairie Médicale rue McGill et j'ai prospecté les rayons « Pharmacie » et « Pharmacologie » systématiquement. J'y ai repéré un *Précis de Thérapeutique et de Pharmacologie* de René Hazard et un *Vademecum International* qui est une sorte de répertoire de tous les produits mis en vente sur le marché. C'est facile de se procurer ces livres ; je n'en revenais pas. Et le soir, une fois seul, je me suis lancé dans la lecture de mes livres et, même une fois couché, ce n'est pas un Simenon ou un Mickey Spillane que je tenais, mais ce fameux *Vademecum* que j'ai lu presque d'une couverture à l'autre, en ayant soin de prendre des notes diverses sur les multiples composés barbituriques et les pages du livre où leurs effets mortels sont habilement décrits. Mon problème n'était toujours pas réglé : je n'avais pas d'ordonnance, ni aucune façon de m'en procurer. Je me suis endormi, le livre en main, en ressassant cette difficulté majeure. Le lendemain matin, j'étais plutôt mal réveillé à dix heures, abruti… mais nullement découragé puisque je savais à qui je m'adresserais pour obtenir une ordonnance. Ça faisait plutôt longtemps que j'avais rencontré Olivier L., mais comme les médecins sont toujours occupés à ne plus savoir où donner [de] la tête… J'ai fini par le rejoindre au téléphone et, comme je l'avais prévu, il s'est mis aussitôt à pester contre cette profession qui ne lui laissait plus le temps de voir ses amis. Sur ce point, j'ai dû le refroidir un peu… car je lui ai aussitôt demandé une consultation. Et comme il n'y avait rien de particulièrement grave, j'ai dit que je passerais à son bureau en fin de journée…

Après un échange désordonné de souvenirs communs, je lui ai dit carrément que je ne dormais plus. Il a éclaté de rire et m'a dit comme ça : « Est-ce qu'elle te trompe !… ? » Je n'ai pas été capable de lui dire que tu te trouvais maintenant en Europe et que, vraisemblablement, tu… Je suis resté muet, presque hébété : j'avais le goût de fondre en larmes. Il y eut un long silence. Olivier a pris un bloc et s'est mis à griffonner quelques mots illisibles. Il a détaché le papier et me l'a tendu en souriant aimablement : « Tu sais, m'a-t-il dit, il ne faut pas s'habituer à ces produits-là ; je te prescris une douzaine de capsules et, normalement, au bout de douze jours tu devrais avoir retrouvé ton sommeil normal… Tu prends ça une vingtaine de minutes avant le coucher. » J'ai replié l'ordonnance et l'ai glissée dans mon porte-monnaie, pendant qu'Olivier me racontait je ne sais plus quoi au sujet de sa femme qui se plaint qu'il n'est jamais là. « On a tout de même le temps pour un bon scotch : qu'est-ce que tu dirais d'un VAT 69 ? » J'ai dit oui et Olivier s'est éloigné, me laissant seul dans son bureau. Il m'a fallu quelques secondes pour détacher quelques feuilles de son bloc d'ordonnance ; j'étais honteux comme un voleur et fier en même temps d'avoir réussi ce coup que je n'avais nullement prémédité. Olivier est revenu avec une bouteille de VAT 69, deux grands verres et un pot d'eau. Et nous avons bavardé comme ça, de choses et d'autres ; cette fois, c'est moi qui le faisais parler, car je ne voulais plus qu'il me fasse avouer quoi que ce soit à notre sujet, au sujet de ton séjour en Europe, de notre rupture, de mon désespoir.

De retour à l'appartement, j'ai analysé sa propre ordonnance pour douze capsules d'amobarbital sodique et puis je me suis exercé sur du papier blanc à faire une ordonnance médicale libellée à peu près de la même façon et portant les mêmes symboles, les mêmes détails, les mêmes mots latins, les mêmes abréviations. Une fois bien rodé, je me suis fait des ordonnances avec son papier à en-tête. J'avais dix feuilles. Avec trois d'entre elles, j'ai réussi deux ordonnances impeccables de vingt capsules d'amobarbital. Je me suis endormi sur ma réussite.

En quelques jours, j'avais accumulé assez de capsules d'amobarbital à coups de fausses ordonnances. Ce fut beaucoup plus facile que je croyais. Et j'avais appris, par le *Vademecum*, que la dose *quoad vitam* (c'est-à-dire mortelle) est de vingt-cinq capsules de zéro point deux grammes. Mais il m'en fallait plus, toujours plus. Et de cette façon, je retardais le grand moment ; mais j'avais acquis une grande certitude : celle de pouvoir me tuer sans préavis. Quelques jours se sont écoulés comme ça, des jours étranges, car tout en accroissant mes réserves d'amobarbital sodique, je me trouvais relativement sûr de moi, presque en harmonie avec la vie. En quelque sorte, je savais que j'allais mourir au moment voulu et que je devais m'accommoder de ce projet funèbre tout en attendant — qui sait, un mot de toi, une lettre, ton retour... Plusieurs fois par jour, j'allais ouvrir la petite boîte postale, le cœur battant, dans l'espoir que j'y trouverais la raison inespérée de t'attendre...

Et quand j'ai reçu ta lettre du quatorze novembre, cela m'a abattu complètement. Tu m'avais écrit quelques mots sur papier à en-tête de l'hôtel Amstel, mais l'enveloppe portait le tampon de la poste de Bréda : tu t'inquiétais de moi et tu me demandais des nouvelles de moi, de mon travail à Montréal. Et quoi encore ? Tu semblais bien attentive, soucieuse aussi de ce qu'il advenait de moi à Montréal ou gênée de t'être éloignée de moi... Mais que faisais-tu à Bréda ? Comment t'es-tu rendue d'Amsterdam à Bréda (il doit bien y avoir une centaine de kilomètres) et avec qui ? Avec quelqu'un qui voulait te montrer un peu de campagne hollandaise et sa ville natale ? Un autre « collègue européen », comme tu les appelles, qui fait de la décoration intérieure lui aussi et avec qui tu as déjeuné et dîné en route dans une petite auberge ? Tu n'as rien dit sur Bréda, ni rien sur Amsterdam où tu demeurais depuis plus d'une semaine ; et tu n'as rien dit de ces gens que tu as forcément rencontrés... Il faut dire aussi que ta lettre était bien brève, enlevée, presque joyeuse donc, car tu avais laissé tous nos souvenirs dans la neige sale qui inaugurait ce sombre hiver. J'ai déchiré ta lettre.

Puis j'ai continué de faire quelques fausses ordonnances pour remplacer les capsules manquantes, celles que j'avais prises avant ton départ pour affronter les nuits interminables...

Le vingt-huit novembre je n'avais toujours reçu de toi que cette lettre postée à Bréda, rien d'autre. Les jours avaient une amplitude de plus en plus courte, les nuits d'hiver défilaient presque sans interruption. Pour moi, la nuit finale allait commencer — une seule et même nuit qui ne finirait plus, une longue nuit qui mettrait un terme à notre histoire désordonnée, à la longue hésitation, à ta sincérité embrouillée et à tes intermittences — tout cela de toi qui n'avait été cruel que dans la mesure où j'en avais souffert.

Ce jour-là, j'ai fait quelques appels pour me décommander et j'ai mis de l'ordre dans l'appartement. C'était un vendredi. Le soir venu, j'ai pris un bain très chaud. Après, j'ai mis mon pyjama neuf, ma robe de chambre en soie et j'ai mis quelques bons disques sur l'appareil : Duke Ellington, Ray Charles, Nana Mouskouri. J'ai écouté Nana Mouskouri plusieurs fois : j'étais étendu dans le fauteuil écarlate, buvant un grand verre de Cutty Sark, et je regardais, devant moi, ce vide absolu qui

m'attendait et qui me fascinait. Puis, je me suis décidé :
j'ai avalé les capsules bleu ciel par groupes de trois ou
quatre, en m'aidant d'une grande gorgée de Cutty Sark. Je
me suis resservi du scotch pour terminer l'opération capsules, après quoi je me suis défait de ma robe de chambre
et je me suis glissé dans le lit. De ma main gauche, j'ai
ouvert la radio qui se trouve sur notre table de chevet ; le
poste était syntonisé à CJMS. Je l'ai mis à volume moyen
afin de couvrir la respiration stertoreuse qui, selon mes
livres de référence, ne manquerait pas de se manifester
avec le coma. L'important était de ne pas alerter des voisins, ou Dieu sait qui, par cette respiration bruyante qui
dure aussi longtemps que le coma dans les cas d'intoxica-
tion aiguë ; c'est pourquoi CJMS, ouvert vingt-quatre
heures par jour, me convenait parfaitement...

Franchement, je n'étais pas triste, mais impressionné comme celui qui part pour un long voyage. J'étais
ému, tout simplement ému. Comment te dire ? Je pensais
à toi, mais si faiblement : tu évoluais très loin, dans une
brume funéraire. Je voyais encore tes jupes colorées, je te
voyais entrer dans l'appartement, en sortir : je t'imaginais
pleine de paquets et de valises à l'aéroport, tu bougeais
tout le temps, tu t'en allais, tu m'envoyais la main, tu me
souriais, tu revenais à la hâte et tu repartais aussitôt. Tu
ne t'approchais plus de moi et plus je sombrais, moins tu
me regardais ; tu souriais dans d'autres directions, tu regardais d'autres personnes, tu parlais avec des ombres qui
formaient un cercle autour de toi, tu éclatais de rire, tu
tournais sans cesse, tu étais bien vivante, bien animée,
toujours en mouvement. Et moi je ne bougeais plus :
j'étais comme figé sur place, engourdi dans mon corps

immobile, presque enseveli... Je ne donnais plus prise à la mélancolie, ni à la tristesse, ni à la peur ; en fait, j'étais comme solennel, j'étais recouvert par ma propre solitude, mortuaire déjà sans être mort encore. Puis après, je ne sais plus trop ce qui est arrivé : l'oblitération a dû s'aggraver doucement, sans doute à la manière de l'ensommeillement. Et après, je ne sais plus. Je ne me rappelle plus rien : je me suis anéanti à la vitesse ralentie de coma. J'ai cessé de te voir au loin, j'ai cessé d'entendre la musique diffusée par CJMS, j'ai cessé de sentir mon corps et d'apercevoir les murs assombris de notre appartement...

Je comprends que ceux qui utilisent une arme à feu ou la violence traversent la frontière entre la vie et la mort avec grand fracas. Leur initiative transforme en drame ce qui pour moi s'est opéré comme un glissement hypocrite dans un sommeil trop profond. La différence entre ceux-là et les gens qui procèdent comme moi ne fait que mettre en évidence ma lâcheté, voire même une timidité navrante. Je n'ai pas osé quitter la vie en grande pompe, je me suis laissé induire dans une transe comateuse ; j'ai flanché tout simplement, et s'il n'y avait d'autres signes accablants, celui-là suffirait à prouver ma faiblesse vitale — cette espèce d'infirmité diffuse que nulle science ne peut qualifier et qui me détermine à tout gâcher sans cesse, sans répit, sans exception...

Bien sûr, si je peux te le dire aujourd'hui, c'est que j'ai survécu à cette longue nuit sans rêve. Je me suis retrouvé encore vivant, dans une salle blanche du Royal Victoria, encerclé par tout un réseau de sérums en perfusion qui me clouaient au lit, et sous le regard d'infirmières toutes bien costumées qui s'affairaient autour de moi. Je sentais mes lèvres gelées ; j'avais les lèvres d'un cadavre et, de temps en temps, une infirmière appliquait une sorte de baume sur mes lèvres.

Dehors, il neigeait à nouveau, comme à la veille de ton départ : les gros flocons blancs descendaient lentement et c'est eux que je regardais par la fenêtre, tandis qu'infirmières et médecins me voyaient émerger du coma et que je prenais conscience que j'étais encore vivant, affreusement vivant. La neige tombait dehors ; je vivais, mais toi où étais-tu ? En revenant à la conscience, je me suis rappelé à nouveau que tu circulais quelque part aux Pays-Bas ou en Europe, mais où exactement, je ne savais plus, je ne savais pas encore. Je t'imaginais en voiture louée, avec des gens, avec un autre peut-être, sur des petites routes que je n'ai jamais vues et que je ne connais pas. Je t'imaginais en mouvement, et moi je ne bougeais plus, j'étais cloué sur place, au lit, presque mort, enseveli dans une neige blanche qui décolorait tout. Y a-t-il de la neige en Hollande ? Devais-tu porter tes bottes de daim, celles que tu as achetées avec moi, quelques jours seulement avant que tu prennes l'avion ?

Ces pensées en désordre me prouvaient que j'étais ressuscité, mais je ne comprenais ni pourquoi, ni comment. J'étais encore vivant, emmitouflé encore dans mon coma, mais juste lucide pour comprendre que je respirais encore et que mon cœur devait battre et qu'on alimentait ce filet de vie par tout un système d'intrusions. Il m'était pénible de supporter cette aube que je n'avais pas prévue, et que mon projet de nuit s'était déroulé défectueusement... Et toi, à ce moment-là, tu circulais d'une ville à l'autre et tu as passé l'hiver en Europe sans jamais savoir ce qui s'était passé à Montréal entre la première neige et la seconde tempête. Et si je prends la peine de te l'avouer aujourd'hui, c'est parce je n'ai rien à faire et, sans doute, que je continue de m'adresser à toi et que tu es la seule personne au monde à qui je peux encore parler...

L'ironie du sort a voulu que ton télégramme de Bruges soit l'instrument de ton intervention tardive sur mon corps mourant. Le message a dû m'être adressé par téléphone d'abord. Mais je n'ai pas entendu la sonnerie du téléphone et, du coup, la compagnie Western Union a fait livrer le message écrit à domicile. Comme le concierge de notre immeuble n'a pas accès à la boîte postale qui se trouve dans le hall, il a pris sur lui de le monter lui-même et de me le remettre. Il suffit que le mot « télégramme » soit imprimé sur un pli pour qu'il devienne prioritaire, urgent — et cela quel que soit son contenu et quelle que soit l'heure du jour ou de la nuit. On ne laisse pas attendre un télégramme ; on imagine toujours qu'il est porteur d'une annonce tragique ou qu'il signifie qu'il y a de la mort dans la famille ou qu'un grand drame est survenu quelque part dans le monde. On n'est pas encore habitué aux télégrammes, anodins ou amoureux. On n'imaginerait pas que le texte peut se lire comme suit : TEMPÉRA-TURE MAGNIFIQUE RIEN REÇU DE TOI ÉCRIS MOI. BAISERS. C'est exactement ce qu'il contenait ton télégramme de Bruges : quelques mots plus ou moins bien choisis pour me communiquer ton inquiétude et une pointe de tendresse...

Le concierge a dû frapper à plusieurs reprises à la porte, il se croyait vraiment porteur d'un message de mort ou de quelque chose du genre. Il a dû croire que je dormais encore trop profondément (mais non, pourtant) : il a plutôt pensé que je n'étais pas là pour le moment et que je devais trouver ce pli de la Western Union en revenant. Alors, il a utilisé son passe pour déposer le télégramme sur le tapis de l'entrée. Le reste est facile à reconstituer : la musique diffusée par CJMS lui a laissé croire à ma présence, il s'est approché, il a frappé à la porte mitoyenne. Il m'a appelé peut-être ; et puis, il m'a vu, étendu sur mon lit de mort, respirant comme un trépassé, livide comme un fantôme. Il m'a raconté plus ou moins cela, bien après, quand on m'a ramené de l'hôpital, mais j'ai oublié les détails de la variante du concierge et, d'ailleurs, peu importe : à peu de chose près, cela revient à ce que je t'en raconte aujourd'hui. Le concierge s'est affolé, il a téléphoné au Royal Victoria qui a dépêché une ambulance. Et je me suis réveillé dans une chambre blanche, entouré d'infirmières qui prenaient mes différentes pressions ou replaçaient les aiguilles conductrices dans les veines...

Le hasard...

Combien de jours avaient passé ? Plusieurs, si j'ai bien compris : oui, je suis resté plusieurs jours dans le coma et sous une tente d'oxygène. J'ai même subi une trachéotomie : au cas où tu ne le saurais pas, il s'agit d'une incision chirurgicale de la trachée, suivie de la mise en place d'une canule trachéale. Les choses allaient plutôt mal, comme tu vois, mais je n'en savais rien et moi, pendant tout ce temps immémorial, je me prélassais dans un coma à toute épreuve qui, théoriquement, est le prélude bienheureux à la mort. Il se trouve que, dans mon cas, le prélude a mal tourné et que je me suis trouvé vivant, capable, du coup, de supporter tous les traitements qu'on a mis au point pour ranimer un homme malgré lui. J'aurais eu mauvaise grâce de me plaindre illico ou de me défaire brutalement de toutes les aiguilles qui m'ensemençaient, goutte à goutte, de liquide vivace. Et d'ailleurs, en avais-je la force ? Même pas ; j'étais impuissant, non pas tellement ranimé que prolongé dans mon agonie, perpétué dans ma faiblesse et mon impuissance, je valais tout juste mon prix net en viande dégénérée, plus la facture d'hôpital. Déjà — par principe — j'avais juste assez de caractère pour comprendre que les premiers soins allaient m'être injustement facturés et pour me révolter en silence à cette idée...

Et toi, pendant que je survivais si péniblement, tu t'inquiétais de ne pas recevoir de lettre en réponse à ton télégramme de Bruges. Tu n'en continuais pas moins ton périple, en me consacrant une demi-heure par jour d'inquiétude : le temps d'aller à la poste restante de toutes les villes où tu m'as dit que je pouvais t'écrire ! Et, la demi-heure passée, tu te remettais à courir les boutiques, à visiter des musées, à faire des promenades au hasard et, peut-être, tout en faisant la conversation avec un partenaire... Tu as eu des vertiges, par moments, quand tu prenais conscience que nous ne vivions pas ensemble, que je n'étais pas là le soir quand tu rentrais et que tu n'avais plus à discuter avec moi pour me prouver que j'étais inutilement accablé ou triste ou sombre... C'est peut-être dans un de ces vides que tu as rédigé le télégramme à Bruges, mais, juste après, qu'as-tu fait au juste ? T'en souviens-tu seulement ? Tu as dû te rendre à un dîner dans la vieille ville ou sur les remparts ; il paraît que c'est très beau, Bruges, que la ville est ancienne et construite comme un petit port juste en bordure de la Mer du Nord… En fin de journée, tu devais repenser à notre dernière conversation, la plus désolée de toutes, après quoi il a été convenu que tu passerais tout l'hiver en Europe et que tu ferais comme si nous n'étions pas liés et que, de mon côté, je ferais de même…

Cet hiver a été bien long. J'ai observé quelques tempêtes de neige par une fenêtre de l'hôpital ; puis, vers le début de décembre, les médecins ont jugé mon état satisfaisant, suffisamment en tout cas pour que je m'installe à l'appartement. J'avais changé : mes costumes flottaient sur moi et j'avais un teint cadavérique. Et j'ai dû affronter la nuit sans ma provision bleu-suicide et j'avais gaspillé toutes mes feuilles d'ordonnance en blanc ; donc pas question de prendre des moyens de m'induire chimiquement en un sommeil bienfaisant. Je ne dormais pas. Je regardais notre plafond, l'eau-forte qui pendait au mur et les rideaux à embrasse qui faisaient on ne peut plus romantique. J'avais les yeux grands ouverts et je restais étendu ainsi jusqu'à l'aube ; l'hiver a passé comme une longue nuit blanche. J'ai reçu quelques lettres de toi, cela m'a rendu triste de te savoir à Paris ou à Rome, inconsciente, tout occupée à vivre loin de moi. Quand j'ai reçu ta dernière lettre, j'étais en train de lire un roman de Mickey Spillane. J'ai laissé tomber ce roman de Spillane ; mais je n'en retrouve pas pour autant le goût de vivre et je n'attends plus rien de ton retour. Tu me dis d'aller t'attendre au quai de la Holland-America Line et que tu arriveras à Montréal à bord du Massdom le onze avril. Mais tu ne sais pas encore que j'ai tenté de me tuer au cours de l'hiver et que je n'attends plus rien du printemps. Si je me rendais au port le onze avril, pour t'accueillir à la douane, je serais sans doute ému de te revoir, toi aussi. Tu m'embrasserais. Et tu me montrerais tes achats, en prenant bien soin de m'offrir un cadeau original ou amusant. Et tu me dirais, le plus simplement du monde : « Et toi ?... »

Je ne saurais comment te répondre ; c'est pourquoi je t'écris cette longue lettre que j'adresse à Amsterdam et que tu auras tout le temps de lire sur le bateau. De cette façon, tu sauras que je suis mort une première fois cet hiver et que j'ai longtemps porté une petite cicatrice bleue au-dessus de mon nœud de cravate. Tu sauras aussi que j'ai passé tout ce temps à lire à la chaîne et indistinctement tous les romans policiers ou d'espionnage que j'ai pu trouver à Montréal.

Tu crois peut-être que je t'en veux d'avoir contrarié, bien involontairement — par ton télégramme de Bruges, ma première T. S. (comme tu vois, je suis même au courant des abréviations médicales... T. S. pour Tentative de Suicide...) Eh bien non, je ne t'en veux pas. Et si je ne conçois nul ombrage de cette « interruption », c'est qu'elle est à l'image de notre amour... et aussi que je vais recommencer. Oui ! Je vais me couvrir de nuit et, dès lors, cette lettre devient ma lettre d'adieu. Je t'épargne, cette fois, le détail des préparatifs. Sache que, entre la phrase précédente et celle-ci, j'ai avalé plus de capsules qu'il n'en faut pour mourir. Ne sens-tu pas d'ailleurs que ma main tremble, que mon écriture se dilate soudain et que je vacille déjà ? Les silences entre les mots sont autant de pores par lesquels j'absorbe mon propre néant... J'ai encore pour une dizaine de minutes de lucidité ; mais je sens déjà que mon esprit est entamé, ma main errante, ma vue assombrie. Il neige en moi doucement, sans arrêt, de plus en plus, et j'ai froid. Mon amour, j'ai froid... Et cette fois, rien, absolument rien ne viendra me rejoindre au milieu de ma nuit, car je me suis réfugié dans une chambre d'hôtel, insonorisée et luxueuse comme un cercueil géant.

Appendice V
Édition originale de *Point de fuite*

La maquette de *Point de fuite* a été composée par Hubert
Aquin. Elle représente l'arc d'entrée de la porte Saint-
Denis pour l'entrée de Charles IX à Paris, le 6 mars 1571.
Voir la présentation, note 40. Les poinçons proviennent
de l'ouvrage de Tardi *Les Poinçons de garantie interna-
tionaux* (Paris, Tardi, 1942). Voir la présentation, note 36.
Le plat avant représente un arc de triomphe renversé.

Les sept croquis suivants travaillent le renversement
de la perspective et le point de fuite, sur le modèle de la
chambre obscure en photographie. Voir la présentation,
« L'anamnèse dans *Point de fuite*. 1. La dissolution du
sujet dans l'histoire ». La mention « coupe d'une tête »,
au premier croquis, rappelle la couverture de *Trou de mémoire* qui propose l'anamorphose d'un crâne.

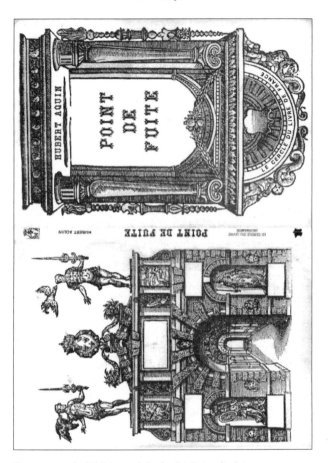

Couverture de l'édition originale de *Point de fuite.*

Édition critique

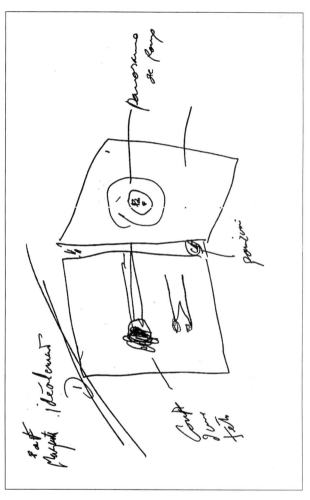

Croquis 1.

279

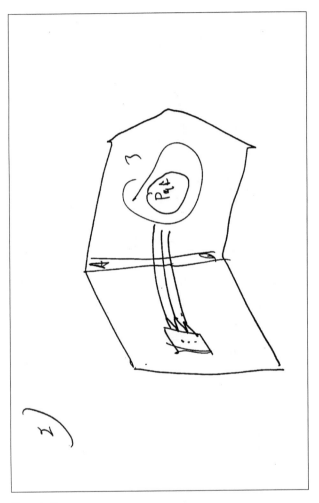

Croquis 2.

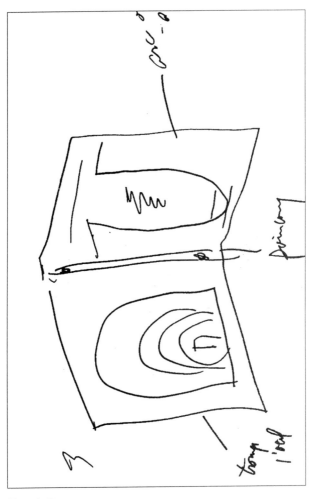

Croquis 3.

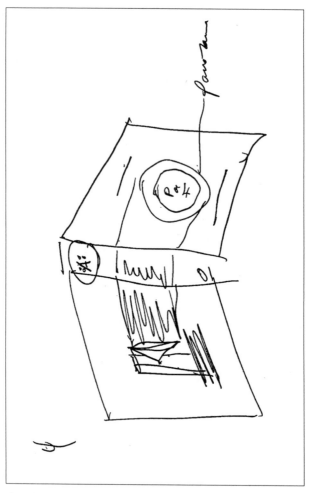

Croquis 4.

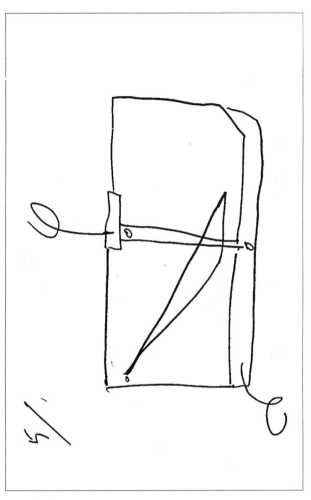

Croquis 5.

Croquis 6.

Croquis 7.

VARIANTES

Écrivain faute
d'être banquier

Deux photos de G. Fourier parent l'article de *Perspectives*. La première porte en légende : «Dès son premier roman, Hubert Aquin (trente-sept ans) s'est imposé comme un de nos meilleurs écrivains.» La seconde : «Sous l'allure de l'homme d'affaires impassible, une passion ardente.»

9.01   Le titre n'est pas guillemété.

11.10   *Je décide donc de plonger :*

Un Canadien
errant

Toutes les variantes renvoient au texte publié dans la revue *Maclean*. Cependant, les variantes dues aux fautes de frappe ne sont pas signalées. La revue titre en première page : «Les terroristes. Des jeunes Québécois ont choisi la violence. Pourquoi ?». Une bulle surmonte une photo sur une demi-page d'Hubert Aquin vu de face : «J'ai posé mes valises en France ; je ne les ai pas encore ouvertes...» et une légende : «L'écrivain montréalais Hubert Aquin raconte comment il a été expulsé de Suisse.»

29.09   *sur la rue Saint-André*

29.16   *trois ans*

31.03   Dans la revue, cet intertitre figure au haut de la page 54 et ne délimite aucune partie du texte.

31.12   Deux autres phrases terminent le paragraphe : *Et si je me contente d'y faire seulement allusion, c'est qu'il s'agit d'une banqueroute nullement financière, mais strictement personnelle et intime. Cela n'a rien à voir avec la politique ou les questions d'argent.*

31.15   *une couple de fois*

31.29   *selon des frontières*

32.27   Une autre phrase termine le paragraphe : *La journée était radieuse ; nous avions pris notre premier repas sur le balcon, tout éblouis encore par un paysage majestueux auquel nous étions loin d'être habitués.*

33.15   *être échappée par*

34.17   Aucune virgule ne sépare l'énumération.

34.28   *de mes projets littéraires et de mes dettes consolidées.*

35.06   Deux répliques s'intercalent entre cette dernière et la suivante :
> — *Non, ai-je répondu.*
> — *... Vous êtes bien sûr, n'est-ce pas ? Vous savez, ça serait très grave de faire une fausse déclaration à ce sujet...*

35.20   *deux et deux*

35.24   *à un moment donné dévié de la ligne*

36.04   Une autre phrase commence le paragraphe : *J'aurais voulu que Pierre Bourgault m'entende ; j'ai fait les choses en grand comme si j'avais été mandaté officiellement par les plus hautes instances du parti. J'ai expliqué de mon mieux*

38.02   Cette phrase commence la page 55, laquelle porte en
          gros caractères : *Suisses romands et Québécois ont de*
          nombreux points communs, mais... Elle deviendra le
          prochain intertitre.

43.05   *québécois*

Profession : écrivain

Toutes les variantes sont prélevées sur le texte de *Parti*
pris. Le texte de *Presqu'Amérique* est prélevé de celui de
Parti pris ; les coquilles et les variantes présumées ne sont
pas le fait d'Hubert Aquin. Nous ne les relevons pas. Une
note rappelle d'ailleurs que « cet article est déjà paru dans
la livraison de janvier 1964, dans la revue *Parti pris*.
Nous remercions l'auteur, M. Hubert Aquin, et le directeur des éditions *Parti pris*, M. Gilles Godin, qui nous ont
autorisé à reproduire ce texte. P. S. Les sous-titres sont de
Presqu'Amérique ». Les intertitres sont des bribes tirées
textuellement de l'essai. Infidèle « reproduction » donc de
Parti pris. Nous ne signalons que ces « sous-titres », pré-
lèvements du texte qui révèlent l'idéologie de la revue.

47.07   *je réponds lucidement*

47.13   *bon pour le prix du cercle clos et postulent*

47.30   *ce qui différencie la mode, c'est-à-dire*

49.01   *esquimaud*

49.25   *l'insignifiance historique*

Nos cousins de France

Jules César

Le tapuscrit, qui compte quatre pages, ne contient pas la lettre datée du 15 octobre 1960.

75.01   *Le 24 mars 1962.*
        Projet de téléthéâtre présenté à Paul Blouin.
        Titre « La mort de César »
        Auteur : Hubert Aquin

77.18   En caractères standards.

78.05   *ce nouveau César ;*

78.13   *j'ai « tenu compte » de*

78.27   *LE TITRE SE DÉROULE SUR L'IMAGE DE*

78.28   *CÉSAR ASSASSINÉ ;*

79.01   *on entend (ou voit) les conjurés*

79.02   *puis Cassius appeler du secours*

82.11   *la scène onze sont redites textuellement. Puis les derniè-
        res phrases*

82.13   *ou un téléphone*

Table tournante

93.06	*Table tournante sera donc reproduit dans ce cahier mais sans l'image. Pour moi,*
94.05	*(Par après, je suis tombé sur cette phrase*
96.01	*j'éprouvais vers le 22 septembre 1968,*

De retour le 11 avril

158.22	avec un liquide *bénéfique*

Plan partiel de *L'Antiphonaire*

Les variantes lexicales sont dactylographiées, donc contemporaines de la rédaction.

105.15	*la porte de l'imprimeur de nuit alors qu'elle aperçoit*
105.16	*En fait il est (de nuit) en train de*
105.23	*à la jeune fille de [pren[dre] à] casser la croûte*
105.27	*, l'imprimeur et la jeune fille [semblent se régaler] se régalent*
106.12	*et [échappe] laisse échapper au hasard*
107.13	*sa partenaire du hasard*

Lettres à
Louis-Georges Carrier

Nous unifions la présentation des dates, conformément aux dates des dernières lettres adressées à Louis-Georges Carrier. Le texte que nous possédons est tapuscrit. Tous les ajouts, suppressions et substitutions sont manuscrits. Les signatures sont manuscrites, sauf indication contraire. Les chiffres qui jalonnent les paragraphes d'Ulysse sont ajoutés à la main. Les lettres du 3 mars 1952 ont été redactylographiées, d'où la signature tapuscrite.

119.17   *me devient un sacrifice. [... Des réflexions semblables m'effleuraient l'autre jour dans la petite église mique où Marc Bruyère et Andrée de la Durentaye. Les noces d'ailleurs furent très charmantes...] Tu ne saurais t'imaginer*

120.09   *Pierre Blanchard [magnifiquement et à la Mgr Léger].*

120.14   *cette pièce de Sartre... [Je viens d'obtenir mon premier rôle radiophonique comme interprète à la Radiodiffusion française ; amusant et payant...] Je t'envoie*

121.13   La préposition « dans » figure à la main en addition interlinéaire.

121.23   Les virgules qui enchâssent la relative sont ajoutées à la main.

122.05   *de ta télévision. Disons-nous que l'amour est un mystère, et que nous ne sommes pas des prophètes*

122.17   *lire des poèmes*

122.18   Le paragraphe s'achève sur ces phrases : *Que peut-il bien se passer maintenant entre Jacques et toi..., entre*

> *Jean-Claude et toi, entre Louis et toi..., je perds un peu
> la notion de ces axes d'amitié, j'en perds le contact, je
> suis isolé de leur circuit ; je reste bien branché sur un
> des points, mais je ne sais plus si toi tu... ou si
> Jacques... ou si Jean-Claude ne se... Je ne sais plus ;
> puis quand je vous retrouverai vous serez sans doute les
> mêmes, mais vous aurez changé de place. Vous serez
> déplacés comme un jeu d'échecs — tout cela pour te dire
> combien j'aimerais que tu sois ici.*

123.06   *Hubert Aquin*

123.27   *Hubert*

124.04   *détailler des [motifs] et tes vrais* Le mot *motivations*
          figure en marge supérieure de droite.

124.07   *une merveilleuse impression*

124.12   *étrange désert qu'est Paris, [et que] j'ai aussi l'impres-
          sion* L'adverbe *aussi* figure en marge de gauche.

124.24   *ces navires égarés que brisent finalement les tempêtes.*
          Les ajouts figurent en marge de gauche.

125.10   Après la citation de Shakespeare suivent deux phrases :
          *[Ne feignons ni la joie ni le désespoir puisque nous
          n'avons même pas une des deux : nous attendons, peut-
          être en vain, peut-être rien. J'aime que tu me parles, je
          n'ose te dire que j'en ai besoin ; je te quitte, et demeure
          fidèlement en toi.]*

125.12   *Hubert*

125.20   *quand je te reverrai que tu auras changé, que tu te sau-
          ras transformé, qu'il se sera passé* L'ajout figure en
          marge supérieure.

126.19   *en te lisant. Je t'attends impatiemment, comme on attend
          un vieil ami avec une âme nouvelle,*

126.20   *Hubert*

127.03   *marché parallèlle...*

127.11   *réoctroyée.*

127.15   *, tu pourras [lui] présenter, et nouer quelle amitié ?...*

127.17   Un autre paragraphe termine cette lettre : *Dis-moi que feront à l'automne nos amis Jacques et Jean-Claude ? Viendront-ils ? Ou sinon, quoi...*

        Suit, en guise de post-scriptum : *Louis-Georges pardonne-moi de t'envoyer la lettre la plus moche que je t'ai écrite. Voudrais-je, que je ne pourrais pas faire mieux qu'aligner ces détails, en attendant ta prochaine lettre et un meilleur état d'âme.*

127.19   *Hubert*

128.07   *dans tes réserves.*

128.17   *Hubert*

128.18   *quand même mon vœu.*

129.21   *Hubert*

130.20   *l'oracle a dit : je t'attends...*

130.21   *Hubert*

131.04   *le comte à table... (déchiffrement du code : passe-moi un coup de fil ce lundi soir vers six heures trente à 688-3495).*

131.06   *Hube*

132.02   *résumé*

132.03   *Sénégal — pays de mon enfance,*

132.24   *de génie chevelu, [...] et sans autre préoccupation*

133.19   *de t'envoyer une onde [pleine de chaleurs liquides] ; mais moi,*

133.22   *Hubert Aquin.* S'y ajoute la signature manuscrite du prénom.

134.04   *sur [les] rives accore,* L'article indéfini est en surimpression manuscrite.

134.13   *aux producteurs américains.*

134.16   *la commedia,* [illisible]*, finita*

134.25   *perspective vasarienne...*

134.06   *ps : Aujourd'hui, j'ai démissionné de mon poste à l'UQAM — histoire de conférer un peu de piquant à ce naufrage grotesque...*

134.07   *Hube*

136.09   Les parenthèses sont manuscrites.

136.12   *cacher ses larmes »* [ ] *dit Homère —*

136.15   *, puis les quelques plages*

136.17   *la nymphe Nausicaa [ ],*

136.27   *en forme de frégate éolienne...* La pluralisation est manuscrite.

137.10   *au bout du monde viconique...*

138.04   quelque combinatoire

138.04   *afin d'épuiser [,est-ce trop ?...,] le spectateur*

138.06   *mystification immortalisante...*

138.12   L'article *la* est intercalé à la main.

138.13   *Directeurs de CBC,* Addition supralinéaire.

138.18   *petits monstres !...*

138.22   *son navire...*

138.23   *H.A.* Un commentaire en retrait termine le folio : *Et c'est moi qui viens de t'écrire cette douce monstruosité de voyage à Cythère déguisé en voyage d'Ulysse... aie que de cabotages divins nous ferons, le vent dans les aisselles et le Pico della Mirandola en avant, on prône... la quille sa patte dans l'eau, à quelques pouces de la surface funèbre...*

139.07   *échanges entre le Québec* L'adjectif figure en addition supralinéaire.

139.10   *Signé : Hube*

139.11   *Dix-huit* est biffé et remplacé par *quinze* en addition infralinéaire.

140.17	*personnage cabotin [...],*
140.19	*une trame — [une] sorte*
140.25	*Ha*
141.05	*Pénélope l'attendant...*
141.15	*m'a toujours séduit...*
141.18	*pour les lui fournir...*
141.22	*se servir...*
141.25	*G. Ciano*
142.02	*Dusty Delta Day..... Et cette ode funèbre nous raconte rien d'autre que la mort étrange, répétée, réitérée, remémorée de Billie Joe... Tu connais*
142.06	*fundimentaliste de mélancolie...*
142.07	*et de ton tout dévoué, moi hostie !*
142.10	*achevés, finis...*
142.12	*du fleuve marde —*
142.16	*trop pourquoi*
142.19	*immensités abyssales de marde. Crois-moi, Louis-Georges, je sombre soudain devant cette floraison deltaïque de marde. [Rien n'est plus spécifique, rien n'est plus beau...] La marde est [une], somme toute, le syntagme flasque du temps mort.*
142.23	*par les Pharaons...*
142.30	*mouches érogènes...*
143.01	*merde bleu ciel comme l'horizon*
143.02	*: celui du Nil... ach......)*
144.02	*de papier, débordantes de*
144.07	*Hube*
145.01	*[Hamletre]* La correction est supralinéaire.
145.02	*le 9 avril*
145.03	*vs [Gérardine] Robertalo*

145.06   *tuer Hamleth ?...*

145.11   *(fenhgton...)*

145.20   *sans blasphémer* [illisible] *sans me crosser ! ! !*

145.28   S'ajoute : — *Cher LGC, j'ai le cul défoncé par les enculades répétées d'un R. David et d'un G. R...*

145.29   *Signer, au dessus : Hube*

Appendice II
César

Les variantes sont toutes dactylographiées et linéaires. Les traits et croix sont manuscrits. Les mots variants sont ici soulignés.

250.16   *a pris [l'intérim] la direction*

250.24   Une croix annule cette scène.

250.28   Ce n'est qu'après avoir écrit la scène suivante que le paragraphe s'est scindé en deux et qu'a été créée la neuvième scène.

251.14   Une croix annule cette scène.

251.21   *se rendre [à la chambre] donner*

252.07   Une croix annule cette scène. Un trait relie la fin de la première scène onze au début de la scène douze.

Appendice IV
De retour le onze avril

Index

Cet index comprend les noms de personnes citées dans l'ouvrage (dans la présentation et dans le texte d'Aquin, y compris les appendices). Nous n'avons retenu ni les noms de fiction, ni les noms de personnages, ni les noms d'auteurs figurant en bibliographie et dans les notes. Nous avons renoncé à un index des titres ou des noms de lieux.

Table des matières

Point de fuite

Table tournante ... 93

Un drôle de souvenir ... 97

Plan partiel de *L'Antiphonaire* ... 99

Après *L'Antiphonaire* ... 115

Temps mort ... 117

Lettres à Louis-Georges Carrier ... 119

De retour le onze avril ... 147

NOTES

APPENDICES

VARIANTES

Publications de
Guylaine MASSOUTRE

Itinéraires d'Hubert Aquin, Montréal, Bibliothèque
   québécoise, 1992, 361 p.
Le Rivage des Syrtes *de Julien Gracq*, Paris, Bertrand-
   Lacoste, 1993, 126 p.

ÉDITION CRITIQUE
DE L'ŒUVRE D'HUBERT AQUIN

Parus dans la
Bibliothèque québécoise

Jean-Pierre April
CHOCS BAROQUES

Hubert Aquin
JOURNAL 1948-1971

L'ANTIPHONAIRE

TROU DE MÉMOIRE

Bernard Assiniwi
FAITES VOTRE VIN VOUS-MÊME

Philippe Aubert de Gaspé
LES ANCIENS CANADIENS

Noël Audet
QUAND LA VOILE FASEILLE

Honoré Beaugrand
LA CHASSE-GALERIE

Marie-Claire Blais
L'EXILÉ suivi de
LES VOYAGEURS SACRÉS

Jacques Brossard
LE MÉTAMORFAUX

DIALOGUES D'HOMMES ET DE BÊTES

LE FOU DE L'ÎLE

LE HAMAC DANS LES VOILES

MOI, MES SOULIERS

PIEDS NUS DANS L'AUBE

LE P'TIT BONHEUR

SONNEZ LES MATINES

Michel Lord
ANTHOLOGIE DE LA SCIENCE-FICTION
QUÉBÉCOISE CONTEMPORAINE

Hugh McLennan
DEUX SOLITUDES

Marshall McLuhan
POUR COMPRENDRE LES MÉDIAS

Antonine Maillet
PÉLAGIE-LA-CHARRETTE

LA SAGOUINE

LES CORDES-DE-BOIS

André Major
L'HIVER AU CŒUR

Gilles Marcotte
UNE LITTÉRATURE QUI SE FAIT

Guylaine Massoutre
ITINÉRAIRES D'HUBERT AQUIN

Émile Nelligan
POÉSIES COMPLÈTES
Nouvelle édition refondue et révisée

MOI, PIERRE HUNEAU

Michel Tremblay
LE CŒUR DÉCOUVERT
DES NOUVELLES D'ÉDOUARD
LA DUCHESSE ET LE ROTURIER
LA GROSSE FEMME D'À CÔTÉ EST ENCEINTE
LE PREMIER QUARTIER DE LA LUNE
THÉRÈSE ET PIERRETTE À L'ÉCOLE DES SAINTS-ANGES

Pierre Turgeon
FAIRE SA MORT COMME FAIRE L'AMOUR
LA PREMIÈRE PERSONNE
UN, DEUX, TROIS

Pierre Vadeboncoeur
LA LIGNE DU RISQUE

Achevé d'imprimer en janvier 1995 chez

à Boucherville, Québec
00467